山东省
标准地名诠释

日照市卷

《山东省标准地名诠释》编纂委员会 编

山东城市出版传媒集团·济南出版社

《山东省标准地名诠释》

编纂委员会

主　　编　　冯建国

副　主　编　　于建波　张子龙

编　　委　　（以姓氏笔画排序）

丁志强　王为民　王玉磊　王晓迪　付振民　庄茂军

刘兴宝　孙树光　张西涛　张屹卿　张兴军　张鲁宁

陈　芳　陈效忠　陈朝银　陈德鸿　徐希超　徐帮杰

黄贤峰　崔继泽

编辑部主任　　孙凤文

编辑部成员　　（以姓氏笔画排序）

马　瑞　王书清　王成明　王红艳　巩铁军　刘　玲

李成尧　杨　军　张义勇　张亚萍　张光耀　林　锋

赵文琛　倪　语　倪春雷　高洪祥

前　言

地名是重要的基础地理信息和社会公共信息，与经济社会发展、人们日常生产生活息息相关。编纂出版《山东省标准地名诠释》是地名管理服务工作的一项基础工程，对进一步推行山东省地名标准化，推广普及地名知识，适应改革开放和高质量发展的需要，以及国家和社会治理、经济发展、文化建设、国防外交等方面具有重要的意义和作用。

2014 年 7 月，国务院印发通知开展第二次全国地名普查。2015 年，国务院地名普查办印发《第二次全国地名普查成果转化规划（2015—2020 年）》（国地名普查办发〔2015〕6 号），山东省地名普查办依此制定了《山东省第二次全国地名普查成果转化规划（2016—2020 年）》（鲁地名普查办发〔2016〕4 号），部署开展成果转化相关工作，其中包括组织编制出版标准地名图、录、典、志等出版物。编纂出版《山东省标准地名诠释》是贯彻落实"边普查、边应用"指示要求，及时发布并推动第二次全国地名普查成果社会应用的重要举措，也是落实规划目标任务的重要内容。

《山东省标准地名诠释》编纂委员会按照公开出版的要求，在全省第二次全国地名普查成果数据基础上，进行成果的整理挖掘（包括资料收集、数据考证等），编辑出版《山东省标准地名诠释》，并将本书定位为第二次全国地名普查重要的省级成果，是一部以"地名"为主题的省级标准地名工具书。

本书在资料整理和编辑加工的过程中力求做到内容权威、文字精练、编写精心、编辑独到、设计新颖，以期达到当前编辑出版水平的先进行列。在词目释义编写上，本书着力突出"三个重点"（即地名基本要素、地名文化属性、地名所指代地理实体性质与特征），具备四个特点（即广、新、准、实）。其中，"广"即收词广泛，应录尽录，要涵盖重要地名类别及其主要地名；"新"即资料新、信息新，要充分利用地名普查最新成果，反映全省各地地名的新情况、发展建设取得的新成就；"准"即实事求是、表述准确、考证严谨，要求词目释文中的资料、数据翔实有据，表述准确、规范，做到地名拼写准确无误、词条诠释准确无误；"实"即具有实用性。在采词、释文内容和词目编排上都力求符合读者需要，便于读者使用，使之有较高的实用和收藏价值。

　　本次《山东省标准地名诠释》编纂得到多方面的支持，全省各级地名主管部门的领导和地名工作者，不辞辛苦，埋头于本书所需资料的搜集、整理，根据《山东省标准地名诠释》的编写要求，认真组织撰稿，力求做到精益求精。在此，我们对为本书的编纂、出版工作提供了帮助和支持的所有单位、领导和工作人员，表示诚挚的感谢。编纂出版《山东省标准地名诠释》工作任务重、涉及内容多、标准要求高，限于我们的人员专业水准和时间等因素，书中难免存在错误或不足，恳请广大读者批评指正。

凡　例

一、《山东省标准地名诠释》采收山东省 17 市 137 县（市、区）范围内，包括乡镇以上行政区划名称、主要的居民点和自然实体及主要社会、经济设施等重要地名词条，按照行政区域划分和地名类别特点分列 18 卷。

二、采收地名分为六个大类：

1. 政区类：包括山东省政区建制镇、乡、街道及以上全部行政区划单位；国家和省正式批准的各类经济功能区（含开发区、高新区、工业区、保税区、科技园区、新区等）；1949—2014 年间曾经设立而现已废置的地区行署、县级和乡级行政区，特指被撤销建制、被合并或拆分不继续使用原专名的情况。另，城乡社区是社会治理的基本单元，故也收录了部分建有综合服务中心且统一开展基本公共服务的社区名称。

2. 居民点类：具有地标意义或文化意义的住宅区；镇、乡人民政府驻地居民点；经省级以上人民政府或有关部门批准的"历史文化名村""传统村落"；具有明显特点的非镇、乡驻地的居民点（如：文化底蕴浓厚、存续历史悠久、人口数量多、占地面积广、重要历史事件发生地、名人故里、重要少数民族聚居地、交通要口、物资集散地、土特产品产地等）等。

3. 交通运输类：包括城市道路与城镇街巷、铁路、公路、航道、桥梁、车站、港口、机场等。城市道路收录市辖区城区内的快速路、主干道、次干道，县和县级市驻地城区主干道，及其他具有突出特色的一般街巷；铁路收录公开运营的国有铁路（含高铁、干线、支线和专用线）和地方铁路；公路收录省级以上普通公路、高速公路；桥梁和立交桥只收录规模大、历史久、有特色的；隧道只收录 500 米以上的及其他有特色的；港口只收年吞吐量在 10 万吨以上的；码头、船闸只收录大型的、特别重要的；渡口只收录正在使用的重要渡口。

4. 自然地理实体类：包括平原、盆地、山地、丘陵、沼泽、洞穴、河流、峡谷、三角洲、湖泊、陆地岛屿、瀑布、泉、海、海湾、海峡、海洋岛屿、半岛、岬角等。其中河流主要收录长度在 30 千米及以上的，以及具有航运价值的人工水道；湖泊主要收录面积在 3 平方千米及以上的。

5. 名胜古迹、纪念地和旅游地类：包括纪念地、重点文物保护单位、风景名胜区、重要景点和一般名胜古迹、自然保护区。其中纪念地收录市级及以上级别的；重点文物保护单位收录经过正式批准的市级（含）以上的；城市公园收录 AAA 级以上的；风景名胜区、自然保护区收录经过正式批准的国家和省级的词条。

6. 农业和水利类：包括农场、牧场、林场、渔场、水利枢纽、水库、灌区、渠道、堤防（海塘）等。其中水库收录库容 0.5 亿立方米以上的，灌区收录 3 平方千米以上的。

三、词目排列按分市与分类相结合的原则。即先将全部词目按市大类划分，大类下面分亚类，亚类下面再分小类。在同一亚类或小类词目中，先排全市性的大条目，再按区、县、街道、镇、乡的顺序排出市内条目。各市跨区县的条目在市本级单独排列。

四、本地名诠释资料截止日期为 2014 年 12 月 31 日，所选地名主要来源于第二次全国地名普查成果，主要兼顾反映普查成果和普查期间地名的存量情况，其中少量地名为非标准地名，此类地名需标准化处理，不作为判定标准名称的依据。

五、按照词条释文编写规则，本书相关词条中所列人口数做了技术处理，均为约数，不作为人口统计的依据。

六、本地名诠释中地名罗马字母拼写，遵从《中国地名汉语拼音字母拼写规则（汉语地名部分）》的规定。一般地名的专名与通名分写。专名和通名中的修饰、限定成分，单音节的与其相关部分连写，双音节和多音节的与其相关部分分写；通名已专名化的，按专名处理；居民点中的村名均不区分专名和通名，各音节连写。

地名用字的读音以普通话法定读音为主，同时适当考虑地方读音，如"崖"我省部分地区的地名中读"yái"，标准读音为"yá"；"垓"我省部分地区的地名中读"hǎi"，标准读音为"gāi"；"国"我省部分地区的地名中读"guī"，标准读音为"guó"；"郝"我省部分地区的地名中读"hè"，标准读音为"hǎo"，等等。

七、在每卷卷首，均有本卷地名的词目表。为方便读者检索，在每卷卷末，设有本卷地名的汉语拼音音序索引。

日照市卷　目录

一　政区 1

日照市

日照市 1

日照 2

日照经济技术开发区 3

日照山海天旅游度假区 3

东港区

东港区 3

日照高新技术产业开发区 4

日照街道 4

石臼街道 4

秦楼街道 5

卧龙山街道 5

两城街道 5

奎山街道 5

北京路街道 6

河山镇 6

涛雒镇 6

西湖镇 6

陈疃镇 7

南湖镇 7

三庄镇 7

后村镇 7

旧地名 8

竖旗山乡（旧） 8

尹家河乡（旧） 8

社区 8

金阳社区 8

昭阳社区 8

日升社区 8

丹阳社区 8

文荟社区 8

利民社区 9

兴安社区 9

兴海社区 9

文化社区 9

兴合社区 9

林海社区 9

中盛社区 9

万平社区 9

望海社区 9

隆华社区 10

宏达社区 10

城建花园社区 10

城市花园社区 10

银河社区 10

祥园社区 10

北京路营子社区 10

东明望社区 10

西明望社区 10

文登路社区 11

春天花园社区 11

润生佳苑社区 11

郑州路社区 11

岚山区

岚山区 11

岚山经济开发区 ………………12　　院西乡（旧）………………19
安东卫街道 …………………12　　罗圈乡（旧）………………19
岚山头街道 …………………12　　山阳乡（旧）………………19
高兴镇 ………………………13　　槎河乡（旧）………………19
巨峰镇 ………………………13　　山庄乡（旧）………………19
黄墩镇 ………………………13　　杜家沟乡（旧）……………19
虎山镇 ………………………13　　王世疃乡（旧）……………20
碑廓镇 ………………………14　　魏家乡（旧）………………20
中楼镇 ………………………14　社区 …………………………20
前三岛乡 ……………………14　　罗圈社区 …………………20
旧地名 …………………………14　　丰台社区 …………………20
大坡乡 ………………………14　　林泉社区 …………………20
社区 ……………………………14　　刘官社区 …………………20
汾水社区 ……………………14　　娄古庄社区 ………………20
泉子庙社区 …………………15　　小窑社区 …………………20
轿顶山社区 …………………15　　汪湖社区 …………………20
甜园社区 ……………………15　　大槐树社区 ………………20

　　　　五莲县　　　　　　　　兰陵社区 …………………21
五莲县 ………………………15　　圣旨崖社区 ………………21
日照市北经济开发区 ………16　　高泽社区 …………………21
洪凝街道 ……………………16　　北山前社区 ………………21
街头镇 ………………………16　　九仙山社区 ………………21
潮河镇 ………………………17　　崖前社区 …………………21
许孟镇 ………………………17　　宋家村社区 ………………21
于里镇 ………………………17
汪湖镇 ………………………17　　　　　莒县
叩官镇 ………………………17　莒县 …………………………21
中至镇 ………………………18　莒县经济开发区 ……………22
高泽镇 ………………………18　城阳街道 ……………………23
松柏镇 ………………………18　招贤镇 ………………………23
石场乡 ………………………18　阎庄镇 ………………………23
户部乡 ………………………19　夏庄镇 ………………………23
旧地名 …………………………19　刘家官庄镇 …………………24
管帅镇（旧）…………………19　峤山镇 ………………………24
七宝山镇（旧）………………19　小店镇 ………………………24
　　　　　　　　　　　　　　　龙山镇 ………………………24

东莞镇 ……………………25

浮来山镇 ……………………25

陵阳镇 ……………………25

店子集镇 ……………………25

长岭镇 ……………………26

安庄镇 ……………………26

洛河镇 ……………………26

碁山镇 ……………………26

寨里河镇 ……………………27

桑园镇 ……………………27

果庄镇 ……………………27

库山乡 ……………………27

旧地名 ……………………28

大官庄乡（旧） ……………………28

金墩乡（旧） ……………………28

茅埠乡（旧） ……………………28

里庄乡（旧） ……………………28

龙王庙乡（旧） ……………………28

柏崖乡（旧） ……………………28

大石头乡（旧） ……………………28

王家墩头乡（旧） ……………………28

二十里堡乡（旧） ……………………28

天宝乡（旧） ……………………28

社区 ……………………28

东关社区 ……………………28

西关社区 ……………………28

北关社区 ……………………29

南关社区 ……………………29

状元社区 ……………………29

大湖社区 ……………………29

桃园社区 ……………………29

岳家村社区 ……………………29

二　居民点 ……………………30

东港区

城市居民点 ……………………30

安泰水晶花园 ……………………30

丽城花园 ……………………30

望海小区 ……………………30

风景水岸小区 ……………………30

农村居民点 ……………………30

后时家官庄 ……………………30

北大村 ……………………30

时家村 ……………………31

上李家庄子 ……………………31

前将帅沟 ……………………31

大莲村 ……………………31

小莲村 ……………………31

大古城 ……………………31

小古城 ……………………31

田家窑 ……………………32

后楼 ……………………32

屯沟 ……………………32

许家楼 ……………………32

前十里铺 ……………………32

沙墩 ……………………32

小岭南头 ……………………32

大石桥 ……………………32

姜家村 ……………………33

冯家沟 ……………………33

高家岭 ……………………33

前官庄 ……………………33

锦泰新村 ……………………33

新合村 ……………………33

田家村 ……………………33

滕家村 ……………………33

后团岭埠 ……………………34

南王家村 ……………………34

大卜家庵子 ……………………34

北苗家村 ……………………34

后大洼 ……………………34

肥家庄 34

卸甲庄 34

任家台 34

大泉沟 35

大沙沟 35

乔家墩子 35

卧龙 35

吴家台 35

张家台 35

双庙 35

苏家 36

窝落子 36

东王家 36

两城 36

苗王庄 36

秦家庄 36

安家 37

于家 37

臧家窑 37

安家岭 37

红旗 37

王家滩 37

东屯 37

西屯 38

牟家小庄 38

琅墩坡 38

西河 38

崮河崖 38

东两河 38

傅疃 38

郭家湖子 39

朱家村 39

大孙家村 39

东海峪 39

大韩家村 39

管家村 39

前崮子 39

河山店 39

申家坡 40

甄家庄 40

林前 40

萝花前二村 40

高家沟 40

屯岭 40

许家官庄 40

草坡 40

涛雒五村 41

下元一村 41

成家廒头 41

李家潭崖 41

西林子头 41

侯家村 41

丁家官庄 41

东风 42

蒿岭 42

宋家坨 42

张家廒头 42

竹子河崖 42

庄家村 42

亚月 42

右所 42

苗家村 43

宅科 43

曹家村 43

大草坡 43

大洼 43

东川子 43

东南营 43

华山 44

刘家湾 44

马家村 ………………………… 44
桥东头 ………………………… 44
沙岭子 ………………………… 44
栈子一村 ……………………… 44
栈子二村 ……………………… 44
栈子三村 ……………………… 44
西湖 …………………………… 45
爱国村 ………………………… 45
大花崖 ………………………… 45
小花崖 ………………………… 45
大石头 ………………………… 45
大炮楼 ………………………… 45
范家庄 ………………………… 45
瞻埠潭 ………………………… 46
张古庄三村 …………………… 46
久固庄 ………………………… 46
圈村 …………………………… 46
北乐台 ………………………… 46
北娄 …………………………… 46
东陈疃 ………………………… 46
北鲍疃 ………………………… 47
上蔡庄 ………………………… 47
南鲍疃 ………………………… 47
沈疃一村 ……………………… 47
西陈疃三村 …………………… 47
西尚沟 ………………………… 47
北疃 …………………………… 47
中石墩 ………………………… 48
曹家官庄 ……………………… 48
堰村 …………………………… 48
南湖四村 ……………………… 48
西沈马庄 ……………………… 48
小长汪崖 ……………………… 48
东马陵前 ……………………… 48
樵业子 ………………………… 49

东明照现 ……………………… 49
西明照现 ……………………… 49
安家代疃 ……………………… 49
陈家村 ………………………… 49
大城子 ………………………… 49
大宅科 ………………………… 49
东黄山前 ……………………… 49
樊家岭 ………………………… 50
花峡峪 ………………………… 50
凤凰庄 ………………………… 50
三庄二村 ……………………… 50
吉洼 …………………………… 50
上卜落崮 ……………………… 50
板石 …………………………… 50
北陈家沟 ……………………… 51
车疃 …………………………… 51
大刘家沟 ……………………… 51
大沈马庄 ……………………… 51
大夏家岭 ……………………… 51
上夏家岭 ……………………… 51
官庄 …………………………… 51
小庄 …………………………… 52
下卜落崮 ……………………… 52
刘家庄子 ……………………… 52
台庄 …………………………… 52
齐家沟 ………………………… 52
邱前 …………………………… 52
小后村 ………………………… 52
小邵疃 ………………………… 52
北山西头 ……………………… 53
石桥官庄 ……………………… 53
丁家皋陆 ……………………… 53
后马庄二村 …………………… 53
李家洼 ………………………… 53
马家店 ………………………… 53

西邵疃 53
东小曲河 54
西小曲河 54
大后村 54
西陈家沟 54
大曲河 54
崖头 54
小代疃 54
东山字河 55
中山字河 55
西山字河 55

岚山区

城市居民点 55
甜园小区 55
竹云山庄小区 55
阿掖山花园 55

农村居民点 56
汾水 56
义和 56
贾家湖 56
奎楼 56
前合庄 56
潘庄一村 56
杨家庄子 56
胡家林 56
大阡里 57
南范家 57
大尧王城 57
毕家 57
怀古 57
南辛庄子 57
夏陆沟 57
王家楼子 58
大屯 58
大芳沟 58

六合 58
西牟家 58
白云 58
潘家洼 58
冯家庄 59
巨峰 59
相家楼 59
马疃 59
平家 59
大卜落 59
莲花峪 59
纪家沟 59
后崖下 60
柳古庄 60
六甲 60
老龙窝 60
贾家桃园 60
大官庄 60
大坡 60
大土山 60
大王家沟 61
山峪 61
后黄埠 61
柿树园 61
邱后 61
刘家沟 61
沟洼 61
薄家口 61
赵家 62
车沟 62
辛留 62
小邵家沟 62
黄墩 62
崔家沟 62
大辛庄 62

后崖 ……………………62
后大坡 ……………………63
南陈家沟 …………………63
粮山二村 …………………63
大朱洲 ……………………63
南庄 ………………………63
葛疃 ………………………63
田家沟 ……………………63
上双疃 ……………………63
草涧 ………………………64
任家董旺庄 ………………64
秦家滩井 …………………64
虎山铺 ……………………64
四门口 ……………………64
黄泥沟 ……………………64
前水车沟 …………………64
朱家官庄 …………………65
梭罗树 ……………………65
黄家峪 ……………………65
前稍坡 ……………………65
后稍坡 ……………………65
相家结庄 …………………65
张家结庄 …………………65
泥田沟 ……………………66
秦家结庄 …………………66
碑廓 ………………………66
大司官庄 …………………66
田家寨一村 ………………66
西集后 ……………………66
北张家庄 …………………66
小湖 ………………………67
东辛兴 ……………………67
山西头 ……………………67
大湖 ………………………67
丁家庄 ……………………67

王家庄 ……………………67
大朱曹一村 ………………67
郁家 ………………………67
南袁家庄 …………………68
张家岭 ……………………68
中楼 ………………………68
大陈家军子 ………………68
房家官庄 …………………68
河峪 ………………………68
黑涧 ………………………68
后姚家埠 …………………68
鸡山沟 ……………………69
集后 ………………………69
库山子 ……………………69
娄家湖 ……………………69
卢家军子 …………………69
卢家西楼 …………………69
马家峪 ……………………69
马亓河东村 ………………70
彭家峪 ……………………70
亓河 ………………………70
前姚家埠 …………………70
商家沟 ……………………70
上涧 ………………………70
孙由 ………………………70
五楼官庄 …………………71
五楼山前 …………………71
于家沟 ……………………71
月庄 ………………………71
崔家峪 ……………………71
平岛 ………………………71
秦官庄 ……………………71

五莲县

城市居民点 ………………71
金龙花园 …………………71

农村居民点 72

罗圈 72

集后 72

同俗 72

大尧 72

莫家庄子 72

却坡 72

河西 72

大郭村 73

前旋子 73

吕公堂 73

西郭村 73

郭村店子 73

大楼 73

陆家庄子 73

仲因 74

杨庄 74

上水峪 74

公家庄 74

冯家坪 74

红泥崖 74

中疃 74

长兰 75

大古家沟 75

郭家崖 75

后街头 75

前街头 75

厉家屯 75

竹园 75

上官家沟 76

罗家丰台 76

于家丰台 76

戴家庄 76

坊子 76

南西峪 76

阎马庄 76

镇头 77

东洪河 77

东城仙 77

西城仙 77

王世疃 77

挑沟 77

迟家庄 77

河东 78

代吉子 78

杜家沟 78

东龙头 78

上芦沟 78

船坊 78

李崮寨 78

潮河 79

刘官庄 79

前仲金 79

皂官庄 79

林泉 79

丹土 79

王家埠 79

西蔡家 79

京庄 80

东石河 80

杜家河 80

前魏家 80

刘家坪 80

前梭头 80

许孟 81

东玉皇庙 81

大茅庄 81

仁里 81

大珠子 81

苗家沟 81

福禄并 81
宋家庄子 82
九凤村 82
娄古庄 82
朱家老庄 82
李古庄 82
高家宅科 82
佛堂 82
薛村 83
牛家院西 83
牛家官庄 83
西楼子 83
范家车村 83
于里 83
于里沟 84
南营 84
南寺 84
小窑 84
团林 84
前莲池寺 84
赵家辛庄 84
川里 84
赵家窑 85
北店 85
后逊峰 85
河南 85
前裴家峪 85
管帅 85
管西庄 85
王家庄子 86
汪湖 86
莫家崖头 86
燕河 86
小柳行 86
前苑头 86

后泥牛子 86
石家高化 87
泉子崖 87
坊城 87
陈峪 87
前坡子 87
仁旺 87
汉王 87
东云门 88
张家仲崮 88
岳家庄 88
叩官 88
长林子 88
南回头 88
泥沟头 88
北回头 89
张家坪 89
白石子 89
董家楼 89
大槐树 89
崮寺头 89
翰林沟 89
蕉阁庄 90
莲峰庄 90
上圆楼 90
大榆林 90
丁家楼子 90
下院 90
中至 90
圣旨崖 91
大将沟 91
门楼 91
留村 91
葛家崖头 91
陡峨 91

蓬庄 91
董家营 92
金翎店 92
高泽 92
三教堂 92
西楼 92
西程戈庄 92
院上 92
户家洼 93
窝疃 93
黄龙汪 93
后张仙 93
东淮河 93
窑头 93
金线头 93
松柏 94
钱家庄子 94
东白庙 94
三关 94
前长城岭 94
后长城岭 94
张榜沟 94
驼石沟 94
王家口子 95
窦家台子 95
刘家南山 95
前苇场 95
宣王沟 95
靴石 95
石场 95
岳疃 96
上万家沟 96
古山 96
南仲家 96
徐家山庄 96

马家山庄 96
黄桐 96
霞克院 96
东邵宅 97
户部 97
黄巷子 97
邱家店子 97
宋家村 97
王家大村 97
黄崖川 97
井家庄子 98
上五台 98
臧家槎河 98
高阁庄 98
井家沟 98
大刘家槎河 98
杨家峪 98

莒县

城市居民点 99
桃园南区 99
海纳莒州家园 99
朝阳花园 99
农村居民点 99
岳家村 99
北关街 99
大菜街 99
东关一街 99
东村街 100
靳家园街 100
东大街二街 100
孔家街 100
刘家菜园街 100
南关一街 100
前城子后 100
前西关街 100

双合村街 101

土门首街 101

宫家园街 101

后西关街 101

后营街 101

王家店子街 101

西大街 101

新庄子街 101

于家园街 102

后绪密 102

招贤 102

东黄埠 102

大河东 102

古路官庄 102

西全寨 102

梁家春生 102

岳家春生 103

武家曲坊 103

大罗庄 103

大铺 103

东双庙 103

后仕阳 103

凤凰庄 103

汀沟店 104

阎庄 104

周马庄 104

爱国村 104

大北林 104

孟家庄 104

韩家官庄 104

宋家桥 105

大长安坡 105

徐家当门 105

何家楼 105

渚汀 105

孙家山沟 105

尹家营 105

夏庄 105

李家官庄 106

茍家村 106

李家抱虎 106

薛家湖 106

毛家堰 106

尹家湖 106

侯家宅子 106

前石屯 107

杨家官庄 107

丁家孟堰 107

大苗蒋 107

刘家官庄 107

柳河 107

五花营 107

四角墩 107

躲水店子 108

黄花沟 108

马驹岭 108

前于家庄 108

后于家庄 108

前云 108

齐家庄 108

尹家店子 108

兰家官庄 109

前竹园 109

后竹园 109

高家庄 109

西车辋沟 109

大砚疃 109

牛家庄 109

庙东头 110

朱家朱里 110

郝家洪沟 ……………………………… 110
三户庄 ………………………………… 110
杜家小沂水 …………………………… 110
大刘家小沂水 ………………………… 110
陈家阿疃 ……………………………… 110
前店 …………………………………… 110
念头 …………………………………… 111
老古阿 ………………………………… 111
穆家沟 ………………………………… 111
大穆家村 ……………………………… 111
朱家庙子 ……………………………… 111
古乍石 ………………………………… 111
大石头河北 …………………………… 111
小店 …………………………………… 111
东心河 ………………………………… 112
公家庄 ………………………………… 112
古迹崖 ………………………………… 112
后葛杭 ………………………………… 112
金墩一村 ……………………………… 112
卢家孟堰 ……………………………… 112
吕南 …………………………………… 113
牛家沟 ………………………………… 113
庞家垛庄 ……………………………… 113
前横山 ………………………………… 113
前山头渊 ……………………………… 113
窝疃 …………………………………… 113
杨家崮西 ……………………………… 113
岳家沟 ………………………………… 114
张家崮西 ……………………………… 114
纪家店子 ……………………………… 114
徐家山子 ……………………………… 114
黄坡 …………………………………… 114
东涝坡 ………………………………… 114
东楼 …………………………………… 114
瓦楼 …………………………………… 114

上芦峪河 ……………………………… 115
石龙口 ………………………………… 115
柏崖 …………………………………… 115
薄板台 ………………………………… 115
东花崖头 ……………………………… 115
前寨 …………………………………… 115
杨家沟 ………………………………… 115
大塘坊 ………………………………… 116
东莞 …………………………………… 116
大沈庄 ………………………………… 116
赵家石河 ……………………………… 116
河西 …………………………………… 116
前石崮后 ……………………………… 116
孟家洼 ………………………………… 116
大店子 ………………………………… 116
前发牛山 ……………………………… 117
玄武庵 ………………………………… 117
朱留 …………………………………… 117
鞠家窑 ………………………………… 117
龙王庙 ………………………………… 117
大石河 ………………………………… 117
前花泉沟 ……………………………… 117
胡家街 ………………………………… 118
严家二十里堡 ………………………… 118
栗林 …………………………………… 118
西杨家庄子 …………………………… 118
前栗园 ………………………………… 118
庞家泉 ………………………………… 118
响波头汪 ……………………………… 118
邢家庄 ………………………………… 118
田家店子 ……………………………… 119
任家庄 ………………………………… 119
刘西街 ………………………………… 119
戚家街 ………………………………… 119
十里堡 ………………………………… 119

海子后 119
大河北 119
陵阳街 120
西北场 120
大埠堤 120
刘家址坊 120
古佛寺 120
岳家庄科 120
官河口 120
杭头 120
朱家葛湖 121
西上庄 121
陈家河水 121
大放鹤 121
桲椤沟 121
店子集 121
大朱家村 121
西北崖 121
后西庄 122
东穆家庄子 122
张家围子 122
大宋家村 122
姜庄 122
马家石河 122
神集 122
康家村 123
徐家城子 123
马家石槽 123
石井 123
葛家横沟 123
吴家洙流 123
长岭 123
后小河 124
白土沟 124
荆家村 124

葛家洙流 124
小岭 124
朱家课庄 124
腊行 124
前坡子 124
安庄西村 125
黑石沟 125
石龙官庄 125
张博士沟 125
官家林 125
大张官庄 125
大马家峪 125
北柳石头 126
中安庄 126
南店 126
谢家南湖 126
洛河崖 126
章庄 126
郭家泥沟 126
大张宋 126
北汶 127
西地 127
大汇泉 127
前四墩坡 127
罗米庄 127
坊前 127
大汪头 127
刘家南湖 127
大庄坡 128
天成寨 128
魏征川 128
碁山寺 128
青云庵 128
庞庄 128
天宝 128

谢家庄 …………………………………128

前杨南岭 ………………………………129

西王庄 …………………………………129

西新城 …………………………………129

茅埠 ……………………………………129

莫庄新村 ………………………………129

西山旺 …………………………………129

褚家坡 …………………………………129

夜珠泽 …………………………………130

长宁 ……………………………………130

十里沟 …………………………………130

高崮崖 …………………………………130

石泉官庄 ………………………………130

东毛家庄 ………………………………130

寨里河 …………………………………130

薛家车沟 ………………………………131

向阳寨 …………………………………131

唐家河水 ………………………………131

双石头 …………………………………131

马连坡 …………………………………131

龙尾 ……………………………………131

龙头沟 …………………………………131

莲花岭 …………………………………132

擂鼓台 …………………………………132

后牛店 …………………………………132

陡崖 ……………………………………132

大翟家沟 ………………………………132

桑园 ……………………………………132

柏庄 ……………………………………132

东苑庄 …………………………………133

卢家河 …………………………………133

下疃 ……………………………………133

梭庄 ……………………………………133

板石河 …………………………………133

栗园 ……………………………………133

楼西 ……………………………………133

徐家官庄 ………………………………133

白湖 ……………………………………134

西天井汪 ………………………………134

赵家潭子岗 ……………………………134

东宅科 …………………………………134

大土门 …………………………………134

前果庄 …………………………………134

九层岭 …………………………………135

苇园 ……………………………………135

大崖头 …………………………………135

泉庄 ……………………………………135

龙潭官庄 ………………………………135

前梭庄 …………………………………135

单家海坡 ………………………………135

下茶城 …………………………………135

小库山 …………………………………136

苑家沟 …………………………………136

宋家路西 ………………………………136

双泉 ……………………………………136

响场 ……………………………………136

茶沟 ……………………………………136

赵家庄 …………………………………136

解家河 …………………………………137

源河 ……………………………………137

朱刘官庄 ………………………………137

庄科 ……………………………………137

彩山 ……………………………………137

邱家沟 …………………………………137

三 交通运输 ……………………………138

日照市

城市道路 …………………………………138

山海路 …………………………………138

山东西路 ………………………………138

山东中路 ………………………………138

山东东路 ………………………… 138
海曲西路 ………………………… 138
海曲中路 ………………………… 138
海曲东路 ………………………… 139
迎宾路 …………………………… 139
上海路 …………………………… 139
滨海路 …………………………… 139
重庆路 …………………………… 139
临沂路 …………………………… 139
碧海路 …………………………… 139
青岛路 …………………………… 140

公路 ……………………………… 140
沈海高速 ………………………… 140
204 国道 ………………………… 140
涛坪公路 ………………………… 140
岚济公路 ………………………… 140

东港区

城市道路 ………………………… 140
兖州南路 ………………………… 140
临沂南路 ………………………… 140
大连路 …………………………… 141
天津西路 ………………………… 141
济南路 …………………………… 141
滨州路 …………………………… 141
东营路 …………………………… 141
烟台路 …………………………… 141
昭阳路 …………………………… 142
昭阳北路 ………………………… 142
潍坊路 …………………………… 142
黄海一路 ………………………… 142
黄海二路 ………………………… 142

车站 ……………………………… 142
日照站 …………………………… 142
日照汽车总站 …………………… 143

港口 ……………………………… 143
日照黄海中心渔港 ……………… 143

桥梁 ……………………………… 143
重庆路沙墩河桥 ………………… 143
夹仓口大桥 ……………………… 143
深圳路傅疃河桥 ………………… 143
傅疃河大桥 ……………………… 143
将帅沟桥 ………………………… 144
万平口大桥 ……………………… 144
小海河大桥 ……………………… 144
沿海路傅疃河桥 ………………… 144
营子河大桥 ……………………… 144
栈子桥 …………………………… 144

岚山区

城市道路 ………………………… 144
岚山路 …………………………… 144
圣岚路 …………………………… 144
安岚大道 ………………………… 145
童海路 …………………………… 145
玉泉二路 ………………………… 145
鲁班大道 ………………………… 145
疏港大道 ………………………… 145
钢城大道 ………………………… 145
凤凰山路 ………………………… 145
大旺山路 ………………………… 146
轿顶山路 ………………………… 146
海州路 …………………………… 146
岚山东路 ………………………… 146
万斛路 …………………………… 146

车站 ……………………………… 146
岚山站 …………………………… 146
汾水站 …………………………… 146
岚山长途汽车站 ………………… 147

港口 ……………………………… 147
岚山港 …………………………… 147

山东童海港 ……………147
日照岚桥港 ……………147
桥梁 ………………………147
汾水东桥 ………………147
汾水西桥 ………………147
童家庄子桥 ……………147
甜水河桥 ………………148
后合庄水库大桥 ………148
梁山口大桥 ……………148
大朱洲大桥 ……………148
龙王河大桥 ……………148

五莲县

城市道路 …………………148
滨河路 …………………148
黄海路 …………………148
北京路 …………………149
文化路 …………………149
罗山路 …………………149
育才路 …………………149
五莲山路 ………………149
解放路 …………………149
富强路 …………………150
人民路 …………………150
日照路 …………………150
山东路 …………………150
车站 ………………………150
五莲站 …………………150
五莲汽车站 ……………151
桥梁 ………………………151
北京路大桥 ……………151

莒县

城市道路 …………………151
银杏大道 ………………151
城阳路 …………………151
青岛路 …………………151

淄博路 …………………152
烟台路 …………………152
潍坊路 …………………152
沭河路 …………………152
文心路 …………………152
莒州路 …………………152
浮来路 …………………152
故城路 …………………152
威海路 …………………153
信中路 …………………153
青年路 …………………153
日照路 …………………153
山东路 …………………153
特色街巷 …………………153
西关巷 …………………153
友谊巷 …………………153
护城巷 …………………153
车站 ………………………154
莒县火车站 ……………154
莒县汽车站 ……………154

四 自然地理实体 ……155

日照市

山 …………………………155
大耳山 …………………155
磴山 ……………………155
桥子山 …………………155
浮来山 …………………155
尖垛山 …………………155
尖山子 …………………155
官山 ……………………155
玉皇山 …………………156
河流 ………………………156
潮白河 …………………156
潍河 ……………………156
浔河 ……………………156

巨峰河 156
袁公河 157

海湾 157

海州湾 157

东港区

山 157

驻龙山 157
围子顶 157
磨台顶 158
老崖头 158
平垛 158
蔡庄东山 158
黄尖顶 158
秋千山 158
老牛头顶 158
双山 158
桃花山 158
五洞府 158
落鹤山 159
筛罗顶 159
大山 159
石山子 159
横山 159
马陵山 159
磨盘山 159
龙门崮 159
竖旗山 159
团团顶 159
扬旗岭 160
陈家山 160
大顶子 160
窑东沟山顶 160
围子山 160
天台山 160
栗山 160

石山子 160
道山子 160
猪头山 160
木头山 161
平山 161

河流 161

后村河 161
南湖河 161

岚山区

山 161

阿掖山 161
小五楼山 161
老爷顶 161
平山 162
鸡冠山 162
黄豆山 162
韩家山 162
南北山 162
老牛头顶 162
浮棚山 162
北垛山 162
白公山 162
大五楼山 162
东两山 162
狗山 163
回龙山 163
尖山子 163
锯齿子山 163
库山 163
狼窝山 163
马亓山 163
劈子山 163
葡萄山 163
翟姑山 163
头山 164

围子山 ……………………164

西两山 ……………………164

洞穴 ……………………164

陈僧洞 ……………………164

水帘洞 ……………………164

河流 ……………………164

绣针河 ……………………164

龙王河 ……………………164

黄墩河 ……………………165

五莲县

山 ……………………165

马耳山 ……………………165

九仙山 ……………………165

芦山 ……………………165

七连山 ……………………165

大青山 ……………………165

垛子崖 ……………………165

十八顶山 ……………………165

古山 ……………………166

团山 ……………………166

大座石子 ……………………166

分流山 ……………………166

院山 ……………………166

横山 ……………………166

五莲山 ……………………166

过峡山 ……………………166

脉垛顶 ……………………166

卧象山 ……………………166

灵公山 ……………………166

牌孤山 ……………………167

驼儿山 ……………………167

七宝山 ……………………167

昆山 ……………………167

莒县

山 ……………………167

公婆山 ……………………167

望夫山 ……………………167

珍珠山 ……………………167

峤山 ……………………167

营山 ……………………167

仙姑山 ……………………167

塔楼山 ……………………168

铁山 ……………………168

琵琶山 ……………………168

横山 ……………………168

砚台山 ……………………168

大靴山子 ……………………168

凤凰山 ……………………168

龙山 ……………………168

莲花山 ……………………168

河套山 ……………………168

长城岭 ……………………168

洛山 ……………………169

南金华山 ……………………169

峰山 ……………………169

珠山 ……………………169

青峰岭 ……………………169

老营顶 ……………………169

大青山 ……………………169

先行垛 ……………………169

宝珠山 ……………………169

歪头山 ……………………169

南大山 ……………………170

北大山 ……………………170

河流 ……………………170

柳青河 ……………………170

鹤河 ……………………170

洛河 ……………………170

泉 ……………………………………170

  龙泉沟 …………………………170

  龙泉 ……………………………170

  林清泉 …………………………170

  石泉子 …………………………171

五　名胜古迹、纪念地和旅游地 ……172

东港区

重点文物保护单位 ……………………172

  小代疃遗址 ……………………172

  河山石亭 ………………………172

  琅墩坡汉墓群 …………………172

  南庙革命纪念地 ………………172

  西林子头遗址 …………………172

  冯家沟遗址 ……………………173

  丁氏故居 ………………………173

  北鲍疃遗址 ……………………173

  回龙观遗址 ……………………173

  小莲村牟氏祠堂 ………………173

  涛雒丁氏建筑群 ………………174

  海曲故城 ………………………174

重要景点和一般名胜古迹 ……………174

  龙门崮风景区 …………………174

  刘家湾赶海园 …………………174

  竹洞天风景区 …………………174

岚山区

重点文物保护单位 ……………………175

  尧王城遗址 ……………………175

  海上碑 …………………………175

重要景点和一般名胜古迹 ……………175

  磴山寨旅游风景区 ……………175

五莲县

重点文物保护单位 ……………………175

  汪湖遗址 ………………………175

  风景名胜区 ……………………176

  九仙山风景区 …………………176

自然保护区 ……………………………176

  五莲山国家森林公园 …………176

  大青山省级森林公园 …………176

  潮白河省级湿地公园 …………177

莒县

纪念地 …………………………………177

  莒县烈士陵园 …………………177

重点文物保护单位 ……………………178

  齐长城莒县段 …………………178

自然保护区 ……………………………178

  浮来山地质遗迹省级自然保护区 ……178

六　农业和水利 ……………………179

东港区

渠道、堤防 ……………………………179

  马陵水库干渠 …………………179

  刘家湾赶海园防潮堤 …………179

  东南营防潮堤 …………………179

  任家台防潮堤 …………………179

  东河南防潮堤 …………………179

岚山区

水库 ……………………………………179

  巨峰水库 ………………………179

  南陈家沟水库 …………………180

五莲县

水库 ……………………………………180

  墙夼水库 ………………………180

莒县

灌区 ……………………………………180

  茶城灌区 ………………………180

  小店万亩高效自压节水灌区 …180

  小庄子灌区 ……………………180

  老营节水灌区 …………………180

词目拼音音序索引 …………………181

一　政区

日照市

日照市 371100

[Rìzhào Shì]

山东省辖地级市。北纬 35°04′—36°04′，东经 118°25′—119°39′。在省境东南部。面积 5 359 平方千米。户籍人口 293.9 万，常住人口 287.1 万。以汉族为主，还有回、满、朝鲜、彝、傈僳、壮、苗、土家、哈尼等民族。辖东港、岚山 2 区，五莲、莒 2 县。市人民政府驻东港区。西周属莒国。战国属楚。秦改莒国为莒县。西汉置海曲县，属琅琊郡。三国属青州城阳郡，治莒县。东晋属东莞郡。隋属沂州琅琊莒县。北宋元祐二年（1087）置日照镇，日照地名始此，因"日出初光先照"而得名。元祐三年属京东东路密州。南宋淳熙十一年（1184）置日照县，属莒州。明洪武十七年（1384）于县南 90 里置安东卫。清雍正八年（1730）改属沂州府。乾隆七年（1742）并卫于日照县。1913 年属胶东道。1925 年属琅琊道。1928 年裁道，直属于省。抗日民主政权建立后，1941 年属滨海专区。1948 年属鲁中南行政区第六专区、胶东行政区滨北专区。1953 年属胶州、临沂专区。1956 年属临沂、昌潍专区。1985 年撤日照县改市（县级）。1989 年升为省辖市。1992 年莒县、五莲县划入。2004 年设岚山区。（资料来源：《中华人民共和国地名大词典》、日照市政府官网）背山面海，地势中部高四周低，略向东南倾斜，山地、丘陵、平原、水域相间分布。境内最高点为五莲县境内马耳山，海拔 706 米；最低点为东港区东海峪村，

海拔 1~1.5 米。年均气温 13.3℃，1 月平均气温 −1℃，7 月平均气温 25.8℃。年均降水量 796.5 毫米。年均无霜期 208 天。有沭河、傅疃河、潍河等流经。有铁、锰、铜、铅、锌、红柱石、萤石、蛇纹岩等矿产资源。有国家重点保护野生植物银杏、中华结缕草、野大豆、莲、珊瑚菜（北沙参）等。有陆栖脊椎野生动物 352 种，其中国家重点保护陆生野生动物有丹顶鹤、大鸨、金雕、白鹳、黄嘴白鹭、大天鹅、白额雁、鸳鸯、灰鹤等 36 种。有省级自然保护区 1 个。森林覆盖率 40.3%。有曲阜师范大学、济宁医学院等高等院校 7 所，中小学 410 所，国家级图书馆 4 个，国家级博物馆 2 个，国家级档案馆 1 个，体育场馆 4 个，三级以上医院 4 个。有丹土遗址、两城镇遗址、尧王城遗址、东海峪遗址等国家级文物保护单位 7 个，五莲山光明寺、刘勰故居、河山石亭等省级文物保护单位 24 个，有爱国主义教育基地、纪念地 6 个，有省级历史文化名镇浮来山镇、涛雒镇，省级传统村落 2 个。有"秃尾巴老李的传说"、"孟姜女传说"、莒县过门笺等 5 项国家级非物质文化遗产，岚山渔民号子、黄墩皮影戏、五莲剪纸、五莲割花技艺等 14 项省级非物质文化遗产。有日照海滨国家森林公园、浮来山风景区等 5 个 AAAA 级旅游景区，竹洞天风景区、龙门崮风景区等 8 个 AAA 级旅游景区。三次产业比例为

8.6：50.4：41。农业以小麦、玉米、水稻种植和生猪、禽类养殖为主，盛产茶、果品、蜂蜜，沿海富产刺参、黑头鱼、刀鱼、金乌贼、大竹蛏、东方对虾等，日照绿茶、莒县黄芩、莒县丹参、五莲苹果、涛雒大米、日照西施舌为地理标志商标。工业以钢铁、电力、汽车零部件、化工等产业为主，有五征集团、日照钢铁公司等企业。服务业以餐饮业、物流业为主，搭建了以日照港、物流公司、运输公司为主体的现代物流平台，建有日照大宗商品交易中心，有窝窝商城、微网、艾格拉斯等大型电商企业。新兴产业有光电子及光伏产业、医药制造业、专用设备制造业、废旧资源综合利用业等。有国家级开发区1个、省级开发区4个。境内有铁路117千米，公路8 209千米，高速222.18千米。兖日线、胶新线、坪岚线、日照港疏港高速、204国道、206国道、省道平日公路、央赣公路、莒阿公路、薛馆公路、张李公路、石兖公路、莒界公路、涛坪公路、岚济公路过境。日照港为一类开放口岸，有生产性泊位59个，开通内贸集装箱航线37条。日照民用机场获国家发改委批复并建设。

日照 371100–Z01
[Rìzhào]

日照市聚落。在市境东部。面积70平方千米。人口46万。以汉族为主，还有朝鲜、回、蒙古等民族。南宋淳熙十一年（1184）始改日照镇为日照县，自此日照成为历代县署驻地。城址位于现城区西部，周边分为东、南、西、北4门，面积约1.5平方千米，为当时全县政治、文化中心。之后，城域虽经历代建设，亦无大改。东港区政府现址为历代县衙所在。1945年后，城墙建筑遭到严重破坏，城域以此为基础，逐渐向四周延展。1978年以来，特别是1985年日照市（县级）建立后，城市发展速度日渐加快。1982年日照港正式开工建设，1986年投产运营。按照现代化港口开放城市需要，城市区域迅速向东部石臼街道、北部两城街道、南部奎山街道三个方向扩展。至2000年，城市布局为组团式，分日照、石臼（包括万平口）、奎山3片，以石臼片为中心。万平口以西、明望台周围为政治、文化、科研、体育、卫生、商业服务中心。石臼街道为煤炭码头专业性港口、对外贸易加工区及生活服务基地。老城区为轻工、农副产品加工的轻工业基地。丝山龙山嘴片区为渔业港口，是海产养殖和疗养基地。2000年以后，大致以临沂路为界，形成东部新城区、西部老城区的城市格局。日照之名始于北宋元祐二年（1087），以"濒海日出处"或"日出初光先照"得名。（资料来源：《日照县志》）日照面临大海，背靠新亚欧大陆桥延伸到的广阔腹地。有石臼灯塔、太阳鸟雕塑、万平口大桥等标志性建筑物。城郊河山石壁镌刻的巨幅"日照"为汉字摩崖石刻世界之最，已载入《吉尼斯世界记录大全》。城市东南部为港口工业区，建有国家一类开放口岸、全国沿海十大港口及世界十大煤炭输出港口之一的日照港。西南部为电力、电子、机械制造、外贸工业区，建有日照保税物流中心。中部主要为机关、文化区。西部是商业、服务行业及居民区。西北部是高新技术产业园区。青岛路以东到黄海的区域是日照市旅游业最发达的区域，由南往北依次有灯塔广场、世帆赛基地、万平口生态广场、水上运动基地、山海天旅游度假区、日照海滨国家森林公园、两城龙山文化遗址等。山东路以北、烟台路（北京路）以东、青岛路以西、山海路以南区域，是日照市大学城，建有日照市文化创意产业园。城区内交通便捷，干支线交错，道路四通八达。

日照经济技术开发区 371100-E01

[Rìzhào Jīngjìjìshù Kāifāqū]

在市境东部。东临石臼街道，北接秦楼街道和日照街道，西连岚山区高兴镇，南与涛雒镇相邻。面积232公顷。因地处日照市而得名。2002年2月经省政府正式批准建立省级开发区，2010年4月经国务院批准升级为国家级开发区，由市级政府管理。重点培植和发展电子信息、节能环保、生物医药、海洋生物、海洋化工、汽车零配件、动漫等产业，是国家生态工业示范园区、国家级低碳工业示范园区、国家循环化改造示范试点园区。重点产业为汽车发动机及零部件制造、纸浆造纸和印刷包装、粮油食品加工和现代物流。有现代威亚汽车发动机（山东）有限公司、邦基三维油脂有限公司、亚太森博浆纸有限公司、山东金马集团股份有限公司、日照保税物流中心有限公司等知名企业，全区规模以上工业企业达133家，已形成汽车零部件、制浆造纸和印刷包装、粮油加工、海洋装备制造等特色主导产业。通公交车。

日照山海天旅游度假区 371100-E02

[Rìzhào Shānhǎitiān Lǚyóudùjiàqū]

在市境东北部。东濒黄海，西邻日照大学科技园，北连青岛市黄岛区，南接日照市区。面积16 800万公顷。以"依山傍海迎天下"之意命名。1995年9月经省政府正式批准建立省级旅游度假区，由市级政府管理。区内分为海滨休憩、海滨游乐区、综合服务区、行政管理区等功能小区，主要建有国际会议中心、旅游健身基地、度假村、海上乐园、钓鱼岛公园等，是省级可持续发展实验区、省级海洋生态文明示范区，是国家级西施舌种质资源保护区和省级日本冠鞭蟹种质资源保护区，拥有日照黑陶、日照西施舌、日照虾皮3个国家地理标志商标。有国家AA级以上旅游景区2个、民俗旅游村12个、宾馆饭店126家，北部建有国家AAAA级景区日照海滨国家森林公园。全区形成了"四纵五横"的主干交通框架，通公交车。

东港区

东港区 371102

[Dōnggǎng Qū]

日照市人民政府驻地。在市境东部。面积1 265平方千米。人口90.3万。辖7街道、7镇。区人民政府驻日照街道。1950年属沂水专区。1953年改属胶州专区。1956年属临沂专区。1985年设日照市（县级），仍属临沂地区。1989年升为地级市。1992年以原日照市所辖区域设东港区。以国务院原总理李鹏视察日照时题词"黄海滩头千年睡，日照东岸巨港出"得名。有傅疃河、潮河、巨峰河等河流从区境内穿过，有崮河、营子河、三庄河等境内河。境内有河山、丝山、太阳山、三柱山、会稽山、凤凰山等。有省级工程技术研究中心4个、市级工程技术研究中心10个。有曲阜师范大学（日照校区）、济宁医学院（日照校区）、山东体育学院（日照校区）等高等院校7所，日照第一中学、日照高级实验中学等中小学85所，有国家高水平体育后备人才基地3个，有三级以上医院2个。有省级文物保护单位小代疃遗址、河山石亭，市级文物保护单位有西林子头遗址、冯家沟遗址、海曲故城、丁氏故居、北鲍疃遗址、回龙观遗址、小莲村牟氏祠堂、涛雒丁氏建筑群等。有国家级非物质文化遗产"满江红"，省级非物质文化遗产日照黑陶烧制技艺，市级非物质文化遗产水族舞、蛋壳陶制作工艺、海水制盐等。有邵疃小学革命纪念地。有国家AAAA级旅游景区3个，国家AAA级旅游景区2个。2003年建成占地9.2平方千米的奥林匹克水上公园。2011年建成日照市城市规划展览馆、植物园、香河公园、北海路等。2013年对石臼老城区11条道路进行改造和绿化。有灯塔广场、潮汐塔、太阳鸟雕塑等标志性建筑物。东南部为港口工业区，建有国家一类开放口岸、全国沿海十大港口及世界十大煤炭输出港口之一的日照港。西南部为电力、电子、机械制造、外贸工业区，建有日照保税物流中心。中部主要为机关、文化区。西部是商业、服务行业及居民区。西北部是高新技术产业园区。三次产业比例为5.2:58.3:41.6。农业以种植业为主，主产花生、蔬菜、茶叶等，是国家商品粮基地、山东省花生生产基地。果茶业为特色农业，是长江以北最大的绿茶生产基地，"日照绿茶"商标为全国四大茶叶证明商标之一，有山东最大的蓝莓基地，形成采摘游、深加工产业链，蓝莓、绿茶、黑陶、西施舌、虾皮等已注国家地理标志商标。畜牧业养殖牛、羊、桑蚕、兔子。渔业以海水养殖和捕捞为主，海洋特色品种有海蜇虾、西施舌、金乌贼、大竹蛏、中国对虾等。沿海滩涂是山东省重要的海产品生产基地，是国家海珍品重要产地之一。工业以食品加工、纺织抽纱、机械制造、木器加工、新型建材、药业化工六大支柱产业为主。服务业以旅游业为主，依托万平口、竹洞天、梦幻海滩等旅游景区，建有旅游特色村，蓝莓、樱桃采摘园等。有日照站、日照长途汽车站，有多条公交线路。

日照高新技术产业开发区 371102-E01
[Rìzhào Gāoxīnjìshù Chǎnyè Kāifāqū]

在区境东北部。核心区东至沙墩河，南至山东路，西至昭阳路，北至潍坊路，面积11 500公顷。原为日照市东港区高科技工业园，后改为今名。2013年11月经省政府正式批准为省级开发区，由区级政府管理。2014年底，建成区已建设形成电子信息产业园、装备制造产业园、现代物流产业园、生物医药产业园以及国际服务外包示范基地、创业服务中心"四园一基地一中心"的发展框架，有入驻企业179家。开发区内四通八达，交通便利。

日照街道 371102-A01
[Rìzhào Jiēdào]

东港区人民政府驻地。在区境中部。面积96平方千米。人口7.8万。1988年设立。取"日出初光先照"之意命名。自2000年开始，先后有20余个村居进行沿街沿路开发和安置楼建设。打通、硬化道路198条。2004年建成烟墩岭文山茶文化旅游景区。2007年对敬老院进行整体改建。2011年建成日照香河公园。张家河、香店河、沙墩河、营子河、后楼河从境内穿过。有国家级企业技术研究中心1个、省级技术研究中心6个、市级研究中心11个，中小学18所，体育场馆2个，医疗卫生机构82个。有文物保护单位河山石亭、海曲墓群、海曲城址、小莲村牟氏祠堂等。有竹洞天风景区、日照将帅茶文化广场。有日照百货大楼、金阳市场、海曲人家特色街等标志性建筑物。农业以无公害和精细菜、特色蔬菜产业为主，建有冬暖式蔬菜大棚，产荷兰尖椒、西红柿、五彩椒等高品质蔬菜以及水果黄瓜、水果西红柿、西葫芦等。工业形成纺织特色产业集群，有华伟纺织、金田纺织等龙头纺纱企业。服务业以零售业为主，有太阳城市场、日照百货大楼、日照凌云购物广场、日照银座商场等大型购物中心。有日照长途汽车站，通公交车。

石臼街道 371102-A02
[Shíjiù Jiēdào]

属东港区管辖。在区境东部。面积14平方千米。人口11.5万。1988年设立。因街道驻石臼所而得名。2002年建成日照市灯塔广场，2005年改建。到2007年，打通道路 16 条，硬化路面 1 228 000 万平方米。境内有奎山、丝山。有中小学 4 所，体育场馆 4 个，知名文艺团体 1 个，医疗卫生机构 4 个。有国家非物质遗产文化"满江红"。有石臼灯塔等标志性建筑物。经济以服务业为主，农业为辅。农业以城郊型农业为主，畜牧养殖猪、兔子、狍子等。水产业集养殖、捕捞、加工于一体，产栉孔扇贝、海带、海湾扇贝、太平洋牡蛎、贻贝，有鲍鱼、对虾、扇贝等育苗、养殖场。工业有织布、刺绣、建筑、肉类加工等企业。服务业以临港商业区商贸业为主，有黄海一路金融街等特色商业街区，建有海鲜批发城。有日照火车站，通公交车。

秦楼街道 371102-A03
[Qínlóu Jiēdào]

属东港区管辖。在区境东部。面积 50 平方千米。人口 15.0 万。1995 年设立。因驻地在秦家楼村得名。1996 年建成日照市人民广场，2007 年建成日照市太阳广场，2007 年建成水上运动基地，2010 年建成日照游泳馆，2011 年建成日照市城市规划展览馆。2001—2007 年在任家台、肥家庄一带建成 20 年一遇防潮堤 940 米。2011 年改造建成日照植物园。有曲阜师范大学（日照校区）等高等院校 6 所，中小学 7 所，医疗卫生机构 4 个。有市级文物保护单位冯家沟遗址，有太公岛、海水浴场等旅游资源。境内有大学城、文创园、阳光海岸、奥林匹克水上运动公园等。日照水运基地为标志性建筑。经济以渔业、旅游业为主。渔业以海上捕捞和海水养殖为主，养殖贻贝、海参、鲍鱼等。服务业以金融保险、文化科技、电子商务等为主。通公交车。

卧龙山街道 371102-A04
[Wòlóngshān Jiēdào]

属东港区管辖。在区境东北部。面积 85 平方千米。人口 5.6 万。2013 年设立。因境内卧龙山得名。2013 年新建青岛路中学、山海天实验小学、山海天实验幼儿园。秀水河从境内穿过。有中小学 4 所，医疗卫生机构 1 个。有名胜古迹卧龙山风景区，王家皂、乔家墩子民俗旅游村。岚桥锦江大酒店为标志性建筑。经济以农业、服务业为主。现代农业有双庙茶园、苏家村茶园等特色茶园，有浅海养殖面积 10 万亩，主要养殖贻贝、中科红海湾扇贝、海参、牡蛎等。滩涂潮间带以养殖海参、紫菜、鲍鱼为主。服务业以民俗旅游为主。通公交车。

两城街道 371102-A05
[Liǎngchéng Jiēdào]

属东港区管辖。在区境东北部。面积 92 平方千米。人口 4.4 万。2013 年设立。以原两城镇命名。两城河、卞庄河、金银河、泸沟河从境内穿过。有中小学 4 所，医疗卫生机构 1 个。有国家级文物保护单位两城镇遗址。有国家 AAAA 级风景区日照海滨国家森林公园。有天后宫、安哲纪念馆等标志性建筑物。经济以农业、服务业为主。农业主产小麦、玉米、蔬菜、苹果、蚕茧等，建有无公害养殖基地，以饲养生猪为主。东部沿海养殖刺参，产两城虾皮、西施舌、蝉虾等海产品。工业主要有海产品加工、建筑材料加工等。有万宝滨海休闲度假区、地理信息小镇、禅茶客栈、河口游乐园、航天农业采摘园等旅游资源。通公交车。

奎山街道 371102-A06
[Kuíshān Jiēdào]

属东港区管辖。在区境西南部。面积 64 平方千米。人口 4.6 万。以汉族为主，还有回、蒙古、朝鲜等民族。1995 年设立。因境内奎山得名。2009 年 9 月建开发区实验学校，2011 年疏港高速通车。付疃河、崮河从境内穿过，境内有奎山。有中小学 4 所，医疗卫生机构 24 个。有市级非物质文化遗产夹仓传统吹打乐，舞龙、舞狮、秧歌、吕剧等地方民间艺术。名胜古迹有吕母崮点将台、奎山风景区。经济以种植业、养殖业为主。农业种植小麦、水稻、玉米、蔬菜等，盛产花生、苹果、葡萄、银杏、茶叶、中药材黄芪等。渔业以养殖大菱鲆为主，海产品有鱼、虾、贝类。工业有发动机制造、制药、酿酒等业。通公交车。

北京路街道 371102-A07
[Běijīnglù Jiēdào]

属东港区管辖。在区境南部。面积 47 平方千米。人口 7.2 万。2004 年设立。以路得名。崮河、沙墩河从境内穿过。有中小学 9 所，体育场馆 1 个，医疗卫生机构 1 个。有国家级文物保护单位东海峪遗址，国家级非物质文化遗产渔民开洋、谢洋节，踩高跷、秧歌、舞龙等地方特色民间艺术，有山后赶海园等旅游景点。有日照经济技术开发区中心公园、凌海大酒店、航贸大厦等标志性建筑物。经济以第二、三产业为主。农业以种植业和渔业为主。农产品有青萝卜、土豆、芹菜等，建有乐义蔬菜基地、银杏种植基地、优质水稻种植基地、日照市花卉苗木交易基地。渔业以水产养殖和海上捕捞为主。工业有浆纸能源、机械制造、粮油加工、食品加工、纺织抽纱等产业。通公交车。

河山镇 371102-B01
[Héshān Zhèn]

东港区辖镇。在区境东北部。面积 67 平方千米。人口 2.7 万。辖 48 村委会，有 66 自然村。镇人民政府驻河山店村。1956 年设河山区。1958 年并入东风公社。1977 年析设河山公社。1985 年改设乡。1996 年改置河山镇。以驻地村得名。有中小学 2 所，

卫生院 1 个。有被列入《吉尼斯世界纪录》的汉字摩崖石刻"日照"。经济以农业为主。农业种植花生、小麦、玉米、地瓜，盛产苹果、草莓。有以优质苹果、板栗为特色的果品业，产红富士、梅切嘎拉、艾达红等苹果品种，注册"旭光"牌苹果商标。工业以果蔬储藏、纺织生产、木器加工、建材生产等为主，有镇南、镇北工业园区及个体私营经济园区。服务业以旅游业为主，有国家 AAA 级风景区河山风景区、泉山云顶风景区。204 国道、沈海高速公路过境。

涛雒镇 371102-B02
[Tāoluò Zhèn]

东港区辖镇。在区境南部。面积 112 平方千米。人口 7.1 万。辖 75 村委会，有 77 自然村。镇人民政府驻涛雒五村。1949 年为涛雒区。1958 年改公社。1985 年改置镇。镇以驻地村得名。栈子河、南店河、川子河从境内穿过。有中小学 5 所，图书馆 1 个，卫生院 1 个。有纪念地丁肇中祖居、丁惟汾故居、丁守存纪念馆等，名胜古迹鱼骨庙、龙王庙、热窝原生态古村落等。经济以农业为主。主产黑木耳、芹菜、黄桃等特色农产品，滩涂有海水、淡水养殖业，盛产海参、鲍鱼、乌贼、西施舌、竹蛏、文蛤等海珍品，"下元青"绿茶、"珍珠米"等优质农产品获国家地理产品保护标志。工业以造船、灯具、五金工具、塑料制品、酿造、海产品加工冷藏为主。服务业以旅游业、餐饮业为主，有刘家湾赶海园、金沙滩国际浴场等旅游景点。日兰高速公路、烟沪公路、涛汤公路过境。

西湖镇 371102-B03
[Xīhú Zhèn]

东港区辖镇。在区境西部。面积 82 平方千米。人口 3.6 万。辖 9 居委会，有 61 自然村。镇人民政府驻西湖村。1959 年设

西湖公社。1985 年改设乡。1996 年建镇。镇以驻地村得名。花崖河、铨元河、三庄河从境内穿过。有中小学 8 所，文化馆 1 个，卫生院 1 个。有市级文物保护单位回龙观遗址等。经济以农业为主。农业以特色农业为主，有花仙子园艺、黑木耳栽培、桑蚕、茶叶、畜禽养殖等特色农业。工业有毛棉纺织、茶叶加工等产业。服务业有特色采摘、婚庆文化旅游、有机餐饮、休闲度假等产业。日东高速、省道央赣公路过境。

陈疃镇 371102-B04
[Chéntuǎn Zhèn]

东港区辖镇。在区境西北部。面积 78 平方千米。人口 3.2 万。辖 38 村委会，有 49 自然村。镇人民政府驻东陈疃村。1962 年析和平公社设陈疃公社。1985 年建东陈疃乡。1995 年改为陈疃镇。以原驻地村得名。鲍疃河、陈疃河从境内穿过。有中小学 6 所，图书馆 1 个，文化馆 1 个，卫生院 1 个。有纪念地陈疃老剧院、乡村记忆馆。经济以农业为主。农业主产小麦、玉米、花生、地瓜，盛产茶叶、大樱桃、蓝莓、珍贵皮毛等农副产品，有彩色植物园、万亩板栗园、特种皮毛动物养殖基地、北陆蓝莓基地。工业以建筑建材、机械制造、抽纱刺绣为主。服务业以餐饮业为主。日东高速公路、日滕公路、央赣公路过境。

南湖镇 371102-B05
[Nánhú Zhèn]

东港区辖镇。在区境西北部。面积 173 平方千米。人口 7.2 万。辖 74 村委会，有 112 自然村。镇人民政府驻南湖四村。1950 年属十三区。1958 年设南湖乡，同年改公社。1985 年复设乡。1995 年设镇。2000 年尹家河乡并入。因镇驻地在南湖四村而得名。南湖河、马陵前河、下湖河、宅科河、花峡峪河从境内穿过。有中小学 7 所，图书

室 1 个，卫生院 1 个。重要建筑物有凤凰措。经济以农业为主。农业主产小麦、玉米、花生、地瓜，特色农业有大棚蔬菜、养殖业、果茶业，南湖煎饼、上湖芋头、相家官庄西红柿是当地特色农产品。工业以铸造、机械、纺织、服装、建材加工等为主，有北叶青茶厂、太极茶厂、申泰奶牛合作社，建有镇南工业区和镇北工业区。服务业以休闲度假观光旅游为主。日东高速公路、日滕公路经此。

三庄镇 371102-B06
[Sānzhuāng Zhèn]

东港区辖镇。在区境西部。面积 194 平方千米。人口 7.1 万。辖 62 村委会，有 88 自然村。镇人民政府驻三庄二村。1950 年设第十五区。1958 年改幸福公社。1976 年改名三庄公社。1985 年改置镇。2000 年竖旗山乡并入。因镇政府驻地村得名。三庄河、板石河从境内穿过。有中小学 9 所，文化馆 1 个，卫生院 1 个。有纪念地日照八路军办事处、日照县委等遗址。古迹有刘勰故里碑。有龙门崮风景区、乔子山风景区、太阳山、磴石崖庙等。经济以农业为主。农业主产小麦、玉米、花生、地瓜，有以苹果为主的经济园林，盛产苹果、茶叶、板栗、大枣、黄烟、核桃、金银花等名优特农产品。畜牧业以羊、猪、兔饲养为主。工业有食品加工、机械制造、纺织抽纱等业，有益民纺纱、明月食品、丰源花生等品牌。服务业以旅游业为主。日东高速公路、日滕公路过境。

后村镇 371102-B07
[Hòucūn Zhèn]

东港区辖镇。在区境东南部。面积 126 平方千米。人口 5.9 万。辖 61 村委会，有 127 自然村。镇人民政府驻小后村。1949 年属巨峰区。1958 年设马庄乡，同年改公社。

1982 年改名焦山公社。1984 年设小后村区，1985 年改设乡，1995 年改置镇。2004 年划属岚山区，2014 年复归东港区。因镇人民政府驻地得名。付疃河、后村河、皋陆河从境内穿过。有中小学 4 所，图书馆 1 个，医院 1 个。有省级文物保护单位小代疃遗址。经济以农业为主。农业主产小麦、水稻、玉米、花生、蔬菜，有茶、果、桑、奶牛养殖四大主导产业。工业以食品、机械、建材、服装、绿茶加工等为主。服务业以餐饮业为主。疏港高速公路、烟沪公路、央赣公路、平日公路过境。有山字河机场。

旧地名

竖旗山乡（旧） 371102-U01
[Shùqíshān Xiāng]

在东港区西北部。东港区辖乡。1971 年设竖旗山公社，1983 年更名为竖旗山乡。2000 年撤销，并入三庄镇。

尹家河乡（旧） 371102-U02
[Yǐnjiāhé Xiāng]

在东港区北部。东港区辖乡。1958 年设下湖乡，1987 年更名为尹家河乡。2000 年撤销，并入南湖镇。

社区

金阳社区 371102-A01-J01
[Jīnyáng Shèqū]

属日照街道管辖。在东港区东部。面积 0.45 平方千米。人口 8 000。因靠近金阳路而得名。2005 年成立。有楼房 69 栋，现代建筑风格。驻有日照市实验小学、日照市干部休养所、日照市海曲中学、日照街道办事处、日照市实验小学幼儿园、银座购物广场、东港区图书馆、东港区党校等单位。开展"四关爱"等活动。通公交车。2007 年被评为省文明社区。

昭阳社区 371102-A01-J02
[Zhāoyáng Shèqū]

属日照街道管辖。在东港区东部。面积 1.36 平方千米。人口 5 700。因在昭阳路东侧而得名。1990 年成立。有楼房 113 栋，现代建筑风格，另有平房 15 套、两层别墅 7 排。驻有日照第二实验小学、东港区交警直属大队等单位。通公交车。2009 年被评为省文明社区。

日升社区 371102-A01-J03
[Rìshēng Shèqū]

属日照街道管辖。在东港区东部。面积 0.2 平方千米。人口 1 500。取太阳升起之意，代表居民生活条件蒸蒸日上，故名。2005 年成立。有楼房 2 栋，现代建筑风格。开展帮扶困难群众等活动。通公交车。

丹阳社区 371102-A01-J04
[Dānyáng Shèqū]

属日照街道管辖。在东港区东部。面积 0.1 平方千米。人口 400。因社区内有丹阳路，且大多数居民都在丹阳路两侧居住，故名。2005 年成立。有楼房 10 栋，现代建筑风格。有志愿者服务。通公交车。

文荟社区 371102-A01-J05
[Wénhuì Shèqū]

属日照街道管辖。在东港区东部。面积 0.5 平方千米。人口 400。以标志性建筑文庙和附近的交通线路荟阳路得名。2005 年成立。有楼房 9 栋，现代建筑风格。开展帮扶困难群众等活动。通公交车。

利民社区 371102-A01-J06
[Lìmín Shèqū]

属日照街道管辖。在东港区东部。面积0.26平方千米。人口1 500。以便于开展为民服务，为群众造福之意命名。2005年成立。有楼房9栋，现代建筑风格。开展帮扶困难群众等活动。通公交车。

兴安社区 371102-A01-J007
[Xīng'ān Shèqū]

属日照街道管辖。在东港区东部。面积0.5平方千米。人口3 100。以居民生活高兴平安之意命名。2005年成立。有楼房10栋，现代建筑风格。开展帮扶困难群众等活动。通公交车。

兴海社区 371102-A01-J08
[Xīnghǎi Shèqū]

属日照街道管辖。在东港区东部。面积0.55平方千米。人口3 200。因居民居住点在兴海路两侧而得名。2005年成立。有楼房2栋，现代建筑风格。有志愿者服务，开展帮扶困难群众等活动。通公交车。

文化社区 371102-A01-J09
[Wénhuà Shèqū]

属日照街道管辖。在东港区东部。面积0.5平方千米。人口2 200。以寓意居民奋发图强学习文化知识，共创美好生活而得名。2005年成立。有楼房15栋，现代建筑风格。驻有日照亚太骨科医院等单位。开展帮扶困难群众等活动。通公交车。

兴合社区 371102-A01-J10
[Xīnghé Shèqū]

属日照街道管辖。在东港区东部。面积3.8平方千米。人口10 300。以兴旺聚合之意得名。2009年成立。有楼房57栋，现代建筑风格。开展法制宣传等活动。通公交车。

林海社区 371102-A02-J01
[Línhǎi Shèqū]

属石臼街道管辖。在东港区东南部。面积0.5平方千米。人口10 000。因社区内林海小区而得名。2004年成立。有楼房213栋，现代建筑风格。驻有海纳物业、地矿八局等单位。有老年人日间照料服务，开展"亲情一帮一"、"幸福夕阳"助老、"阳光乐扶"助残等活动。通公交车。2009年被评为全国文明社区。

中盛社区 371102-A02-J02
[Zhōngshèng Shèqū]

属石臼街道管辖。在东港区东南部。面积0.08平方千米。人口1 300。因所在小区由中盛集团建设而得名。2006年成立。有楼房48栋，现代建筑风格。驻有中盛集团、黄海路派出所等单位。有志愿者服务，开展社会救助、春节大扫除等活动。通公交车。2007年被评为省文明社区。

万平社区 371102-A02-J03
[Wànpíng Shèqū]

属石臼街道管辖。在东港区东南部。面积0.2平方千米。人口2 600。因东临万平口而得名。2006年成立。有楼房29栋，现代建筑风格。驻有怡然酒店等单位。有老年活动室，开展文艺宣传等活动。通公交车。2009年被评为省文明单位。

望海社区 371102-A02-J04
[Wànghǎi Shèqū]

属石臼街道管辖。在东港区东部。面积0.18平方千米。人口3 900。因临海而居，眺望大海而得名。2006年成立。有楼房52栋，现代建筑风格。驻有日照市城市投资有限公司、君临天下大酒店等单位。有志愿者服务，开展"爱回家""小树苗""多彩课堂"等活动。通公交车。2010 年被评为省文明社区。

隆华社区 371102-A02-J05
[Lónghuá Shèqū]

属石臼街道管辖。在东港区东部。面积 0.1 平方千米。人口 800。以希望中华兴隆而得名。2005 年成立。有楼房 12 栋，现代建筑风格。驻有石臼派出所等单位。开展文化体育等活动。通公交车。

宏达社区 371102-A02-J06
[Hóngdá Shèqū]

属石臼街道管辖。在东港区东部。面积 0.3 平方千米。人口 1 200。以宏图伟业、飞黄腾达的美好寓意命名。2005 年成立。有楼房 96 栋，现代建筑风格。开展文化体育等活动。通公交车。

城建花园社区 371102-A03-J01
[Chéngjiànhuāyuán Shèqū]

属秦楼街道管辖。在东港区东部。面积 0.1 平方千米。人口 6 900。因社区内城建花园小区得名。2005 年成立。有楼房 84 栋，现代建筑风格，另有别墅 14 栋。驻有新营小学东校区、交通银行等单位。有便民服务，开展社会救助、矛盾纠纷调解等活动。通公交车。2007 年被评为省文明社区。

城市花园社区 371102-A03-J02
[Chéngshìhuāyuán Shèqū]

属秦楼街道管辖。在东港区东部。面积 0.5 平方千米。人口 13 000。以社区内城市花园小区得名。2008 年成立。有楼房 113 栋，现代建筑风格，另有别墅 2 栋。驻有金海岸小学、日照港中学等单位。有老年活动室，开展太极拳展演、舞蹈表演、揉力球比赛等活动。通公交车。2009 年被评为全国文明社区。

银河社区 371102-A03-J03
[Yínhé Shèqū]

属秦楼街道管辖。在区境东部。面积 3.5 平方千米。人口 5 000。因坐落于银河公园西侧而得名。2005 年成立。有楼房 104 栋，现代建筑风格。驻有北京路中学等单位。有志愿者服务，开展文化体育等活动。通公交车。2014 年被评为省文明社区。

祥园社区 371102-A03-J04
[Xiángyuán Shèqū]

属秦楼街道管辖。在东港区东部。面积 0.1 平方千米。人口 2 100。以祥和之园的美好寓意命名。2005 年成立。有楼房 102 栋，现代建筑风格。驻有日照市供电公司等单位。开展书法展览、葫芦丝表演等活动。通公交车。

北京路营子社区 371102-A03-J05
[Běijīnglùyíngzi Shèqū]

属秦楼街道管辖。在东港区东部。面积 0.86 平方千米。人口 2 630。原为营子村，村改居时命名为北京路营子社区。2005 年成立。有楼房 16 栋，现代建筑风格。有便民服务。通公交车。

东明望社区 371102-A03-J06
[Dōngmíngwàng Shèqū]

属秦楼街道管辖。在东港区东部。面积 0.1 平方千米。人口 2 100。沿用原东明望村名。2001 年成立。有楼房 9 栋，现代建筑风格。驻有日照市检察院、日照市土地局、日照市旅游局等单位。通公交车。

西明望社区 371102-A03-J07
[Xīmíngwàng Shèqū]

属秦楼街道管辖。在东港区东部。面积 0.1 平方千米。人口 2 100。沿用原西明望村名。2001 年成立。有楼房 10 栋，现代建筑风格。通公交车。

文登路社区 371102-A03-J08
[Wéndēnglù Shèqū]

属秦楼街道管辖。在东港区东部。面积 1.1 平方千米。人口 1 100。以辖区内文登路命名。2001 年成立。有楼房 11 栋，现代建筑风格。驻有日照市自然资源和规划局、日照市中级人民法院、日照市热力公司、日照海关、国家电网日照供电公司等单位。有便民服务。通公交车。

春天花园社区 371102-A07-J01
[Chūntiānhuāyuán Shèqū]

属北京路街道管辖。在东港区南部。面积 0.58 平方千米。人口 5 000。因辖区内的兴业春天小区得名。2009 年成立。有楼房 136 栋，现代建筑风格。有便民服务。通公交车。2012 年被评为省文明社区。

润生佳苑社区 371102-A07-J02
[Rùnshēngjiāyuàn Shèqū]

属北京路街道管辖。在东港区南部。面积 0.6 平方千米。人口 7 400。因辖区内的润生佳苑小区得名。2009 年成立。有楼房 91 栋，现代建筑风格。有便民服务。通公交车。2012 年被评为省文明社区。

郑州路社区 371102-A07-J03
[Zhèngzhōulù Shèqū]

属北京路街道管辖。在东港区南部。面积 0.56 平方千米。人口 5 000。因郑州路得名。2005 年成立。有楼房 147 栋，现代建筑风格。驻有日照市地税局等单位。通公交车。2010 年被评为省文明社区。

岚山区

岚山区 371103
[Lánshān Qū]

日照市辖区。在市境东南部。面积 759 平方千米。人口 42.3 万。以汉族为主，还有傈僳、苗、蒙古、朝鲜、藏、壮、满、土家、彝等民族。辖 2 街道、6 镇、1 乡。区人民政府驻安东卫街道。1992 年设立岚山开发区。1993 年设立岚山办事处。2004 年国务院批准设立岚山区。以境内自然地理实体岚山得名。巨峰河、绣针河、龙王河、黄墩河从区境内穿过，有韩家山、浮棚山、白云山、阿掖山、马亓山等。有院士专家工作站 2 个，省级国际科技合作平台 2 个，省级工程技术研究中心 2 个。有中小学 77 所，体育场馆 2 个，知名文艺团体 1 个。有国家级文物保护单位尧王城遗址，省级重点文物保护单位海上碑。有爱国主义教育基地甲子山战斗遗址和山东军区军事工作会议旧址。地方特色民间艺术有岚山号子、高兴线狮、黄墩皮影戏、农民画、黑陶等，其中岚山号子、黄墩皮影戏为省级非物质文化遗产。是龙山文化的主要发祥地之一，有旧石器时代文化遗址，新石器时代大汶口文化、龙山文化、岳石文化遗址及周、秦至明清遗迹数百处。有国家 AAA 级景区祥路碧海茶文化园、磴山风景区和前三岛、阿掖山、海上碑、马鬐山风景区等旅游资源。有人民广场等标志性建筑物。城区城市空间以阿掖山为中心呈扇形分布，东部港区，南部城区，北及西北为临港产业聚集带。三次产业比例为 7.1∶64∶28.9。农业以种植业为主，主产茶叶、蔬菜等，碑廓镇"绣针河"牌无公害蔬菜畅销全国，盛产西施舌、乌鱼蛋、海参等海产珍品。工业形成钢铁、石化、木材加工、海洋食品药品四大临港产业集群，是山东省精品钢铁生产基地、全国最大的木材进口加工集散地、油气储运加工基地，是山东半岛蓝色经济区鲁南临港产业集聚区重要组成部分。海洋经济为该区特色，是全省重要的海洋食品生产加工基地。服务业以金融、滨海乡村旅游、临港物流产业为主，拥有岚山港、岚山渔港2个国家一类对外开放口岸，形成以日照港、岚山港、岚北港、岚桥港、童海港为主体的港口集群。有岚山汽车站，有多条公交线路。

岚山经济开发区 371103-E01
[Lánshān Jīngjì Kāifāqū]

在区境南部。南至阿掖山北路、黄海路、342省道，西至规划西外环路，北至北外环路、疏港大道、岚山边界，东至海滨。面积9 580公顷。因处岚山区并依照命名规则而得名。1994年经省政府正式批准建立省级开发区，由市级政府管理。重点发展钢铁配套、石化、木材加工、海洋食品药品为主导的产业集群，已发展成为全国最大的木材进口加工集散地、全省重要的钢铁生产基地、油气储运加工基地和区域性临港物流中心。引进外商投资企业37家，其中世界500强企业有4家，骨干企业主要有日照三木集团有限公司、山东鲁圣电力器材公司、山东昌华集团、山东丰华食品有限公司、日照岚星化工公司等，初步形成木制家具、液体化工储运、海洋仿生食品、电力器材等支柱产业。境内有岚山港、岚山渔港2个国家一类开放港口，铁路、高速公路纵贯区内。通公交车。

安东卫街道 371103-A01
[Āndōngwèi Jiēdào]

岚山区人民政府驻地。在区境西部。面积42平方千米。人口4.2万。2001年设立。街道因明朝建安东卫得名。辖区共建设道路20条，旧城改造建设村居安置楼80栋，二层小康居民楼350余栋。有阿掖山、笔架山、关山、寨山等山脉，绣针河、长野河从境内穿过。有省级科研单位11个，高等院校1所，中小学7所，文艺团体5个，医疗卫生机构25个。有市级文物保护单位阿掖山水帘洞石刻和爱国教育主题公园安东卫连保卫战遗址。有青鸾湖公园、荻水湿地公园、绣针河口、阿掖山风景区等旅游资源。有鲁南大厦、人民广场等标志性建筑物。经济以工商业为主。农业以种植业、渔业为主，主产茶叶、大棚蔬菜等，盛产日照东方对虾、岚山文蛤等海产品，特产雪青茶。工业以焦化煤、生化制药为主，另有精品钢加工、海洋仿生食品、木业、绳网加工等行业。服务业以滨海乡村旅游、物流为主，建有安东卫海货城和汾水九州综合批发市场。有岚山区长途汽车站。通公交车。

岚山头街道 371103-A02
[Lánshāntóu Jiēdào]

属岚山区管辖。在城区东南部。面积10平方千米。人口5.1万。以汉族为主，还有回等民族。1988年设立。以街道办事处机关驻地岚山头得名。2006年平岛路周围拆迁，建设秦海小区。2007年建设金牛岭社区一期安置区。2008年进行多岛海生态环境改造。2009年建成山海家园安置小区。2010年对海安路以北老城区和环翠路实施搬迁改造。有市级以上科研单位4个，中小学6所，知名文艺团体1个，医疗机构18个。有省级文物保护单位海上碑，国家级非物质文化遗产"满江红"、省级非物质文化遗产岚山渔民号子，多岛海景区、赶海公园等旅游资源。有凌云岚山商厦、舜海蓝天大酒店、海上碑、多岛海风帆广场等标志性建筑物。街道从南部傍海向北延伸至岚山东路而建，"红瓦、碧海、蓝天"是街道的独特风貌。经济以养殖捕捞业、港口业为主。农业以种植蔬菜为主，盛产岚芹。濒临海州湾渔场，渔业为支柱产业，盛产对虾、带鱼、巴鱼、安康鱼、鱿鱼、黄花鱼、蟹类、贝类，特产岚山虾皮、金钩海米和西施舌。工业以港口配套产业、海产品加工、零部件加工为主。服务业以港口配套服务业、旅游业为主。拥有国家一类开放口岸岚山港和岚山渔港。通公交车。

高兴镇 371103-B01
[Gāoxīng Zhèn]

岚山区辖镇。在区境西北部。面积63平方千米。人口3.5万。辖46村委会，有46自然村。镇人民政府驻南范家村。1949年为望海区。1958年改红旗公社。1959年改高兴公社，1985年改设乡，属日照市。1992年改属东港区。1995年改置镇。2004年划属岚山区。因境内高兴庙得名。有白云山、小屯山等山脉，川子河从境内穿过。有中小学3所，卫生院1个。有国家级文物保护单位尧王城遗址、望海楼、高兴庙、白云寺等文化古迹。经济以农业、工业为主。农业以种植业为主，主产小麦、水稻、玉米、蔬菜、林果，另有奶牛、桑蚕养殖业等。茶业为支柱产业之一，有"冠青""青泉""白云"等著名绿茶商标。工业以五金加工、木器加工等为主。服务业以农业观光采摘、物流等为主。兖日铁路、同三高速公路过境，设高兴站。

巨峰镇 371103-B02
[Jùfēng Zhèn]

岚山区辖镇。在区境中部。面积165平方千米。人口7.8万。辖90村委会，有90自然村。镇人民政府驻巨峰村。1958年设巨峰公社，1963年改巨峰区。1971年分建巨峰公社、大坡公社，1985年改设巨峰镇、大坡乡。2000年大坡乡并入巨峰镇。因驻地村巨峰得名。境内有南北山、甲子山、北垛山、老牛顶等山脉，巨峰河从境内穿过。有山东省北茶科研基地，中小学3所，卫生院1个。经济以种植茶叶为主，特产巨峰绿茶，有冬茶生产基地和无公害茶叶生产基地。工业有以绿茶产业化经营为主的一系列加工制造行业和橡胶、化工制造业、建材业等。境内有金港工业园。服务业以生态农业旅游、茶文化旅游为主。兖石铁路、陕西中南铁路和省道央赣公路、涛坪公路过境。

黄墩镇 371103-B03
[Huángdūn Zhèn]

岚山区辖镇。在区境西北部。面积153平方千米。人口5.6万。辖8村委会，有92自然村。镇人民政府驻黄墩村。1949年为黄墩区。1958年改设乡，同年因著名的甲子山战役，建甲子山人民公社。1963年后几次改称黄墩镇、黄墩公社。1985年改置镇，2004年划属岚山区。因镇政府驻地村得名。有甲子山、浮棚山、横山、桃花山等山脉，黄墩河、葛疃河等从境内穿过。有中小学6所，卫生院1所。有爱国主义教育基地甲子山战役纪念馆。地方传统文化有皮影戏、农民画，黄墩皮影戏为省级非物质文化遗产。名胜古迹有刘墉祖居地、凤凰山等。经济以农业为主。农业主要是以日本栗种植为主导的生态农业，盛产黄烟、蚕茧、药材、冬枣等。工业主要有日本栗加工、调味品加工、服装制造等业。服务业以红色文化产业、农业生态观光为主。有公路经此。

虎山镇 371103-B04
[Hǔshān Zhèn]

岚山区辖镇。在区境北部。面积106平方千米。人口5.9万。辖53村委会，有53自然村。镇人民政府驻虎山铺村。1958年由安岗区析设虎山乡，同年改庆丰公社。

1968 年改为虎山公社。1985 年改设乡。1992 年属东港区。2004 年划属岚山区。因镇政府驻地村得名。境内有大旺山、磴山，龙王河、虎山河、凤凰河从境内穿过。有中小学 2 所，卫生院 1 个，广场 1 个。有磴山旅游风景区、东潘家村海水浴场等景区。经济以工业为主。农业以茶、果、桑、大棚蔬菜种植和海产品养殖为主，有"梭罗春""景阳春"等知名绿茶品牌。工业以钢铁铸造业为主，有炼钢、冶铁、焦电等行业，日照钢铁公司入驻当地。服务业以滨海旅游业为主。204 国道、同三高速公路、省道央赣公路过境。

碑廓镇 371103-B05
[Bēikuò Zhèn]

岚山区辖镇。在区境西部。面积 96 平方千米。人口 5.0 万。辖 8 村委会，有 71 自然村。镇人民政府驻碑廓村。1949 年为碑廓区。1958 年改公社。1985 年改置镇。1993 年属岚山办事处，2004 年属岚山区。因镇政府驻地村得名。境内有圣公山、幽尔崮等，绣针河从境内穿过。有中小学 8 所，卫生院 1 个。有圣公山风景区、罗荣桓故居、香塔寺等名胜古迹。经济以工业为主。农业以茶叶、蔬菜种植和桑蚕养殖等特色农业为主导，盛产无公害蔬菜和茶产品。畜牧业主要养殖猪、奶牛、蛋鸡。工业以木材加工、黑色金属选矿、纺织、建材、食品、机械制造等行业为主。日照市工业园西区坐落境内。服务业以木材物流业为主。省道坪岚铁路、岚济公路过境。

中楼镇 371103-B06
[Zhōnglóu Zhèn]

岚山区辖镇。在区境西北部。面积 134 平方千米。人口 6.0 万。辖 12 村委会，有 65 自然村。镇人民政府驻中楼村。1949 年为中楼区，属莒县。1958 年改设乡，同年改公社。1984 年复设乡。1993 年改置镇。2012 年划归岚山区。因镇政府驻地村得名。境内有马亓山，浔河、行河从境内穿过。有中小学 3 所，卫生院 1 个，广场 1 个。境内有马亓山风景区。经济以工业为主。农业以种植小麦、玉米、花生为主，产黄烟、桑蚕、水果等特色农产品，盛产草莓、黑莓、茶叶。畜牧业以猪、肉牛、羊、家禽、兔养殖为主，有日照市黑鱼养殖基地。工业以橡胶、石材业为优势产业。服务业以旅游业为主。有公路经此。

前三岛乡 371103-C01
[Qiánsāndǎo Xiāng]

岚山区辖乡。在区境东南部。面积 3 平方千米。人口 0.3 万。辖 3 居委会、1 村委会，有 4 自然村。乡人民政府驻平岛村。1994 年设前三岛乡。因海域内有平岛、车牛山岛、达山岛三个系列岛礁而得名。有旧石器晚期文化遗存。经济以海洋捕捞、养殖业为主。农业以海水特色养殖为主，盛产海参、鲍鱼、扇贝等。服务业以海岛旅游业为主。坪岚铁路、日岚沿海公路过境。

旧地名

大坡乡 371103-C01
[Dàpō Xiāng]

在岚山区西部。岚山区辖乡。1985 年由大坡区改大坡乡。2000 年撤销，并入巨峰镇。

社区

汾水社区 371103-A01-J01
[Fénshuǐ Shèqū]

属安东卫街道管辖。在岚山区西部。

面积 1.5 平方千米。人口 2 600。以辖区内汾水村得名。2007 年成立。有楼房 260 栋，现代建筑风格，还有平房。驻有岚山省级综合检查站、岚山区交管所、岚山区综合行政执法大队安东卫中队等单位。有志愿者服务，开展敬老助老等活动。通公交车。2007 年被评为省文明社区。

泉子庙社区 371103-A01-J02
[Quánzimiào Shèqū]

属安东卫街道管辖。在岚山区西部。面积 0.5 平方千米。人口 1 400。以辖区内泉子庙村得名。2007 年成立。有楼房 16 栋，现代建筑风格。驻有安东卫供电所等单位。有志愿者服务、老年人照料服务，开展敬老助老等活动。通公交车。2013 年被评为省文明社区。

轿顶山社区 371103-A01-J03
[Jiàodǐngshān Shèqū]

属安东卫街道管辖。在岚山区中部。面积 1.2 平方千米。人口 13 000。因位于轿顶山生活区而得名。2009 年成立。有楼房 137 栋，现代建筑风格。驻有日照市岚山区人民政府、日照市岚山区民政局、日照市岚山区人力资源和社会保障局等单位。开展心理咨询等活动。通公交车。

甜园社区 371103-A02-J01
[Tiányuán Shèqū]

属岚山头街道管辖。在岚山区东部。面积 0.1 平方千米。人口 6 300。因甜水河得名。2006 年成立。有楼房 28 栋，现代中式建筑风格。有志愿者服务，开展敬老助老等活动。通公交车。2013 年被评为省文明社区。

五莲县

五莲县 371121
[Wǔlián Xiàn]

日照市辖县。北纬 35°45′，东经 119°22′。在市境北部。面积 1 497 平方千米。人口 51.6 万。辖 1 街道、9 镇、2 乡。县人民政府驻洪凝街道。西汉为折泉、昆山县地，属琅琊郡。东汉两县俱废，地入莒、东武、诸、海曲等县。后经历代改名、增省，沿至 1942 年为诸城、莒县、日照 3 县地。1943 年分属诸城、莒北、日北 3 县。1945 年日北县撤销，部分划归藏马县。1947 年析藏马、诸城等县各一部置五莲县，以境内五莲山得名，驻王家口子村，属胶东行政区滨北专区。1949 年莒北县撤销，东部 3 区划入五莲县。1950 年县人民政府迁今址，属胶州专区。1956 年藏马县撤销，西南部划入五莲县，属昌潍专区。1967 年属昌潍地区。1983 年属潍坊市。1992 年属日照市。（资料来源:《中华人民共和国地名大词典》）地处鲁东南低山陵与鲁中丘陵地带，崂山支脉自东北向西南贯穿全境，中部低山隆起，南北两向倾斜。主要地貌类型有山脉、丘陵、平原。沿隆起带两侧，分布着九大组较大的山群。平均海拔 175 米。属温带季风气候，冬冷夏热，四季分明。年均气温 12.9℃，1 月平均气温 -1.8℃，7 月平均气温 25.5℃。年均降水量 767 毫米。有潍河、沭河、傅疃河、潮白河四大水系。有金、银、铜、硫、花岗石、大理石、红柱石、膨润土、透灰岩等矿产资源。有野生植物 220 种，其中国家重点保护野生植物有流苏、紫椴 2 种。有野生动物 283 种，其中国家重点保护野生动物有丹顶鹤、大天鹅、长耳鸮、短耳鸮、鸳鸯、苍鹰等 38 种。林木绿化率 55.3%。有山东省五莲县第一中学等中小学 81 所，图书馆 1 个，文化馆 1 个，体育馆1个，二级以上医院2个。有国家级文物保护单位丹土遗址、齐长城遗址，省级文物保护单位5个。有省级非物质文化遗产五莲剪纸、五莲割花技艺，地方民间艺术五莲茂腔等。有五莲山—九仙山省级地质公园、大青山风景区等旅游资源。三次产业比例为10∶55∶35。农业以种植业为主，农作物主要有小麦、玉米、甘薯、花生，特产苹果、板栗、樱桃、北方绿茶、黄烟和大棚蔬菜，"五莲苹果""五莲樱桃"获国家工商行政管理总局地理标志证明商标。工业以汽车制造业、装备制造业、非金属矿物制品业、纺织业、橡胶和塑料制品业、农副食品加工业等为主。服务业以金融、保险、旅游业为主。有胶新铁路、206国道、222省道、334省道过境。

日照市北经济开发区 371121-E01

[Rìzhào Shìběi Jīngjì Kāifāqū]

在县境东南部，五莲山脚下。东临青岛市黄岛区，西至潮河镇花崖村，南依日照市东港区，北至潮河镇沂河路。初以功能定位命名为日照市加工贸易区，后更名为日照市北经济开发区。2006年3月经省政府正式批准建立省级开发区，由县级政府管理。定位为日照市域北部经济次中心、五莲县域经济次中心，建设"宜居、宜业、宜游"产城一体的现代化经济新区。园区初步形成了高端装备制造、文旅康养等主导产业，规划建设了五征汽车产业园等产业发展平台。园区有规模以上工业企业15家，有山东五征集团有限公司、日照亿鑫电子材料有限公司、亿丰（五莲）制帘有限公司等知名企业。园区以北京北路为轴，布局"五纵十横"道路网。通公交车。

洪凝街道 371121-A01

[Hóngníng Jiēdào]

五莲县人民政府驻地。在县境中部。

面积198平方千米。人口14.8万。2010年设立。因原洪凝镇得名。2011至2014年先后完成13条道路的改造升级，新建道路14条。2013年建成公园、广场5处，建成五莲汽车站，完成疾控中心迁建及绿化。洪凝河从境内穿过。有中小学10所，医疗卫生机构2个。有省级非物质文化遗产五莲剪纸，民间艺术扎纸、花棍戏、篆刻等。建有筍石园民俗博物馆。境内大青山风景区为国家AAA级旅游区。有五莲广场、芙蓉广场、长青公园和洪凝河河道景观带等休闲活动场所，形成依山傍水的小城市结构。经济以农业、工业、服务业为主。农业产核桃、蜜桃、樱桃、板栗、苹果、黄烟、药材，规模化养殖肉食鸡等。工业以机械制造、建筑建材、纺织印染、造纸、塑料和石材加工为主。服务业以旅游业、餐饮业为主。五莲县城北工业园为五莲县小微企业集中地。有五莲汽车站，通公交车。

街头镇 371121-B01

[Jiētóu Zhèn]

五莲县辖镇。在县境南部。面积231平方千米。人口5.6万。辖77村委会，有102自然村。镇人民政府驻后街头村。1949年为街头区。1958年改设乡，同年改公社。1984年改置镇。2000年与王世疃乡、杜家沟乡合并，仍名街头镇。以镇政府驻地得名。街头河从境内穿过。有中小学8所，卫生院2个。有省级文物保护单位东城仙遗址和牌孤城遗址，地方民间艺术五莲茂腔、京胡。有李崮寨风景区等景点。经济以工业为主。农业以种植小麦、玉米、花生、苹果、樱桃、板栗、茶叶为主。工业以石材加工、机械制造、农副产品加工、服装制造为主。花岗石资源丰富，有"五莲花""五莲红""五莲青""芝麻花""映山红"等20多个品种，"五莲红""五莲花"为优质花岗石。

服务业以商贸流通、住宿餐饮为主。省道央赣公路过境。

潮河镇 371121-B02
[Cháohé Zhèn]

五莲县辖镇。在县境东南部。面积97平方千米。人口3.5万。辖46村委会，有50自然村。镇人民政府驻潮河村。1949年为五莲区。1958年改设潮河乡，同年改公社。1984年改置镇。2000年魏家乡并入。以镇政府驻地得名。潮白河从境内穿过。有中小学2所，医院1个。有国家级文物保护单位丹土遗址。有纸扎、龙灯舞、高跷舞、起花楼子万盏灯等传统民俗。经济以工业、服务业为主。农业以种植小麦、玉米、花生、茶叶、大樱桃、苹果为主，名优特产有北方绿茶。工业以机械制造、高新技术、汽车工业、生态科技为主，有重点企业五征集团。服务业以商业、文化旅游为主。境内有日照市北经济开发区。省道张李路过境。

许孟镇 371121-B03
[Xǔmèng Zhèn]

五莲县辖镇。在县境东北部。面积150平方千米。人口6.2万。辖65村委会，有69自然村。镇人民政府驻许孟村。1949年为仁里区。1958年改设许孟乡，同年改公社。1984年改置镇。2000年院西乡并入。以镇政府驻地得名。境内有马耳山、蜡崛山，涓河从境内穿过。有中小学7所，卫生院1个。经济以农业为主。农业以种植小麦、玉米、花生、黄烟和蔬菜为主，有冬暖式蔬菜大棚5000余个，产西葫芦、芋头、芸豆。畜牧业以猪、牛、家禽饲养为主。工业以食品加工、铸造、配件加工为主。服务业有餐饮、商贸流通、交通运输等业。胶新铁路、省道央赣公路过境。

于里镇 371121-B04
[Yúlǐ Zhèn]

五莲县辖镇。在县境西北部。面积130平方千米。人口4.5万。辖64村委会，有68自然村。镇人民政府驻于里村。1958年由管帅区析设于里乡，同年改公社。1984年复设乡。1994年改置镇。2000年管帅镇并入。以镇政府驻地得名。潍河从境内穿过。有中小学5所，文化馆1个，卫生院2个。经济以农业、工业、服务业为主。农业种植小麦、玉米、蔬菜、黄烟、板栗、药材等，建有药材万亩特色产业基地，盛产桑蚕茧、脆枣、黄桃、甜柿、蜜桃等农产品。工业以汽车零部件加工、蓄电池制造为主。服务业以旅游业为主，有管帅温泉旅游度假区。206国道过境。

汪湖镇 371121-B05
[Wānghú Zhèn]

五莲县辖镇。在县境西北部。面积94平方千米。人口2.5万。辖45村委会，有49自然村。镇人民政府驻汪湖村。1949年为第十区。1958年改设汪湖乡，同年改公社。1984年复置乡。1994年改置镇。以镇政府驻地得名。潍河从境内穿过。有小学4所，卫生院1个。经济以农业为主。农业以种植小麦、玉米、黄烟、瓜菜、苗木、桑果等为主，盛产棉花，有世丰、大德、绿洲等著名苗木企业。工业以塑编、海藻加工、铸造、棉纺加工等为主，棉纺业为优势产业，产品销往日本、韩国等地。服务业以餐饮业为主。206国道过境。

叩官镇 371121-B06
[Kòuguān Zhèn]

五莲县辖镇。在县境东部。面积117平方千米。人口2.7万。辖50村委会，有55自然村。镇人民政府驻叩官村。1949年为五莲区。1958年设叩官、回头2乡，同年2乡合并设五莲公社。1959年改名叩官公社。1984年改设乡。1994年改置镇。以镇政府驻地得名。潮白河和盘龙河从境内穿过。有中小学5所，卫生院1个。有省级文物保护单位五莲山光明寺、丁公石祠。有高跷舞、五莲茂腔等传统艺术。境内的五莲山旅游风景区为国家AAAA级景区。经济以农业、工业、服务业为主。农业以种植小麦、玉米、花生、黄烟、林果、茶叶为主，盛产苹果、樱桃、甜柿等农特产品。工业以蔬菜加工、工艺品加工、樱桃汁生产为主。服务业以旅游业为主。省道张李路过境。

中至镇 371121-B07
[Zhōngzhì Zhèn]

五莲县辖镇。在县境西部。面积105平方千米。人口2.8万。辖36村委会，有36自然村。镇人民政府驻中至村。1949年设中至区。1958年设中至、学庄2乡，同年2乡合并设曙光公社。1959年改名中至公社。1984年复置乡。1994年改置镇。以镇政府驻地得名。中至河从境内穿过。有中小学4所，卫生院1个。有省级文物保护单位董家营遗址。经济以农业为主。农业以种植小麦、玉米、花生等为主，盛产桃、梨、核桃，"中至蜜桃"获绿色食品标志。工业以建筑建材、机械加工、手工工具、塑料模具、水泥、工艺品制造为主。服务业以旅游业、餐饮业为主。胶新铁路、省道张李路过境。

高泽镇 371121-B08
[Gāozé Zhèn]

五莲县辖镇。在县境西北部。面积105平方千米。人口3.7万。辖54村委会，有58自然村。镇人民政府驻高泽村。1949年为高泽区。1958年改设乡，同年改公社。

1984年复设乡。2000年与原七宝山镇合并，名高泽镇。以镇政府驻地得名。洪凝河、山阳河、中至河从境内穿过。有中小学7所，卫生院1个。有高跷、旱船、龙灯等传统民间习俗。经济以工业为主。农业以种植小麦、玉米、花生为主，盛产核桃、黄烟。工业以机械制造、环保电源、高档镜片、液压油缸、橡胶轮胎为主导产业。服务业以商贸、餐饮为主。胶新铁路、省道央赣公路过境，设五莲站。

松柏镇 371121-B09
[Sōngbǎi Zhèn]

五莲县辖镇。在县境东部。面积80平方千米。人口1.6万。辖37村委会，有52自然村。镇人民政府驻松柏村。1949年为松柏区。1958年改设乡，同年改公社。1984年复设乡。2010年撤乡设镇。以镇政府驻地得名。有中小学3所，卫生院1个。境内南部、北部多为山地，中间为丘陵地带。有齐长城、孙膑书院等历史文化遗迹，齐长城遗址为国家级文物保护单位。九仙山风景区为国家AAAA级风景区五莲山风景区的重要组成部分。白果谷生态旅游区为省AAA级旅游景区。经济以工业、旅游业为主。农业以种植小麦、玉米、花生为主，盛产苹果、板栗、樱桃，樱桃栽培已有500余年历史。工业以机械制造、建材、包装、工艺品加工为主。服务业以乡村旅游为主。省道张李路过境。

石场乡 371121-C01
[Shíchǎng Xiāng]

五莲县辖乡。在县境西南部。面积81平方千米。人口2.0万。辖34村委会，有34自然村。乡人民政府驻石场村。1949年为石场区。1958年改设崖前、石场2乡，同年2乡合并设石场公社。1984年复设乡。2000年山庄乡并入。以乡政府驻地得名。

地处五莲县、莒县、日照市东港区三县（区）交界处的山地丘陵区。境内有芦山，袁公河从境内穿过。有中小学 2 所，卫生院 1 个。经济以加工制造业为主。农业以种植业为主，种植小麦、玉米、甘薯、花生、姜等，盛产苹果、软皮核桃、板栗。畜牧业以养殖山鸡、山羊、肉鸡、猪、肉牛为主，以特色养殖山鸡、山羊著名。工业以运动用品、化工、农产品深加工为主要产业。服务业以观光旅游为主，有大樱桃观光园。有公路经此。

户部乡 371121-C02
[Hùbù Xiāng]

五莲县辖乡。在县境东部。面积 103 平方千米。人口 1.9 万。辖 40 村委会，有 51 自然村。乡人民政府驻户部村。1949 年为户部区。1958 年改设乡，同年改公社。1984 年复置乡。2000 年槎河乡并入。以乡政府驻地得名。马耳山在境西北部，潮白河流经西南部。有中小学 4 所，图书馆 1 个，卫生院 1 个。境内有国家 AAAA 级旅游风景区五莲山旅游风景区。经济以种植业为主。农业以种植小麦、玉米、花生、小米等为主，盛产樱桃、板栗，"户部樱桃"获国家绿色食品认证。畜牧养殖肉牛、狐狸、水貂、肉鸡等。工业以机械制造、食品加工、工艺品加工为主。服务业以生态旅游业为主。省道张李路过境。

旧地名

管帅镇（旧） 371121-U01
[Guǎnshuài Zhèn]

在五莲县境西北部。五莲县辖镇。1984 年设立。2000 年撤销，并入于里镇。

七宝山镇（旧） 371121-U02
[Qībǎoshān Zhèn]

在五莲县境西北部。五莲县辖镇。1984 年设立。2000 年撤销，并入高泽镇。

院西乡（旧） 371121-U03
[Yuànxī Xiāng]

在五莲县境东北部。五莲县辖乡。1965 年成立院西人民公社。1984 年撤销公社建制，改为院西乡。2000 年撤销，并入许孟镇。

罗圈乡（旧） 371121-U04
[Luóquān Xiāng]

在五莲县境西南部。五莲县辖乡。1984 年 4 月由中至公社析置罗圈乡。2000 年 12 月撤销，并入洪凝镇。

山阳乡（旧） 371121-U05
[Shānyáng Xiāng]

在五莲县境中部。五莲县辖乡。1965 年建山阳人民公社。1984 年撤销公社建制，改为山阳乡。2000 年撤销，并入洪凝镇，后属洪凝街道。

槎河乡（旧） 371121-U06
[Cháhé Xiāng]

在五莲县境东部。五莲县辖乡。1984 年设立。2000 年撤销，并入户部乡。

山庄乡（旧） 371121-U07
[Shānzhuāng Xiāng]

在五莲县境西南部。五莲县辖乡。1984 年设立。2000 年撤销，并入石场乡。

杜家沟乡（旧） 371121-U08
[Dùjiāgōu Xiāng]

在五莲县境西南部。五莲县辖乡。1984 年设立。2000 年撤销，并入街头镇。

王世疃乡（旧）371121-U09
［Wángshìtuǎn Xiāng］

在五莲县境东南部。五莲县辖乡。1965 年成立王世疃公社，1984 年改王世疃乡。2000 年撤销，并入街头镇。

魏家乡（旧）371121-U10
［Wèijiā Xiāng］

在县境东南部。五莲县辖乡。1984 年设立。2000 年撤销，并入潮河镇。

社区

罗圈社区 371121-A01-J01
［Luóquān Shèqū］

属洪凝街道管辖。在五莲县南部。面积 22.6 平方千米。人口 4 300。中心村为罗圈，故名罗圈社区。2013 年成立。以平房为主。通公交车。

丰台社区 371121-B01-J01
［Fēngtái Shèqū］

属街头镇管辖。在五莲县南部。面积 14.89 平方千米。人口 3 300。因中心村为于家丰台，故名丰台社区。2013 年成立。有楼房 1 栋，现代建筑风格。通公交车。

林泉社区 371121-B02-J01
［Línquán Shèqū］

属潮河镇管辖。在五莲县东南部。面积 3.45 平方千米。人口 1 700。中心村为林泉，故名林泉社区。2013 年成立。有楼房 9 栋，现代建筑风格。驻有五征集团等单位。有志愿者服务，开展互助养老等活动。通公交车。

刘官社区 371121-B02-J02
［Liúguān Shèqū］

属潮河镇管辖。在五莲县东南部。面积 5.25 平方千米。人口 3 000。中心村为刘官庄，故名刘官社区。2013 年成立。有楼房 13 栋，现代建筑风格。驻有硬创控股、博奥电器、锦程航空等单位。有志愿者服务，开展互助养老等活动。通公交车。

娄古庄社区 371121-B03-J01
［Lóugǔzhuāng Shèqū］

属许孟镇管辖。在五莲县东北部。面积 10.39 平方千米。人口 2 700。因所辖的郝家娄古庄、张家娄古庄、牛家娄古庄、杨家娄古庄曾为一个娄古庄村，故名娄古庄社区。2013 年成立。以平房为主。通公交车。

小窑社区 371121-B04-J01
［Xiǎoyáo Shèqū］

属于里镇管辖。在五莲县西部。面积 10.82 平方千米。人口 3 000。中心村为小窑，故名小窑社区。2013 年成立。以平房为主。有互助养老模式。通公交车。

汪湖社区 371121-B05-J01
［Wānghú Shèqū］

属汪湖镇管辖。在五莲县西北部。面积 6.14 平方千米。人口 5 600。因中心村为汪湖，故名汪湖社区。2013 年成立。有楼房 7 栋，现代建筑风格。通公交车。

大槐树社区 371121-B06-J01
［Dàhuáishù Shèqū］

属叩官镇管辖。在五莲县东部。面积 18.26 平方千米。人口 5 400。因中心村为大槐树，故名大槐树社区。2013 年成立。有楼房 107 栋，现代建筑风格。通公交车。

兰陵社区 371121-B06-J02

[Lánlíng Shèqū]

属叩官镇管辖。在五莲县东部。面积12.65平方千米。人口2 200。以中心村甲级庄，命名为甲级庄社区，后以辖区内丁家楼子村有兰陵笑笑生在村后兰陵峪写出著作《金瓶梅》，更名为兰陵社区。2013年成立。以平房为主。驻有五莲山—九仙山省级地质公园博物馆等单位。通公交车。

圣旨崖社区 371121-B07-J01

[Shèngzhǐyá Shèqū]

属中至镇管辖。在五莲县西部。面积11.87平方千米。人口3 900。因圣旨崖为中心村，故名圣旨崖社区。2013年成立。以平房为主。开展免费健康查体等活动。通公交车。

高泽社区 371121-B08-J01

[Gāozé Shèqū]

属高泽镇管辖。在五莲县北部。面积30.22平方千米。人口9 900。因高泽村为中心村，故名高泽社区。2013年成立。有楼房92栋，现代建筑风格。通公交车。

北山前社区 371121-B09-J01

[Běishānqián Shèqū]

属松柏镇管辖。在五莲县东部。面积7.52平方千米。人口2 300。因中心村为北山前，故名北山前社区。2013年成立。有楼房17栋，现代建筑风格。通公交车。

九仙山社区 371121-B09-J02

[Jiǔxiānshān Shèqū]

属松柏镇管辖。在五莲县东部。面积22平方千米。人口800。因位于九仙山景区内，故名九仙山社区。2014年成立。有楼房26栋，现代建筑风格。通景区通勤车。

崖前社区 371121-C01-J01

[Yáqián Shèqū]

属石场乡管辖。在五莲县西南部。面积12.24平方千米。人口3 100。因中心村为聂家崖前，故名崖前社区。2013年成立。以平房为主。通公交车。

宋家村社区 371121-C02-J01

[Sòngjiācūn Shèqū]

属户部乡管辖。在五莲县东部。面积8.5平方千米。人口2 200。因中心村为宋家村，故名宋家村社区。2013年成立。有楼房305栋，现代建筑风格。通公交车。

莒县

莒县 371122

[Jǔ Xiàn]

日照市辖县。北纬35°35′，东经118°50′。在市境西部。面积1 821平方千米。人口110.2万。辖1街道、18镇、1乡。县人民政府驻城阳街道。春秋为莒国都。秦置莒县，为琅琊郡治。西汉为城阳国都；又别置新山、高广、高阳等县。东汉废新山、高广、高阳3县入莒县，属琅琊国。魏晋之际废海曲县，部分地划入，为城阳郡治。北魏为东莞郡治。隋属琅琊郡。唐、宋属密州。金为莒州治。明初省莒县入莒州，属青州府。清属沂州府。1913年废莒州为莒县，属山东省岱南道（翌年改名济宁道）。1925年属琅琊道。1928年属省。1940年建立莒县抗日民主政权。1941年析南境置莒南县，析中部地置莒中县，俱属滨海专区。1944年于莒县、沂水2县边区置莒沂县，属鲁中行政区沂山专区。1945年莒中县改称莒县。1946年属滨海行署区。1948年属鲁中南行政区第六专区。1950年属沂水专区。1953年属临沂专区；同年莒沂县撤销，部分地划归莒县。1967年属临沂地区。1992年属日照市。（资料来源：《中华人民共和国地名大词典》）。因古称莒国而得名。东与东南部为山区。西部为低丘缓岗组成的沂、沭河间地带，中部与西南部为沭河河谷平原，地势低平，是主要农耕地区。夏庄镇赵家孟堰村南沭河出境处海拔84米，是全县地势最低点。丘陵地总平均海拔140米左右。年均气温12.6℃，1月平均气温−2.1℃，7月平均气温25.7℃。年均降水量696.9毫米。有沭河、绣针河、袁公河、浔河等流经。有铁、铜等金属和石灰石、大理石、页岩、黏土等非金属矿产资源。有植物293种，其中国家重点保护植物有杜仲、银杏2种。有野生动物369种，其中国家一级保护动物2种，国家二级保护动物28种。有省级自然保护区1个。森林覆盖率31.3%。有省级研究所1个，中小学203所，图书馆1个，文化馆1个，知名文艺团体15个，体育馆1个，二级以上医院3个。有国家级文物保护单位东莞齐长城遗址、杭头遗址、大朱家村遗址3个，省级文物保护单位莒国故城、刘勰故居、齐家庄墓群、陵阳河遗址、塘子遗址、天井汪墓群等10个，国家级非物质文化遗产莒县过门笺、"孟姜女传说"、"秃尾巴老李的传说"，省级非物质文化遗产6个。是联合国地名专家组织认定的"千年古县"。有省级历史文化名镇浮来山，省级传统村落天城寨。有浮来山、玉皇山、定林寺、刘勰故居等名胜古迹，浮来山风景区、沭河公园等景点。三次产业比例为14.9∶44.1∶41.0。农业以种植业、畜牧业、渔业为主，粮食主产小麦、玉米、红薯，主要经济作物有花生、果品、瓜菜、茶叶、大姜、黄烟、中药材等，"日照绿茶""莒县大姜""莒县绿芦笋""寨里河核桃""莒县丹参"为国家地理标志证明商标，有丹参、黄芩、栝楼、金银花、桔梗、银杏等特色

中药材品种；畜牧业主要饲养猪、羊、牛、鸡、鸭等；渔业以淡水养殖、捕捞、水产品加工流通为主。工业以高端装备制造、精细化工、农产品精深加工、新能源新材料、高端塑料、现代服装六大产业为主，有建材、食品、纺织服装、塑料、化工、机械、电力、轻工等企业，是鲁东南重要的农副产品加工、石油化工、水泥建材和橡塑制品生产基地，"浮来春白酒""文心酱菜""莒州水泥""浮来青茶"等为知名商标产品。服务业以旅游业为主。有省级开发区1个。有铁路胶新线、日兰高速公路和省道莒阿公路、薛馆公路、石兖公路、莒界公路过境。

莒县经济开发区 371122–E01
[Jǔxiàn Jīngjì Kāifāqū]

在县城北部。东至沭河路，南至日照路，西至柳青河，北至阎庄镇交界。面积3 380公顷。因处莒县并依照命名规则而得名。2006年3月经省政府正式批准为省级开发区，由县级政府管理。结合全省和当地经济与社会发展规划、土地利用总体规划、城市总体规划等，科学制定园区发展规划，明确功能定位，合理布局，集约用地，协调发展，把园区真正建设成为产业特色鲜明、综合配套能力强的现代制造业聚集区。有企业168家，其中规模以上工业企业38家，世界500强独资企业2家、高新技术企业5家，拥有国家级行业认可实验室、分析检测中心1处，省级以上知名品牌18项、市级以上研发中心32家，拥有世界500强之一的泰森集团，以及浩宇集团有限公司、海汇集团有限公司、山东浮来春生物化工有限公司、莒县丰源热电有限公司、恒宝食品、百慧乳业、中绿食品等一批优质企业和省、市级技术研发中心。区内建设"七纵七横"道路网，通公交车。

城阳街道 371122–A01

[Chéngyáng Jiēdào]

莒县人民政府驻地。在县境中部。面积 77 平方千米。人口 15.1 万。2009 年设立。因境域汉朝时为城阳国城都得名。2000 年修建文心广场，2001 年建成。2005 年扩宽主要道路城阳路、浮来路、文心路、青年路等。沭河、柳青河、袁公河从境内穿过。有省级科研单位 1 个，中小学 13 所，文化馆、图书馆 2 个，医疗卫生机构 6 个。有省级文物保护单位春秋莒国故城遗址，国家 AAA 级景区沭河公园。有公心阁等标志性建筑物。经济以农业和工业为主。农作物主产小麦、水稻、玉米，经济作物有花生、大豆、蔬菜等。工业以建筑建材、服装抽纱、纸业印刷、食品加工、机械铸造为主。有商贸物流业等。通公交车。

招贤镇 371122–B01

[Zhāoxián Zhèn]

莒县辖镇。在县境北部。面积 118 平方千米。人口 7.0 万。辖 2 居委会、9 村委会，有 81 自然村。镇人民政府驻招贤村。1954 年设第十二区。1958 年改招贤区，同年改公社。1984 年改置镇。以驻地村得名。沭河、袁公河从境内穿过。有中小学 12 所，卫生院 1 个。有市级文物保护单位仕阳遗址、兴隆观。经济以工业和农业为主。农业主产水稻、桑蚕、瓜菜、食用菌、黄烟、花卉等，产优质玫瑰，是山东省鲜切花生产基地和鲁东南桂花生产基地。工业以环保建材、电子产品、食品加工等为主导产业，有建材、抽纱工艺品、针织、农机等工厂。服务业以旅游业为主。有胶新铁路、206 国道过境。

阎庄镇 371122–B02

[Yánzhuāng Zhèn]

莒县辖镇。在县境西部。面积 65 平方千米。人口 4.1 万。辖 1 居委会、5 村委会，有 48 自然村。镇人民政府驻阎庄。1944 年为阎庄区。1958 年改设乡，同年改爱国公社。1984 年改置阎庄镇。以驻地村得名。沭河、柳青河、洛河从境内穿过。有中小学 10 所，卫生院 1 个。有省级文物保护单位城阳王墓、市级文物保护单位玉皇庙及尹聪屯田故址尹家营等。经济以工业和农业为主。主要农作物有水稻、玉米、小麦等，产芸豆、芹菜、西红柿等绿色瓜菜，形成"互联网＋农产品"销售模式。工业有农机、水泥、麻纺、电焊条等厂。服务业以旅游业为主。有胶新铁路、206 国道过境，设莒县站。

夏庄镇 371122–B03

[Xiàzhuāng Zhèn]

莒县辖镇。在县境西南部。面积 115 平方千米。人口 6.9 万。辖 1 居委会、9 村委会，有 66 自然村。镇人民政府驻夏庄。1955 年设夏庄区。1958 年改设乡，同年改公社。1984 年改置镇。以驻地村得名。沭河、马公河、汀水河从境内穿过。有中小学 9 所，卫生院 1 个，广场 1 个。境内有大汶口文化时期刘家苗蒋遗址，龙山文化时期大略疃、夏庄、丁家孟堰遗址和前石屯、北上庄周代文化遗址。有市级非物质文化遗产尹家湖打铁技艺、夏庄婚嫁习俗等。经济以工业为主。农业以种植粮食作物和经济作物为主，粮食作物主产小麦、花生、玉米、地瓜等，经济作物有茶叶、黄烟、苹果、草莓等，有浮来青绿茶基地。养殖桑蚕。工业有生米筛选、茶叶、服装、饲料、食品、化工等企业。服务业以旅游业为主，有国家 AAAA 级浮来青生态旅游度假区。建有海右经济开发区。206 国道、长深高速公路、日兰高速公路过境。

刘家官庄镇 371122-B04
[Liújiāguānzhuāng Zhèn]

莒县辖镇。在县境西南部。面积 87 平方千米。人口 7.0 万。辖 1 居委会、9 村委会，有 64 自然村。镇人民政府驻刘家官庄。1944 年为沭西区，后称竹园区、第二区。1958 年设李家楼乡，同年改公社。1963 年设刘家官庄区。1971 年改公社。1984 年改设乡。1993 年改置镇。以驻地村得名。境内南有凤凰山，西有珍珠山。沭河、柳青河、宋公河从境内穿过。有中小学 12 所，卫生院 1 个。有省级文物保护单位齐家庄墓群，市级非物质文化遗产"公婆山的传说"、王氏梅花针治疗技术。经济以工业为主。农业以种植粮食作物和经济作物为主，盛产小麦、水稻、花生、苹果、西瓜、大蒜、药材、中华寿桃、莒州雪枣等，养殖桑蚕。工业以塑料制品、石化、粮油加工、机械制造、果蔬保贮为主。建有莒县高端塑料产业园。服务业以旅游业为主。有中南铁路、206 国道、省道石兖公路过境。

峤山镇 371122-B05
[Qiáoshān Zhèn]

莒县辖镇。在县境中部。面积 96 平方千米。人口 5.9 万。辖 1 居委会、9 村委会，有 78 自然村。镇人民政府驻牛家庄。1947 年为绪密区。1958 年改峤山公社。1984 年改设乡。1993 年改置镇。因境内峤山得名。袁公河、大石头河、曲柳河从境内穿过。有中小学 10 所，卫生院 2 个。有市级非物质文化遗产峤山庙会、峤山丧葬习俗、峤山彩绘泥塑技艺、峤山林家扎彩加工技艺、峤山家织布加工工艺、峤山条编加工技艺等。经济以工业为主。农业以种植粮食作物和经济作物为主。农作物主要有大姜、芋头、小米、小麦、玉米、花生、红薯等，是县域大姜、小米主产区，"莒县大姜"获

地理标志证明商标。畜牧业以饲养猪、牛、羊、家禽为主。工业以大姜加工业为主。服务业以旅游业为主。有胶新铁路过境。

小店镇 371122-B06
[Xiǎodiàn Zhèn]

莒县辖镇。在县境南部。面积 120 平方千米。人口 5.5 万。辖 1 居委会、8 村委会，有 62 自然村。镇人民政府驻小店村。1947 年为第四区。1958 年设石井、小店 2 乡，1959 年改称小店公社。1984 年复设乡。1993 年改置镇。以驻地村得名。沭河、小店河从境内穿过。有中小学 14 所，卫生院 1 个。有横山岁月红色文化教育基地、省级烈士陵园莒县烈士陵园。有市级非物质文化遗产望海楼的传说。经济以工业为主。农业以种植粮食作物和经济作物为主。主要农作物有小麦、玉米、地瓜、芦笋、油桃、草莓、黄烟等，"莒县绿芦笋"为国家地理标志证明商标。养殖桑蚕。工业有农副产品加工、服装加工、砖瓦建材、石材加工等。服务业以旅游业为主，有国家 AAA 级景区横山天湖。有日竹高速公路、省道莒阿公路过境。

龙山镇 371122-B07
[Lóngshān Zhèn]

莒县辖镇。在县境东南部。面积 108 平方千米。人口 4.7 万。辖 1 居委会、7 村委会，有 56 自然村。镇人民政府驻纪家店子。1945 年为九里区。1958 年改设乡，同年改龙山公社。1984 年复设乡。1993 年改置镇。因境内龙山得名。境内有鹤河及其支流九里河。有中小学 9 所，卫生院 1 个。有省级文物保护单位段家河薄板台遗址。经济以工业为主。粮食作物主产玉米、水稻、小麦，经济作物有蜜桃、大姜、花生、黄烟、蔬菜，蜜桃种植为镇特色产业。畜牧业主要养殖猪、牛、羊。工业以石材、化工、

食品加工、农副产品加工等为主。服务业以旅游业为主，有峤子山、大路沟水库、龙头庵、花崖头等景点。日兰高速公路、省道石兖公路过境。

东莞镇 371122-B08
[Dōngguān Zhèn]

莒县辖镇。在县境北部。面积 105 平方千米。人口 3.8 万。辖 1 居委会、6 村委会，有 52 自然村。镇人民政府驻东莞村。1944 年为东莞区。1958 年改设乡，同年改公社。1984 年复设乡。1993 年改置镇。镇以驻地村得名。潍河从境内穿过。有中小学 6 所，卫生院 1 个，公共绿地 1 个。有国家级文物保护单位齐长城遗址莒县段、市级文物保护单位孟家洼遗址，国家级非物质文化遗产孟姜女传说，市级非物质文化遗产大沈刘庄的传说、东莞李氏熏肉加工技艺。经济以工业为主。农业以种植粮食作物和经济作物为主。主要农作物有黄烟、药材、花生等，养殖桑蚕。工业有水泥制造、农机、丝制品加工、蚕具等厂。服务业以旅游业为主。省道薛馆公路过境。

浮来山镇 371122-B09
[Fúláishān Zhèn]

莒县辖镇。在县境西部。面积 63 平方千米。人口 5.5 万。辖 1 居委会、8 村委会，有 63 自然村。镇人民政府驻胡家街村。1971 年由城阳公社析设庄疃公社。1981 年改名浮来山公社。1984 年改设乡。1996 年撤乡建镇。因境内浮来山得名。黄花河、海子河、柳青河从境内穿过。有中小学 14 所，医院 1 个、卫生院 1 个，广场 1 个。有省级文物保护单位刘勰故居，市级非物质文化遗产浮来山庙会、刘勰出家定林寺的故事、浮来山银杏树王的传说。经济以工业为主。农业以种植瓜菜、经济林（银杏、果品丰产林）、养殖为主，主产水稻、小麦、

玉米、蔬菜、蚕茧、烟叶及银杏果、叶等，建有万亩银杏风景区。工业有机械、橡胶、水泥、热电、建材、农产品加工、木器加工等产业。服务业以旅游业为主，有国家AAAA 级旅游区、省级地质遗迹自然保护区浮来山风景区。建有浮来山工业园。山西中南部铁路、胶新铁路和省道石兖公路、莒界公路过境。

陵阳镇 371122-B10
[Língyáng Zhèn]

莒县辖镇。在县境南部。面积 55 平方千米。人口 4.4 万。辖 1 居委会、8 村委会，有 53 自然村。镇人民政府驻大河北村。1945 年为陵阳区。1958 年改设乡，同年改公社。1984 年复设乡。1996 年撤乡建镇，改称陵阳镇。因处在刘章墓之阳而得名。沭河从境内穿过。有中小学 7 所，卫生院 1 个。有国家级文物保护单位杭头遗址，省级文物保护单位陵阳河遗址、刘章墓，市级文物保护单位上庄古墓。经济以工业为主。农业以种植大棚瓜菜为主，主产西瓜、西红柿、西葫芦、绿芦笋等，注册有"陵阳河"牌瓜菜商标。工业有钢铁铸造、塑料包装、家纺针织、服装加工等企业。服务业以旅游业为主。省道石兖公路、莒阿公路、莒中公路过境。

店子集镇 371122-B11
[Diànzǐjí Zhèn]

莒县辖镇。在县境南部。面积 56 平方千米。人口 4.3 万。辖 2 居委会、4 村委会，有 57 自然村。镇人民政府驻店子集村。1958 年由陵阳区析设店子集乡，同年改公社。1984 年复设乡。1996 年撤乡建镇。以驻地村得名。沭河从境内穿过。有中小学 9 所，卫生院 1 个。有国家级文物保护单位大朱家村遗址，省级文物保护单位小朱家遗址、屋楼崮、山顶老母殿残迹清石牌坊

及千年古茶树等名胜古迹。经济以工业为主。农业主产小麦、花生、谷类、板栗、玉米及瓜果蔬菜。畜牧业以养殖猪、牛、羊、家禽为主。工业有建筑建材、橡胶制品、机械铸造、蔬菜加工、饲料加工等。服务业以旅游业为主。有335省道过境。

长岭镇 371122-B12

[Chánglǐng Zhèn]

莒县辖镇。在县境南部。面积57平方千米。人口4.0万。辖1居委会、7村委会，有48自然村。镇人民政府驻石井村。1958年设石井乡，同年改公社。1981年改长岭公社。1984年改设乡。1996年撤乡设镇。因境内有长城岭而得名。沭河、鹤河、石井河从境内穿过。有中小学9所，卫生院1个。柳子戏已有100余年的历史。有大汶口文化遗址、龙山文化遗址、周代文化遗址，有周代墓群2处、汉代墓群6处。经济以工业为主。农业主产桑蚕、小麦、花生、玉米。工业有砖瓦建材、铸材、数码影像器材、木材、石材加工等产业。建有长虹岭工业园。服务业以旅游业为主。晋豫鲁铁路、日兰高速公路、省道莒阿公路过境。

安庄镇 371122-B13

[Ānzhuāng Zhèn]

莒县辖镇。在县境西北部。面积82平方千米。人口3.6万。辖1居委会、5村委会，有42自然村。镇人民政府驻安庄西村。1958年由第十五区析设安庄乡，同年改五星公社。1971年改安庄公社。1984年改设乡。1996年设安庄镇。以原镇驻地村得名。洛河从境内穿过。有中小学8所，卫生院1个，公共绿地1个，广场1个。有市级非物质文化遗产安庄剪纸、安庄手工刺绣、大咸服的传说。经济以烟叶生产、大棚果蔬和生态林业为支柱产业。农业以种植粮食作物和经济作物为主。粮食作物主产小

麦、玉米、地瓜、高粱、谷子等，经济作物有黄烟、芦笋、西瓜、大姜、大蒜、果品、药材等。林业发达，有32处百亩以上丰产林。畜牧业主要养殖猪、羊、牛、驴等牲畜及兔、鸡、鸭、鹅等家禽。工业以水泥预制业为主，有饲料、食品、淀粉、纤维板加工等企业。服务业以旅游业为主。有公路经此。

洛河镇 371122-B14

[Luòhé Zhèn]

莒县辖镇。在县境北部。面积73平方千米。人口4.3万。辖1居委会、7村委会，有46自然村。镇人民政府驻洛河崖村。1958年设洛河乡，同年改公社。1984年复设乡。2002年撤乡建镇。因洛河纵贯全镇而得名。洛河、沭河从境内穿过。有中小学10所，卫生院1个。境内有龙山文化遗址2处、周文化遗址8处，有安岭尧王坟、宅科汉墓群、青龙白龙碑、金华招提寺等。经济以工业为主。农业主产西瓜、芦笋、桑蚕、黄烟、林果、西兰花、大姜、大蒜等。"兴莒"西瓜、绿芦笋、"洲蜜"蜜桃获中国绿色食品认证。有云水湾农业观光旅游示范园、山东嘉舜农业科技生态示范园、恒清源现代农业科技示范园。工业以石灰加工、白云石开采为主，是炼钢辅料生产基地，有石料场和水泥、农机、木器、缸瓦等厂。服务业以旅游业为主。有公路经此。

碁山镇 371122-B15

[Qíshān Zhèn]

莒县辖镇。在县境西北部。面积198平方千米。人口8.2万。辖1居委会、11村委会，有86自然村。镇人民政府驻大庄坡村。1958年设东方红公社。1959年改大庄坡公社。1963年更名碁山公社。1984年改设乡。2002年撤乡设镇。因境内碁山得名。沭河及其支流茅埠河、绣珍河从境内穿过。有中小学21所，卫生院1个。有碁山仙人洞、

魏征川村南魏征墓、清代城防遗址天城寨等文化遗址。经济以工业为主。农业以种植粮食作物和经济作物为主，主要农作物有花生、小麦、玉米、地瓜、蔬菜等，经济作物有黄烟、药材、桑蚕、林果、丰产林。畜牧业养殖以生猪、羊、兔、家禽为主。工业形成以水泥熟料基地为龙头，以石子加工、石灰石开发为主体的建材产业群体，有钛铁加工、建材、纺织服装、板材加工等企业。服务业以旅游业为主。有公路经此。

寨里河镇 371122-B16
[Zhàilǐhé Zhèn]

莒县辖镇。在县境东南部。面积71平方千米。人口3.8万。辖1居委会、5村委会，有53自然村。镇人民政府驻寨里河村。1949年为第五区。1958年改光辉人民公社。1984年改设乡。2010年改称寨里河镇。以镇驻地村得名。鹤河、寨里河、麻峪子河从境内穿过。有中小学8所，卫生院1个。有国家级非物质文化遗产"秃尾巴老李的传说"。经济以农业为主。农业主产小麦、玉米、花生、黄烟、大姜、核桃、板栗、樱桃等，形成蔬菜、烤烟、林果、茶叶、食用菌、畜牧养殖等主导产业。"寨里河核桃"获国家地理标志证明商标。工业以制造业为主，有抽纱工艺品、农机、水泥、地毯等厂。服务业以旅游业为主。日瓦铁路、日东高速过境。

桑园镇 371122-B17
[Sāngyuán Zhèn]

莒县辖镇。在县境东北部。面积133平方千米。人口5.4万。辖1居委会、6村委会，有71自然村。镇人民政府驻桑园村。1945年为桑园区。1958年改设乡，同年改公社。1984年复设乡。2010年撤乡设桑园镇。以驻地村得名。袁公河从境内穿过。有中小学10所，卫生院1个，广场1个。

有省级文物保护单位天井汪墓群、市级文物保护单位寨村遗址，有山东省乡村记忆工程古村落柏庄。经济以工业和农业为主。农业主产玉米、小麦、红薯、花生，盛产黄烟、大姜、药材、板栗等。工业主要有五金制造、农用车辆配件加工、建筑建材、农产品加工以及勾针抽纱等优势产业。服务业以旅游业为主。胶新铁路过境，设桑园站。

果庄镇 371122-B18
[Guǒzhuāng Zhèn]

莒县辖镇。在县境西北部。面积65平方千米。人口3.2万。辖1居委会、5村委会，有32自然村。镇人民政府驻前果庄。1958年由洛河区析设果庄乡，同年改公社。1984年复设乡。2013年撤乡设镇。以镇驻地得名。茶城河、唐家河、曹河从境内穿过。有中小学7所，卫生院1个。有市级文物保护单位后果庄遗址。经济以农业和工业为主。农业主产花生、桑蚕、黄烟、果品等，盛产油桃。工业有水泥制造、农具制作、布鞋、食品、纺织、塑料加工等。服务业以旅游业为主。有公路经此。

库山乡 371122-C01
[Kùshān Xiāng]

莒县辖乡。在县境北部。面积107平方千米。人口3.0万。辖1居委会、5村委会，有43自然村。乡人民政府驻小库山村。1959年由东莞区析设库山公社。1984年改设乡。以驻地村得名。潍河（淮河）、石河（潍河西支流）、潘家河流经境内。有中小学7所，卫生院1个，广场1个。有库山遗址、下石城斜子地遗址、齐家沟遗址、孙家路西遗址、源河遗址等古迹。经济以种植业为主。粮食作物有玉米、小麦、红薯等，经济作物有中药材、黄烟、大姜等。"莒县丹参"是国家地理标志证明商标。养殖桑蚕。工业有中药材加工、石子加工、服装、针织、制药、电子、制砖、宝石加工等。有莒县库山乡三德创业孵化中心。有公路经此。

旧地名

大官庄乡（旧） 371122-U01
[Dàguānzhuāng Xiāng]

在莒县西南部。莒县辖乡。1984年设立。1993年撤销，所辖村分别并入刘家官庄镇和夏庄镇。

金墩乡（旧） 371122-U02
[Jīndūn Xiāng]

在莒县南部。莒县辖乡。1984年设立。1993年撤销，并入小店镇。

茅埠乡（旧） 371122-U03
[Máobù Xiāng]

在莒县北部。莒县辖乡。1984年设立。1993年撤销，所辖村分别并入碁山乡和招贤镇。

里庄乡（旧） 371122-U04
[Lǐzhuāng Xiāng]

在莒县中东部。莒县辖乡。1984年设立。1993年撤销，并入桑园乡，后属桑园镇。

龙王庙乡（旧） 371122-U05
[Lóngwángmiào Xiāng]

在莒县北部。莒县辖乡。1984年设立。1993年撤销，并入东莞镇。

柏崖乡（旧） 371122-U06
[Bǎiyá Xiāng]

在莒县东南部。莒县辖乡。1984年设立。1993年撤销，并入龙山镇。

大石头乡（旧） 371122-U07
[Dàshítou Xiāng]

在莒县中东部。莒县辖乡。1984年设立。2000年撤销，并入峤山镇。

王家墩头乡（旧） 371122-U08
[Wángjiādūntóu Xiāng]

在莒县中部。莒县辖乡。1984年设立。2000年撤销，并入城阳镇。

二十里堡乡（旧） 371122-U09
[èrshílǐpù Xiāng]

在莒县西部。莒县辖乡。1984年设立。2000年撤销，并入浮来山镇。

天宝乡（旧） 371122-U10
[Tiānbǎo Xiāng]

在莒县北部。莒县辖乡。1984年设立。2000年撤销，并入碁山乡，后属碁山镇。

社区

东关社区 371122-A01-J01
[Dōngguān Shèqū]

属城阳街道管辖。在莒县中部。面积2.1平方千米。人口6 000。因原莒国古城东门在此区域内，故称东关社区。2013年成立。有楼房119栋，中式建筑风格。驻有莒县第二中学、莒县环保局、莒县气象局、莒县城阳卫生院等单位。有日间照料中心、志愿者服务，开展助老、助学等活动。通公交车。

西关社区 371122-A01-J02
[Xīguān Shèqū]

属城阳街道管辖。在莒县中部。面积2.7平方千米。人口3 200。因原莒国古城西门在此区域内，故称西关社区。2013年成立。有楼房146栋，中式建筑风格。驻有莒县县委、莒县人民政府、莒县第一实验小学、莒县文心宾馆、莒县农业局等单位。有日间照料中心、志愿者服务，开展助老、助学等活动。通公交车。

北关社区 371122-A01-J03
[Běiguān Shèqū]

属城阳街道管辖。在莒县中部。面积1.2平方千米。人口3 600。因原莒国古城北门在此区域内，故称北关社区。2013年成立。有楼房194栋，中式建筑风格。驻有莒县财政局、莒县粮食局、莒县第五中学、莒县地方税务局、莒县第二实验小学、莒县汽车站等单位。有日间照料中心、志愿者服务，开展助老、助学等活动。通公交车。

南关社区 371122-A01-J04
[Nánguān Shèqū]

属城阳街道管辖。在莒县中部。面积1.2平方千米。人口6 500。因原莒国古城南门在此区域内，故称南关社区。2013年成立。有楼房91栋，中式建筑风格。驻有莒县农机局、莒县实验高中、莒县供销社等单位。有日间照料中心、志愿者服务，开展助老、助学等活动。通公交车。

状元社区 371122-A01-J05
[zhuàngyuan Shèqū]

属城阳街道管辖。在莒县南部。面积2.02平方千米。人口7 000。因古代出过状元邹维新，内有状元林，故名。2014年成立。有楼房12栋，中式建筑风格。有日间照料中心、志愿者服务，开展助老、助学等活动。通公交车。

大湖社区 371122-A01-J06
[Dàhú Shèqū]

属城阳街道管辖。在莒县西部。面积4.2平方千米。人口7 100。因是城阳外八景之一的西湖烟雨所在地，内有大湖村，故称大湖社区。2013年成立。有楼房202栋，中式建筑风格。驻有莒县林业局、莒县第一中学、莒县育才中学等单位。有日间照料中心、志愿者服务，开展助老、助学等活动。通公交车。

桃园社区 371122-A01-J07
[Táoyuán Shèqū]

属城阳街道管辖。在莒县中部。面积4.0平方千米。人口4 100。因辖区内有桃园南区、桃园北区两个小区，故名。2013年成立。有楼房204栋，中式建筑风格。驻有莒县烟草公司、莒县交通局、莒县公路局、莒县国家税务局、莒县第六实验小学等单位。有日间照料中心、志愿者服务，开展助老、助学等活动。通公交车。

岳家村社区 371122-A01-J08
[Yuèjiācūn Shèqū]

属城阳街道管辖。在莒县东部。面积3.4平方千米。人口6 900。因辖区内岳家村而得名。2013年成立。有楼房255栋，中式建筑风格。驻有莒县人力资源和社会保障局、莒县民政局、莒县国土资源管理局、莒县人民检察院、莒县人民法院、莒州实验中学、莒县第五实验小学、莒县华星学校、莒县老年幸福公寓等单位。有日间照料中心、志愿者服务，开展助老、助学等活动。通公交车。

二　居民点

东港区

城市居民点

安泰水晶花园 371102-I01
[ĀntàiShuǐjīngHuāyuán]

在区境东部。人口 4 000。总面积 12 公顷。因其属于安泰房产公司，故名。2006 年正式使用。建筑总面积 120 000 平方米，多层住宅楼 38 栋，现代建筑风格。绿地面积 60 000 平方米。有超市、购物中心、老年活动室、卫生服务站、便民服务站等配套设施。通公交车。

丽城花园 371102-I02
[LìchéngHuāyuán]

在区境东部。人口 2 000。总面积 1 公顷。由建筑开发商以美丽的城市花园之意命名为丽城花园。2001 年始建，2006 年正式使用。建筑总面积 10 000 平方米，住宅楼 19 栋，其中高层 3 栋、多层 16 栋，现代建筑风格。绿化率 30%，有超市、老年活动室、卫生服务站、便民服务站等配套设施。通公交车。

望海小区 371102-I03
[WànghǎiXiǎoqū]

在区境东部。人口 1 960。占地面积 160 000 平方米。以临海而居、眺望大海，而得名。1994 年始建，2002 年正式使用。住宅楼 39 栋，其中高层 1 栋、多层 38 栋，现代建筑风格。绿化率 40%，有卫生服务站、便民超市等配套设施。通公交车。

风景水岸小区 371102-I04
[Fēngjǐngshuǐ'ànXiǎoqū]

在区境东部。人口 2 250。占地面积 81 643 平方米。以东临沙墩河，美丽风景得名。2004 年始建，2012 年正式使用。建筑总面积 175 852 平方米。住宅楼 22 栋，其中小高层 7 栋、多层 15 栋，现代建筑建筑风格。有幼儿园、便民超市等配套设施。通公交车。

农村居民点

后时家官庄 371102-A01-H01
[Hòushíjiāguānzhuāng]

在区驻地日照街道北方向 9.0 千米。日照街道辖自然村。人口 500。明万历年间，时姓徙此官地，建立两村，该村居后，故名。聚落呈团块状分布。有省级重点文物保护单位河山石亭和县级重点文物保护单位河山开石碑。经济以种植业、商贸业为主。有公路经此。

北大村 371102-A01-H02
[Běidàcūn]

在区驻地日照街道西北方向 3.8 千米。日照街道辖自然村。人口 2 200。明洪武年间，牟姓迁此立村，取名城后牟家大村，简称大村。因重名，1981年11月更名为北大村。聚落呈团块状分布。有小学1所。经济以种植业为主，主要农作物有花生、玉米、小麦等。有公路经此。

时家村 371102-A01-H03
[Shíjiācūn]

在区驻地日照街道东北方向4.2千米。日照街道辖自然村。人口1 200。以姓氏命名。聚落呈团块状分布。有幼儿园1所。有市级文物保护单位日照时氏祠堂。经济以种植业为主，主要农作物有花生、玉米、小麦等。有公路经此。

上李家庄子 371102-A01-H04
[Shànglǐjiāzhuāngzi]

在区驻地日照街道西北方向6.1千米。日照街道辖自然村。人口800。清顺治年间，李姓迁此立村，以姓氏取名李家庄子。后分为上、下李家庄子，该村居岭上，故名。聚落呈团块状分布。有幼儿园1所。经济以种植业为主，主要农作物有花生、玉米、小麦等。有公路经此。

前将帅沟 371102-A01-H05
[Qiánjiàngshuàigōu]

在区驻地日照街道西方向6.3千米。日照街道辖自然村。人口1 000。明洪武初年，潘姓自江苏省东海迁此立村，相传古代有元帅在此居住过，村中有一条由南向北的水沟，故称将帅沟。后分为三个村，该村居前，故名。聚落呈散状分布。有幼儿园1所。经济以种植业、服务业为主。日兰高速公路经此。

大莲村 371102-A01-H06
[Dàliáncūn]

在区驻地日照街道东北方向5.3千米。日照街道辖自然村。人口1 300。明洪武年间立村，因村旁有莲花汪，故名莲汪。明万历年间，村前又兴建一村，亦称莲汪。因重名，本村因建村早，改名大莲汪，后更名为大莲村。聚落呈团块状分布。经济以种植业为主，主要农作物有小麦、玉米、花生等。有迪莱特光电产业园。有公路经此。

小莲村 371102-A01-H07
[Xiǎoliáncūn]

在区驻地日照街道东北方向4.8千米。日照街道辖自然村。人口1 500。牟氏迁此立村，因村旁有莲花汪，遂名莲汪。因重名，先是更名为小莲汪，后更名为小莲村。聚落呈团块状分布。有文化广场1处。有省级文物保护单位小莲村牟氏祠堂。有乾隆御赐龙头碑及明代种植的银杏树1株。有市级非物质文化遗产项目小莲村草鞋编制技艺。经济以手工业为主。有公路经此。

大古城 371102-A01-H08
[Dàgǔchéng]

在区驻地日照街道西方向4.7千米。日照街道辖自然村。人口1 800。明洪武二年（1369），孙姓由江苏东海迁此立村，因东临海曲故城遗址，得名古城。因重名，该村较大，更名为大古城。聚落呈团块状分布。有幼儿园1所。经济以种植业为主，主要农作物有小麦、玉米、花生等。有公路经此。

小古城 371102-A01-H09
[Xiǎogǔchéng]

在区驻地日照街道西方向6.1千米。日照街道辖自然村。人口1 300。明成化年间，郭姓由日照南两河迁此立村，因东临海曲故城遗址，得名古城。因重名，该村较小，更名为小古城。聚落呈团块状分布。有幼儿园1所。有市级非物质文化遗产项目打夯号子。经济以种植业为主，主要农作物有小麦、水稻、花生、玉米等。日兰高速公路经此。

田家窑 371102-A01-H10
[Tiánjiāyáo]

在区驻地日照街道西北方向 2.0 千米。日照街道辖自然村。人口 3 400。明洪武年间，田姓从江苏东海迁此立村。明末开始烧制陶器，以姓氏及职业得名。聚落呈团块状分布。有图书室 1 处、文体活动室 1 处。有市级非物质文化遗产手工制陶。经济以种植业为主，主要农作物有茶叶。沈海高速经此。

后楼 371102-A01-H11
[Hòulóu]

在区驻地日照街道东北方向 2.4 千米。日照街道辖自然村。人口 1 600。明洪武二年（1369），秦姓由江苏东海迁此立村，先后名村西楼、肖家楼，后因村庄居于县城之北，时人习惯称城后楼，1951 年定村名为后楼。聚落呈团块状分布。经济以服务业为主。有公路经此。

屯沟 371102-A01-H12
[Túngōu]

在区驻地日照街道西北方向 2.5 千米。日照街道辖自然村。人口 2 500。明洪武年间，安姓由江苏东海迁此立村，村西南方向角有一小沟，相传，魏曹曾在此屯垦，故得名屯沟。聚落呈团块状分布。有幼儿园 1 所、小学 1 所。经济以建筑业、商业、服务业为主。青连铁路、沈海高速经此。

许家楼 371102-A01-H13
[Xǔjiālóu]

在区驻地日照街道东方向 2.1 千米。日照街道辖自然村。人口 2 700。明洪武二年（1369），许、邵两姓自江苏东海迁此建村，因许姓在村旁建土楼做生意，故取名许家楼。聚落呈散状分布。有幼儿园 1 所。经济以建筑业、商业、服务业为主。有公路经此。

前十里铺 371102-A01-H14
[Qiánshílǐpù]

在区驻地日照街道西南方向 3.9 千米。日照街道辖自然村。人口 1 700。明洪武年间，林姓由江苏东海迁此立村，继而蔡、张两姓迁入，此处曾有铺，故取名十里铺。1945 年正式划分为三个村，该村居前，故名。聚落呈团块状分布。有幼儿园 2 所。经济以建筑业、养殖业为主。有十里铺工业园，有日照宏望食品有限公司、嘉瑞海蜇食品公司、日照临海电器、日照荣博包装有限责任公司等企业。有公路经此。

沙墩 371102-A01-H15
[Shādūn]

在区驻地日照街道东南方向 4.1 千米。日照街道辖自然村。人口 5 100。明洪武二年（1369），隋、崔两姓从江苏东海县迁此立村，因所在地有一个自然冲积成的沙土墩，故名。聚落呈团块状分布。有幼儿园 1 所。经济以建筑业、商业、服务业为主。有公路经此。

小岭南头 371102-A01-H16
[Xiǎolǐngnántóu]

在区驻地日照街道西南方向 1.9 千米。日照街道辖自然村。人口 2 900。因依日照城南小岭南坡建村，故名。聚落呈团块状分布。有幼儿园 1 所。经济以建筑业、商业、服务业为主。有公路经此。

大石桥 371102-A01-H17
[Dàshíqiáo]

在区驻地日照街道西北方向 2.6 千米。

日照街道辖自然村。人口 1 600。明洪武二年（1369），万、葛、高三姓迁此立村，因村东南河上有一石桥，故名石桥。1981年更为今名。聚落呈块状分布。有幼儿园 1 所。经济以种植业为主，主要农作物有玉米、小麦。有公路经此。

姜家村 371102-A01-H18
[Jiāngjiācūn]

在区驻地日照街道西南方向 2.1 千米。日照街道辖自然村。人口 1 600。以姓氏命名。聚落呈团块状分布。经济以种植业、服务业为主。有公路经此。

冯家沟 371102-A03-H01
[Féngjiāgōu]

在区驻地日照街道东北方向 9.4 千米。秦楼街道辖自然村。人口 1 400。明洪武二年（1369），冯姓迁此立村，因村前有条沟，故名。聚落呈团块状分布。有文化大院、图书室。有山东水利职业学院。有市级文物保护单位冯家沟遗址。经济以商贸业、服务业为主。有公路经此。

高家岭 371102-A03-H02
[Gāojiālǐng]

在区驻地日照街道东北方向 6.4 千米。秦楼街道辖自然村。人口 500。清康熙二十一年（1682），高姓从海阳县迁此立村，因村坐落岭上，故名。聚落呈团块状分布。有文化大院、图书室。有幼儿园 1 所。经济以商业、服务业为主。有公路经此。

前官庄 371102-A03-H03
[Qiánguānzhuāng]

在区驻地日照街道东北方向 8.5 千米。秦楼街道辖自然村。人口 1 200。清乾隆年间，秦、毕两姓迁此立村，因该村土地瘠薄，免交粮税，取名官庄。清末分为两村，

该村居前，故名。聚落呈团块状分布。经济以商贸业为主。有公路经此。

锦泰新村 371102-A03-H04
[Jǐntàixīncūn]

在区驻地日照街道东方向 4.8 千米。秦楼街道辖自然村。人口 1 200。清道光年间，张姓由湖西头村迁此立村，因庄小、人口少，取名小庄。后因重名，该村居南，取名南小庄。2014 年以嘉言更名为锦泰新村。聚落呈团块状分布。经济以商贸业为主。有公路经此。

新合村 371102-A03-H05
[Xīnhécūn]

在区驻地日照街道东北方向 6.7 千米。秦楼街道辖自然村。人口 1 000。1966 年，因建马陵水库，南湖花山子村迁此与荷疃村的一个生产小队合并，取名新合村。聚落呈团块状分布。有幼儿园 1 所。经济以商贸业为主。有公路经此。

田家村 371102-A03-H06
[Tiánjiācūn]

在区驻地日照街道东北方向 4.3 千米。秦楼街道辖自然村。人口 1 700。明洪武年间，田、申两姓由东海迁此立村，因田姓年长，故以田姓姓氏取名。聚落呈团块状分布。有幼儿园 1 所。经济以商贸业为主。有公路经此。

滕家村 371102-A03-H07
[Téngjiācūn]

在区驻地日照街道东方向 3.3 千米。秦楼街道辖自然村。人口 2 000。明洪武年间，滕姓由江苏东海县迁此立村，以姓氏取名。聚落呈团块状分布。有图书馆 1 处、小学 1 所、幼儿园 6 所。有公路经此。

后团岭埠 371102-A03-H08

[Hòutuánlǐngbù]

在区驻地日照街道东北方向 6.4 千米。秦楼街道辖自然村。人口 1 100。明洪武二年（1369），秦姓人家从团岭埠迁此立村，因该村居后，故名后团岭埠。聚落呈团块状分布。有文化大院、图书室。有幼儿园 1 所。经济以商贸业为主。有公路经此。

南王家村 371102-A03-H09

[Nánwángjiācūn]

在区驻地日照街道东南方向 4.7 千米。秦楼街道辖自然村。人口 1 500。明天启年间，王姓由费家小庄迁此立村，以姓氏取名王家。因重名，该村居南，更为今名。聚落呈团块状分布。有文化大院 1 处、图书室 1 处、幼儿园 1 所。经济以商业为主。有公路经此。

大卜家庵子 371102-A03-H10

[Dàbǔjiā'ānzi]

在区驻地日照街道东方向 7.5 千米。秦楼街道辖自然村。人口 2 400。明洪武二年（1369），卜姓从东海迁此立村，以姓氏取名卜家庄。明洪武六年（1373），因村中建尼姑庵，故更名为卜家庵子。后因重名，取名大卜家庵子。聚落呈团块状分布。有图书室。经济以商贸业为主。有公路经此。

北苗家村 371102-A03-H11

[Běimiáojiācūn]

在区驻地日照街道东北方向 9.3 千米。秦楼街道辖自然村。人口 1 300。明洪武年间，苗姓迁此立村，以姓氏取名苗家。因重名，1981 年更名为北苗家村。聚落呈团块状分布。有图书室 1 处。经济以旅游业为主。有日照市映旭旅游发展有限公司、兄弟游艇公司、日照市诺达运输有限公司等企业。有公路经此。

后大洼 371102-A03-H12

[Hòudàwā]

在区驻地日照街道东北方向 8.3 千米。秦楼街道辖自然村。人口 1 500。明永乐年间，李姓迁此立村，因村坐落在岭前，东临大片平湖洼地，取名大洼。1952 年分前后两村，该村居坐落在原大洼村北侧，故取名后大洼。聚落呈团块状分布。有文化大院、图书室。有幼儿园 1 所、小学 1 所。经济以商贸业为主。有公路经此。

肥家庄 371102-A04-H01

[Féijiāzhuāng]

在区驻地日照街道东北方向 19.8 千米。卧龙山街道辖自然村。人口 1 000。明洪武六年（1373），潘、苗两姓迁此立村，给于家村财主家种地，此处土壤肥沃，地主收到的租粮籽粒成色满，故取名肥家庄。聚落呈团块状分布。有文化广场 1 处、图书阅览室 1 处。经济以种植业、渔业、养殖业、民俗旅游业为主。有公路经此。

卸甲庄 371102-A04-H02

[Xièjiǎzhuāng]

在区驻地日照街道东北方向 16.7 千米。卧龙山街道辖自然村，由山海天旅游度假区代管。人口 300。南宋末期建村，传说因为唐太宗东征路过此地，曾下马卸甲休息，故名卸甲庄。聚落呈团块状分布。有文化广场 1 处、图书阅览室 1 处。经济以种植业为主，主要农作物有玉米、小麦、花生，特产苹果，畜牧业以养猪为主。有公路经此。

任家台 371102-A04-H03

[Rénjiātái]

在区驻地日照街道东北方向 20.9 千米。卧龙山街道辖自然村，由山海天旅游度假区代管。人口 1 300。明洪武年间，任姓迁此建村，因村临烽火台，故名任家台。聚落呈团块状分布。有文化广场 1 处、图书阅览室 1 处。经济以浅海养殖业、捕捞业为主，有鱼、虾、蟹、扇贝、贻贝、海螺、海参、鲍鱼等海产品。有御海湾茶园、祥安旅游客运等企业。有公路经此。

大泉沟 371102-A04-H04
[Dàquángōu]

在区驻地日照街道东北方向 15.3 千米。卧龙山街道辖自然村，由山海天旅游度假区代管。人口 2 000。明洪武年间建村，因三条水形成一条玉带半包围村，村像住在沟里，故称大漩沟，同"大泫沟"，因"泫"字生僻，后以谐音更名为大泉沟。聚落呈团块状分布。经济以渔业为主。有公路经此。

大沙沟 371102-A04-H05
[Dàshāgōu]

在区驻地日照街道东北方向 15.9 千米。卧龙山街道辖自然村，由山海天旅游度假区代管。人口 1 700。明洪武年间，王姓迁此建村，因村处河沟岸边，河流内多沙石，故名沙沟，后改称大沙沟。聚落呈团块状分布。有图书阅览室 1 处。经济以种植业、养殖业为主，主要农作物有苹果、黄金梨、小麦、玉米、花生等。有公路经此。

乔家墩子 371102-A04-H06
[Qiáojiādūnzi]

在区驻地日照街道东北方向 13.3 千米。卧龙山街道辖自然村，由山海天旅游度假区代管。人口 600。明洪武六年（1373），乔姓迁此立村，因四周是盐滩，早年七里一墩，八里一台，中间有个土墩，故名乔家墩子。聚落呈团块状分布。经济以渔业为主。有公路经此。

卧龙 371102-A04-H07
[Wòlóng]

在区驻地日照街道东北方向 19.4 千米。卧龙山街道辖自然村，由山海天旅游度假区代管。人口 400。清朝初期建村，此地原是刘家楼刘氏的牧羊场，后周围穷人逐渐聚集形成一个小庄，称为羊圈。因村名不雅，1991 年更名为卧龙。聚落呈团块状分布。有图书阅览室 1 处。经济以民俗旅游业为主。有公路经此。

吴家台 371102-A04-H08
[Wújiātái]

在区驻地日照街道东北方向 21.8 千米。卧龙山街道辖自然村，由山海天旅游度假区代管。人口 1 400。明朝初期，吴姓迁此立村，因村后有一石砌墩台，故名吴家台。聚落呈团块状分布。有文化广场 1 处、图书阅览室 1 处、幼儿园 1 所。经济以海产品养殖业、民俗旅游业为主。有公路经此。

张家台 371102-A04-H09
[Zhāngjiātái]

在区驻地日照街道东北方向 15.9 千米。卧龙山街道辖自然村，由山海天旅游度假区代管。人口 1 600。明洪武二年（1369），姜姓迁此立村，称姜家台。后因谐音，演变为张家台。聚落呈团块状分布。有文化广场 1 处、图书阅览室 1 处、小学 1 所。经济以渔业为主。有公路经此。

双庙 371102-A04-H10
[Shuāngmiào]

在区驻地日照街道东北方向 13.4 千米。卧龙山街道辖自然村，由山海天旅游度假区代管。人口 800。明洪武四年（1371）建村，原名山里，后秦姓居住此地，先后建有山神庙、土地庙，故称双庙。聚落呈团块状分布。有文化广场 1 处、图书阅览室 1 处。

有市级重点文物保护单位双庙遗址。经济以种植业为主，主要农作物有茶叶、板栗。有公路经此。

苏家 371102-A04-H11

[Sūjiā]

在区驻地日照街道东北方向16.8千米。卧龙山街道辖自然村，由山海天旅游度假区代管。人口1 700。以姓氏命名。聚落呈团块状分布。有文化广场1处、图书阅览室1处、幼儿园1所、小学1所。有省级重点文物保护单位苏家村遗址、市级重点文物保护单位凤凰城遗址。经济以种植业为主，主要农作物有小麦、玉米等。有公路经此。

窝落子 371102-A04-H12

[Wōluòzi]

在区驻地日照街道东北方向10.6千米。卧龙山街道辖自然村，由山海天旅游度假区代管。人口200。明洪武年间，黄姓迁此建村。一说因立村于凹地，村南有山，故名窝落子。另一说有黄姓三口人逃荒走到这里时，刮起大风，天也黑了，就到河崖前边大崖头下的一个窝落头宿下，之后就开荒生产维持生活，故称窝落子。聚落呈团块状分布。有图书阅览室1处。经济以种植业为主。有公路经此。

东王家 371102-A04-H13

[Dōngwángjiā]

在区驻地日照街道东北方向11.1千米。卧龙山街道辖自然村，由山海天旅游度假区代管。人口700。明洪武三年（1370），王姓迁此立村，故名王家村。1981年因重名，此村居东，更名为东王家。聚落呈团块状分布。有文化广场1处、图书阅览室1处、中学1所。经济以种植业为主，主要农作物有玉米、花生等。有公路经此。

两城 371102-A05-H01

[Liǎngchéng]

在区驻地日照街道东北方向19.5千米。两城街道辖自然村，由山海天旅游度假区代管。人口8 600。建村于秦汉之间，古称梁乡，后逐渐演变成两城。聚落呈团块状分布。有文化广场1处、图书阅览室1处、幼儿园1所、小学1所。有国家级重点文物保护单位两城镇遗址、市级重要文物保护单位两城南庙革命纪念地。经济以种植业、旅游业为主，主要农作物有小麦、玉米、花生等。204国道经此。

苗王庄 371102-A05-H02

[Miáowángzhuāng]

在区驻地日照街道东北方向22.8千米。两城街道辖自然村，由山海天旅游度假区代管。人口800。明朝初年，苗姓立村，以姓氏得名苗庄。村前250米处有小王家庄，1956年两村合并，以苗王两姓命名为苗王庄。聚落呈团块状分布。有文化广场1处、图书阅览室1处。有市级重点文物保护单位苗王庄遗址。经济以种植业为主，蔬菜种植规模化发展，主要农作物有玉米、小麦、花生。有公路经此。

秦家庄 371102-A05-H03

[Qínjiāzhuāng]

在区驻地日照街道东北方向19.5千米。两城街道辖自然村，由山海天旅游度假区代管。人口700。明洪武初年，秦姓建村，相传唐太宗李世民东征时曾在此屯过盔甲，故名屯甲庄。村内姓秦的户数多，权势大，后按姓氏改名秦家庄。聚落呈团块状分布。有文化广场1处、图书阅览室1处。经济以种植业为主，主要农作物有小麦、玉米、花生。有公路经此。

安家 371102-A05-H04

[Ānjiā]

在区驻地日照街道东北方向24.1千米。两城街道辖自然村，由山海天旅游度假区代管。人口1 500。明洪武二年（1369），安姓迁此建村，称湖水村。后以姓氏改名为安家。聚落呈团块状分布。有文化广场1处、图书阅览室1处、小学1所。经济以海水养殖业为主。有公路经此。

于家 371102-A05-H05

[Yújiā]

在区驻地日照街道东北方向22.8千米。两城街道辖自然村，由山海天旅游度假区代管。人口1 600。元朝初期，解姓建村，故名解家。后解姓败落，明洪武初年，于姓迁入，人丁兴旺，更名为于家。聚落呈团块状分布。有文化广场1处、图书阅览室1处。经济以种植业为主，主要农作物有玉米、小麦、花生、地瓜、大豆等。有公路经此。

臧家窑 371102-A05-H06

[Zāngjiāyáo]

在区驻地日照街道东北方向16.8千米。两城街道辖自然村，由山海天旅游度假区代管。人口1 100。明洪武二年（1369），臧姓迁此立村，以烧窑为生，得名臧家窑。先后有吕姓、安姓迁居村东，得名挪庄。后两村合并，命名为臧家窑。聚落呈团块状分布。有文化广场1处、图书阅览室1处。经济以种植业为主，主要作物有玉米、小麦、花生。沈海高速、204国道经此。

安家岭 371102-A05-H07

[Ānjiālǐng]

在区驻地日照街道东北方向25.1千米。两城街道辖自然村，由山海天旅游度假区代管。人口1 800。明初，张、安两姓迁此建村，以张姓居多，村东边有沙岭，取名张家岭。后因村后有一白云寺，改称白云岭。清朝后期又因安姓居多，更名安家岭。聚落呈团块状分布。有文化广场1处、图书阅览室1处。经济以海水养殖业为主。有公路经此。

红旗 371102-A05-H08

[Hóngqí]

在区驻地日照街道东北方向21.5千米。两城街道辖自然村，由山海天旅游度假区代管。人口1 400。明洪武二年（1369），张姓由山西迁此立村，此地原有一座关帝庙，故以庙命名为关帝庙村。后更名为红旗。聚落呈团块状分布。有文化广场1处、图书阅览室1处。经济以种植业为主，主要农作物有玉米、小麦、花生、桑果等。204国道经此。

王家滩 371102-A05-H09

[Wángjiātān]

在区驻地日照街道东北方向25.5千米。两城街道辖自然村，由山海天旅游度假区代管。人口3 500。明朝永乐年间，王姓迁此居住建村，因地处海滩，故名王家滩。聚落呈团块状分布。有文化广场1处、图书阅览室1处、幼儿园1所。经济以海水养殖业为主。204国道经此。

东屯 371102-A05-H10

[Dōngtún]

在区驻地日照街道东北方向20.5千米。两城街道辖自然村，由山海天旅游度假区代管。人口1 400。明洪武初年，李姓来此建村，相传唐太宗东征屯兵驻兵岭，因村坐落于驻兵岭东侧，故名东屯。聚落呈团块状分布。有文化广场1处、图书阅览室1处、幼儿园1所。经济以种植业、商业、服务业为主，主要农作物有玉米、小麦、花生。有公路经此。

西屯 371102-A05-H11
[Xītún]

在区驻地日照街道东北方向18.9千米。两城街道辖自然村，由山海天旅游度假区代管。明洪武初年，万姓迁此建村，得名万家屯。相传唐太宗东征屯兵驻兵岭，因村坐落于驻兵岭西侧，改为西屯。聚落呈团块状分布。有文化广场1处、图书阅览室1处。经济以种植业、食品加工业为主，主要农作物有玉米、小麦、花生。有公路经此。

牟家小庄 371102-A06-H01
[Móujiāxiǎozhuāng]

在区驻地日照街道西南方向9.1千米。奎山街道辖自然村。人口2 900。明洪武年间，牟姓聚居在此，称牟家小庄。聚落呈团块状分布。有市级重点文物保护单位牟家小庄绣楼，市级爱国主义教育基地牟宜之纪念馆。经济以种植业、养殖业为主，主要农作物有小麦、花生、玉米、花卉等。204国道经此。

琅墩坡 371102-A06-H02
[Lángdūnpō]

在区驻地日照街道西南方向5.4千米。奎山街道辖自然村。人口900。明洪武年间建村，因村西有汉墓三冢，俗为狼墩，村址又在墩下坡处，故名狼东坡，后演变为琅墩坡。聚落呈团块状分布。有市级重点文物保护单位琅墩坡汉墓群。经济以种植业、养殖业为主，主要农作物有小麦、花生等。兖石铁路经此。

西河 371102-A06-H03
[Xīhé]

在区驻地日照街道西南方向7.5千米。奎山街道辖自然村。人口500。因村临近傅疃河，故按方位统称西河。后部分村户划归另村，余户合为一村，村名依旧。聚落呈团块状分布。经济以种植业、建筑业、养殖业为主，主要农作物有小麦、水稻、花生等。兖石铁路、204国道、疏港高速公路经此。

崮河崖 371102-A06-H04
[Gùhéyá]

在区驻地日照街道西南方向7.3千米。奎山街道辖自然村。人口1 100。明正德年间建村，因村址东临崮河，故名。聚落呈团块状分布。有市级重点文物保护单位崮河崖遗址。经济以种植业、建筑业、养殖业为主，主要农作物有小麦、水稻、花生等。有日照市众兴包装有限公司、山森数控、日照正茂塑料厂等大型企业。疏港高速公路经此。

东两河 371102-A06-H05
[Dōngliǎnghé]

在区驻地日照街道东南方向9.3千米。奎山街道辖自然村。人口500。清光绪年间，前两河部分居民迁此居住，名小东庄。1960年更名为东两河。聚落呈团块状分布。有市级重点文物保护单位东两河遗址。经济以种植业、建筑业为主，主要农作物有小麦、花生、玉米等。疏港高速公路经此。

傅疃 371102-A06-H06
[Fùtuǎn]

在区驻地日照街道西南方向9.8千米。奎山街道辖自然村。人口900。明傅姓在此建村，取名傅疃。聚落呈团块状分布。经济以种植业为主，主要农作物有小麦、水稻、苹果等。有中粮花生制品厂等企业。204 国道经此。

郭家湖子　371102-A06-H07
[Guōjiāhúzi]

在区驻地日照街道西南方向 4.2 千米。奎山街道辖自然村。人口 2 600。明洪武年间，郭姓居此建村，因东临湖地，故名。聚落呈团块状分布。经济以种植业、建筑业、养殖业为主，主要农作物有小麦、花生等。兖石铁路、204 国道经此。

朱家村　371102-A06-H08
[Zhūjiācūn]

在区驻地日照街道东南方向 4.3 千米。奎山街道辖自然村。人口 1 000。以姓氏命名。聚落呈团块状分布。经济以商贸业为主。有威亚发动机公司、青岛啤酒厂日照分公司、兄弟机械公司、聚拢机械公司、威尔德公司、太阳电子厂等企业。有公路经此。

大孙家村　371102-A07-H01
[Dàsūnjiācūn]

在区驻地日照街道东南方向 5.7 千米。北京路街道辖自然村。人口 3 500。明弘治年间，孙姓在此居住建村，故名孙家，后因户数增多，改为大孙家村。聚落呈团块状分布。有小学 1 所。经济以服务业为主。有百发建筑公司、水泥预制品厂、金果大酒店等企业。兖石铁路经此。

东海峪　371102-A07-H02
[Dōnghǎiyù]

在区驻地日照街道东南方向 8.3 千米。北京路街道辖自然村。人口 1 100。清康熙年间建村，因地处海边，名东海隅。清朝末年，嫌"隅"含角落之意，改为东海峪。聚落呈团块状分布。有国家级重点文物保护单位东海峪遗址。经济以服务业为主。疏港高速公路经此。

大韩家村　371102-A07-H03
[Dàhánjiācūn]

在区驻地日照街道东南方向 4.0 千米。北京路街道辖自然村。人口 1 900。明洪武年间，韩姓迁此建村，名韩家村。1981 年因重名，改称大韩家村。聚落呈团块状分布。有省级重点文物保护单位王献唐故居。经济以服务业为主。有公路经此。

管家村　371102-A07-H04
[Guǎnjiācūn]

在区驻地日照街道东南方向 6.7 千米。北京路街道辖自然村。人口 1 100。以姓氏命名。聚落呈团块状分布。有市级重点文物保护单位管家村遗址。经济以服务业为主。有公路经此。

前崮子　371102-A07-H05
[Qiángùzi]

在区驻地日照街道南方向 2.5 千米。北京路街道辖自然村。人口 1 200。明洪武年间建村，因地处叫"崮"的点将台南侧，故名崮子前村，后改名为前崮子。聚落呈团块状分布。经济以服务业为主。有公路经此。

河山店　371102-B01-H01
[Héshāndiàn]

河山镇人民政府驻地。在区驻地日照街道东北方向 12.8 千米。人口 1 600。元初在河山山脚下建村，有刘、李二姓开店，故名。聚落呈团块状分布。有图书室 1 处、中学 1 所、小学 1 所、幼儿园 1 所。世界汉字之最——摩崖巨书"日照"刻河山顶峰。经济以种植业为主，主要农作物有小麦、花生、苹果。同三高速、204 国道经此。

申家坡 371102-B01-H02
[Shēnjiāpō]

在区驻地日照街道东北方向 8.9 千米。河山镇辖自然村。人口 1 300。明万历年间，申姓迁此立村，以姓氏取名申家，后更名申家坡。聚落呈团块状分布。有农家书屋。有村史馆 1 个、幼儿园 1 所。经济以种植业为主，主要农作物有苹果、小麦、花生等。有日照大光明玻璃有限公司、日照丰源家纺有限公司等企业。有公路经此。

甄家庄 371102-B01-H03
[Zhēnjiāzhuāng]

在区驻地日照街道东北方向 12.9 千米。河山镇辖自然村。人口 800。以姓氏命名。聚落呈团块状分布。经济以种植业为主，主要农作物有苹果、小麦、花生等。有公路经此。

林前 371102-B01-H04
[Línqián]

在区驻地日照街道东北方向 11.4 千米。河山镇辖自然村。人口 800。因村处徐姓茔林边，故名徐家大茔前。后因原名不雅，更名为林前。聚落呈团块状分布。有农家书屋 1 处、幼儿园 1 所。经济以种植业为主，主要农作物有苹果、小麦、花生等。有公路经此。

萝花前二村 371102-B01-H05
[Luóhuāqián'èrcūn]

在区驻地日照街道东北方向 17.9 千米。河山镇辖自然村。人口 800。因位于落鹤山前，得名落鹤山前，后演变为萝花前。1963 年划分为三个村，该村为萝花前二村。聚落呈团块状分布。经济以种植业为主，主要农作物有苹果、小麦、花生等。有公路经此。

高家沟 371102-B01-H06
[Gāojiāgōu]

在区驻地日照街道东北方向 15.8 千米。河山镇辖自然村。人口 1 100。清康熙年间，高姓由五莲县高家沟迁此立村，为不忘故居，取名高家沟。聚落呈团块状分布。经济以种植业为主，主要农作物有苹果、小麦、花生等。有公路经此。

屯岭 371102-B01-H07
[Túnlǐng]

在区驻地日照街道东北方向 9.9 千米。河山镇辖自然村。人口 1 000。明万历年间，秦姓由厉家村迁此立村，因村处屯地土岭，故名屯岭。聚落呈团块状分布。有幼儿园 1 所。经济以种植业为主，主要农作物有苹果、小麦、花生等。有公路经此。

许家官庄 371102-B01-H08
[Xǔjiāguānzhuāng]

在区驻地日照街道东北方向 8.3 千米。河山镇辖自然村。人口 1 000。清康熙年间，许姓由南湖迁此立村，因系官府移民，故名。聚落呈团块状分布。有幼儿园 1 所。经济以种植业为主，主要农作物有苹果、小麦、花生等。有日照三奇医卫有限公司等企业。有公路经此。

草坡 371102-B01-H09
[Cǎopō]

在区驻地日照街道东北方向 14.9 千米。河山镇辖自然村。人口 1 000。明洪武年间，王姓迁此立村，因村处岭坡，杂草丛生，故名。聚落呈团块状分布。经济以种植业为主，主要农作物有苹果、小麦、花生等。沈海高速公路、204 国道经此。

涛雒五村 371102-B02-H01
[Tāoluòwǔcūn]

涛雒镇人民政府驻地。在区驻地日照街道西南方向18.0千米。人口6 800。汉代，宋、王两姓迁此立村。因地处南北交通要道，居民多于沿途开店为业，且南临董家店，取名北店。后因此地东临大海，潮汐涨落，更名为涛洛，洛通雒，亦名涛雒。民国时期，实行保甲制，划分为七个保。1945年，划分为七个村，该村取名涛雒五村。1947年曾与涛雒一村合并为一村，1962年分开至今，沿用原名。聚落呈团块状分布。有文化广场。经济以商贸业为主，种植业为辅。204国道经此。

下元一村 371102-B02-H02
[Xiàyuányīcūn]

在区驻地日照街道西南方向24.5千米。涛雒镇辖自然村。人口700。建村时逢"下元甲子"，借吉利之意，故得名。1962年分为一、二、三村，该村被命名为下元一村。聚落呈团块状分布。有文化广场1处、小学1所。有天台山、大羿陵、嫦娥墓、太阳神石，以及祭祀太阳女神羲和的老母庙及石刻文字、岩画等历史遗迹。经济以种植业、旅游业为主，有樱桃采摘园、有机水稻示范基地，有杏花、樱花、玉兰、百日红、桃花、合欢花等50万株。沈海高速、204国道经此。

成家廒头 371102-B02-H03
[Chéngjiā'áotóu]

在区驻地日照街道西南方向13.5千米。涛雒镇辖自然村。人口600。清康熙年间，成姓迁此立村，因紧邻张家廒头，取名成家廒头。聚落呈带状分布。有文化广场1个。有区级非物质文化遗产项目成家鳌头鱼灯扎制技艺。经济以淡水养殖业、种植业为主。204国道经此。

李家潭崖 371102-B02-H04
[Lǐjiātányá]

在区驻地日照街道西南方向21.1千米。涛雒镇辖自然村。人口1 100。清乾隆年间，李姓迁此立村，因村位于一东西流向的大河北崖，河中有个深水潭，故名。聚落呈团块状分布。有幼儿园1所。有市级非物质文化遗产项目李家潭崖竹编。经济以种植业为主，主要农作物有小麦、玉米、水稻、黄金桃等。有公路经此。

西林子头 371102-B02-H05
[Xīlínzitóu]

在区驻地日照街道西南方向25.3千米。涛雒镇辖自然村。人口1 600。清康熙年间，丁姓迁此立村，因分别居住在一片树林的两头，故取名林子头。后该村分为两村，该村居西，故名。聚落呈团块状分布。有小学1所。有市级文物保护单位西林子头遗址。经济以种植业、渔业为主，主要农作物有玉米、水稻、花生、小麦、大豆等。有公路经此。

侯家村 371102-B02-H06
[Hóujiācūn]

在区驻地日照街道西南方向20.0千米。涛雒镇辖自然村。人口700。以姓氏命名。聚落呈团块状分布。有文化广场1处。济以种植业、养殖业为主，主要农作物有小麦、花生、玉米等。有公路经此。

丁家官庄 371102-B02-H07
[Dīngjiāguānzhuāng]

在区驻地日照街道西南方向19.6千米。涛雒镇辖自然村。人口1 400。明初，葛姓迁此立村，此处设有兵站，驻有官兵，取名葛家官庄。后葛姓他迁，清康熙年间，继有丁姓从涛雒迁入，更名丁家官庄，后演变为官庄。因重名，1981 年袭用原名。聚落呈团块状分布。有文化广场 1 处。经济以种植业为主，主要农作物有小麦、玉米、水稻、花生、苹果、黄桃等。沈海高速公路经此。

东风 371102-B02-H08
［Dōngfēng］

在区驻地日照街道西南方向 23.0 千米。涛雒镇辖自然村。人口 700。明嘉靖年间，王姓迁此立村，因村位于磴山北麓两支脉间，势如簸箕，村正落"簸箕"前沿，以地形取名簸箕掌。清咸丰年间，更名吉掌村。1944 年，划分为两个村。1966 年，以时代嘉言更名东风。聚落呈团块状分布。有文化广场 1 处。经济以种植业为主，主要农作物有花生、玉米、小麦、水稻等。有公路经此。

蒿岭 371102-B02-H09
［Hāolǐng］

在区驻地日照街道西南方向 19.6 千米。涛雒镇辖自然村。人口 500。清朝中期，陈姓迁此立村，因村处岭地，遍地野蒿，故名陈家蒿岭，后演变为今名。聚落呈团块状分布。经济以种植业为主，主要农作物有黄桃、小麦、玉米、花生等。有公路经此。

宋家坨 371102-B02-H10
［Sòngjiātuó］

在区驻地日照街道西南方向 18.5 千米。涛雒镇辖自然村。人口 500。清嘉庆年间，宋姓迁此立村，因看管盐坨，故名。聚落呈带状分布。有文化广场 1 处。经济以种植业为主，主要农作物有小麦、玉米、花生等。有公路经此。

张家廒头 371102-B02-H11
［Zhāngjiā'áotóu］

在区驻地日照街道西南方向 13.8 千米。涛雒镇辖自然村。人口 700。明洪武年间，张姓由张哥庄迁此立村，因地处储盐仓廒的一端，故名张家廒头。聚落呈团块状分布。有文化广场 1 处、幼儿园 1 所。有尹景伊烈士事迹陈列馆 1 处。经济以种植业为主，主要农作物有水稻、小麦等。204 国道经此。

竹子河崖 371102-B02-H12
［Zhúzihéyá］

在区驻地日照街道西南方向 20.3 千米。涛雒镇辖自然村。人口 700。清道光年间，宋姓由涛雒镇迁此立村，因村前河崖有竹子，故名。聚落呈团块状分布。有文化广场 1 处。经济以种植业为主，主要农作物有小麦、花生、玉米等。204 国道经此。

庄家村 371102-B02-H13
［Zhuāngjiācūn］

在区驻地日照街道西南方向 22.3 千米。涛雒镇辖自然村。人口 700。以姓氏命名。聚落呈团块状分布。有文化广场 1 处。经济以海水捕捞和养殖业为主，种植业为辅。有公路经此。

亚月 371102-B02-H14
［Yàyuè］

在区驻地日照街道西南方向 18.9 千米。涛雒镇辖自然村。人口 1 200。一说汉朝立村，村内马氏大发，富不仁，村民恨，故把马氏住址称"压腰"，意即压倒马氏，后演变为亚月；又一说，战国乐毅伐齐，在尧王城南设屯兵处，称亚岳，有仅次于岳王城之意，后演变为今名。聚落呈团块状分布。有文化广场 1 处。经济以种植业为主，主要农作物有小麦、玉米、花生、黄桃等。沈海高速公路经此。

右所 371102-B02-H15
［Yòusuǒ］

在区驻地日照街道西南方向 17.1 千米。

涛雒镇辖自然村。人口 2 300。明洪武年间，宋、马、黄、陈四姓迁此居住，各自占产，各定其名。后安东卫建立，此处统一村名，取名右所。聚落呈团块状分布。有文化广场 1 处。经济以种植业、生物科技等为主，主要农作物有水稻、小麦、苹果等，有日照众生海洋生物科技有限公司、山东港源海洋生物工程有限公司等企业。204 国道经此。

苗家村 371102-B02-H16
[Miáojiācūn]

在区驻地日照街道西南方向21.7千米。涛雒镇辖自然村。人口 1 300。以姓氏命名。聚落呈团块状分布。有文化广场 1 处。经济以种植业为主，主要农作物有黄金桃、小麦、水稻等。有公路经此。

宅科 371102-B02-H17
[Zháikē]

在区驻地日照街道西南方向12.4千米。涛雒镇辖自然村。人口 400。元至元年间，郑姓迁此立村，因村位于两面高、中间低的河谷地带，取名为宅阔，后演变为宅科。聚落呈团块状分布。经济以种植业为主，主要农作物有小麦、花生等。204 国道经此。

曹家村 371102-B02-H18
[Cáojiācūn]

在区驻地日照街道西南方向23.5千米。涛雒镇辖自然村。人口 1500。以姓氏命名。聚落呈团块状分布。有文体广场 2 处。经济以渔业、种植业为主，主要农作物有花生、小麦等。有公路经此。

大草坡 371102-B02-H19
[Dàcǎopō]

在区驻地日照街道西南方向24.4千米。涛雒镇辖自然村。人口 1 300。明万历年间，

孙姓迁此立村，因村位于凤凰山南麓，人烟稀少，遍地荒草，取名草坡。后因附近又建一村，名小草坡，故该村更名为大草坡。聚落呈团块状分布。有文化广场 2 个。经济以种植业、服务业为主。有山东联盛建材有限公司、日照市保胜工贸有限公司、山东水务管道有限公司、日照金盛昌物流有限公司、山东名邦食品有限公司等企业。沈海高速公路、204 国道经此。

大洼 371102-B02-H20
[Dàwā]

在区驻地日照街道西南方向20.6千米。涛雒镇辖自然村。人口 1 200。明嘉靖年间，丁姓迁此立村，因东、西、北三面环岭，村处岭的中间洼地，故名。聚落呈团块状分布。有文化广场 1 处。经济以种植业为主，主要农作物有黄桃、小麦、玉米、花生等。有公路经此。

东川子 371102-B02-H21
[Dōngchuānzi]

在区驻地日照街道西南方向16.4千米。涛雒镇辖自然村。人口 1 100。明永乐年间，马姓由江苏东海迁此立村，因村处平原两河之间，故名川子。因受水害，1976 年南迁至今址，沿用原名。因重名，该村居东，1981 年更为今名。聚落呈团块状分布。有小学 1 所。经济以种植业、渔业为主，主要农作物有花生、水稻等。204 国道经此。

东南营 371102-B02-H22
[Dōngnányíng]

在区驻地日照街道西南方向23.8千米。涛雒镇辖自然村。人口 1 700。明宣德年间，孙姓迁此立村，因村位于旧时兵营遗址东南方，故名。聚落呈团块状分布。有文体广场 1 处。经济以种植业、渔业为主，主要农作物有花生、玉米等。有公路经此。

华山 371102-B02-H23

[Huáshān]

在区驻地日照街道西南方向24千米。涛雒镇辖自然村。人口1 500。明万历年间，牟姓在当地建有大小两个羊圈，小的在南山后崖，名小羊圈。后继有李、刘、高三姓迁入，渐成村落，村以地片得名。后因"圈"字不雅，更名小羊卷。1966年，因松林茂密，果树满山坡，更名华山。聚落呈带状分布。经济以种植业为主，主要农作物有小麦、玉米、花生、水稻、茶叶、苹果等。有公路经此。

刘家湾 371102-B02-H24

[Liújiāwān]

在区驻地日照街道西南方向16.5千米。涛雒镇辖自然村。人口3 200。明崇祯年间，刘姓迁此立村，取名刘家村。后因村临海湾，更名刘家湾。1975年，村址东迁约800米，沿用原名。聚落呈团块状分布。有文化广场3处。经济以种植业、水产业为主，主要农作物有玉米、花生等。有公路经此。

马家村 371102-B02-H25

[Mǎjiācūn]

在区驻地日照街道西南方向18.0千米。涛雒镇辖自然村。人口1 100。明洪武六年（1673），马姓迁此居住，以熬盐为生，故称灶户。因人丁兴旺渐成村落，以姓氏取名马家灶，后更名为马家村。聚落呈团块状分布。经济以渔业、海水养殖业为主。有公路经此。

桥东头 371102-B02-H26

[Qiáodōngtóu]

在区驻地日照街道西南方向16.1千米。涛雒镇辖自然村。人口2 000。明弘治年间，王氏兄弟二人分别于一古桥两端各立一村，该村居桥东，名桥东头。聚落呈团块状分布。有文化广场2处。经济以种植业、捕捞业为主，主要农作物有小麦、玉米、花生等。有公路经此。

沙岭子 371102-B02-H27

[Shālǐngzi]

在区驻地日照街道西南方向17.4千米。涛雒镇辖自然村。人口1 700。明洪武年间，田姓迁此立村，以姓氏取名田家村。后田姓他迁，王姓迁入。清乾隆年间，因村东临大沙岭，更名沙岭子。聚落呈团块状分布。有文化广场1处。经济以渔业捕捞、海水养殖业为主。有公路经此。

栈子一村 371102-B02-H28

[Zhànziyīcūn]

在区驻地日照街道西南方向21.6千米。涛雒镇辖自然村。人口700。相传，清朝初年，有十几家居住在现村址的东北隅，以村后的栈桥命名为村栈子，后划分为四个村，该村为栈子一村。聚落呈团块状分布。有文化广场1处。经济以海洋捕捞业、水产养殖业为主。有公路经此。

栈子二村 371102-B02-H29

[Zhànzi'èrcūn]

在区驻地日照街道西南方向21.8千米。涛雒镇辖自然村。人口500。相传，清朝初年，有十几家居住在现村址的东北隅，以村后的栈桥命名为村栈子，后划分为四个村，该村为栈子二村。聚落呈散状分布。有文化广场1处。经济以捕捞业、海水养殖业为主。有公路经此。

栈子三村 371102-B02-H30

[Zhànzisāncūn]

在区驻地日照街道西南方向21.3千米。涛雒镇辖自然村。人口900。相传，清朝初年，有十几家居住在现村址的东北隅，以村后的栈桥命名为村栈子，后划分为四个村，该村为栈子三村。聚落呈团块状分布。有文化广场 1 处、小学 1 所、幼儿园 1 所。经济以捕捞业、海水养殖业为主。有公路经此。

西湖　371102-B03-H01
[Xīhú]

西湖镇人民政府驻地。在区政府驻地日照街道西方向 20.0 千米。人口 1 000。1959 年湖区移民于此立村，取名新村。后取"山水相映，景赛西湖"意，改名西湖。聚落呈带状分布。有文化广场、小学、幼儿园。经济以种植业为主，主要农作物有小麦、花生、玉米、苹果。同三高速经此。

爱国村　371102-B03-H02
[Àiguócūn]

在区驻地日照街道西南方向 23.9 千米。西湖镇辖自然村。人口 200。明末立村，村处九条山岭汇集处，山岭势如卧龙回首，且此处曾有庵、庙，故取名回龙庵，后演变为回龙观。1968 年，以时代嘉言更名为爱国村。聚落呈散状分布。有文化广场 1 处。有市级重点文物保护单位回龙观遗址。经济以种植业为主。有公路经此。

大花崖　371102-B03-H03
[Dàhuāyá]

在区驻地日照街道西方向 20.8 千米。西湖镇辖自然村。人口 2 800。明永乐年间，焦姓迁此立村，因村西南方向的山崖上有条石线生满石花，取名花崖。后因重名，更名大花崖。聚落呈团块状分布。有文化广场 1 处。古迹有状元坊、焦竑始祖墓、千年银杏树等。经济以种植业为主，主要农作物有花生、玉米、小麦、黑木耳等。有公路经此。

小花崖　371102-B03-H04
[Xiǎohuāyá]

在区驻地日照街道西方向 20.5 千米。西湖镇辖自然村。人口 1 700。明嘉靖年间，焦姓迁此立村，因村西崖头上有条石线生满石花，且比大花崖建村晚，故名小花崖。聚落呈团块状分布。有文化广场 1 处、小学 1 所、幼儿园 1 所。经济以种植业为主，主要农作物有小麦、花生、玉米等。有公路经此。

大石头　371102-B03-H05
[Dàshítou]

在区驻地日照街道西北方向 22.2 千米。西湖镇辖自然村。人口 2 300。明成化年间，李姓迁此立村，因村西有一突出地面的大石头，故名。聚落呈带状分布。有文化广场 1 处、幼儿园 1 所、小学 1 所。经济以种植业为主，主要农作物有茶叶、黑木耳、小麦、花生、玉米等。有公路经此。

大炮楼　371102-B03-H06
[Dàpàolóu]

在区驻地日照街道西方向 22.3 千米。西湖镇辖自然村。人口 1 500。明洪武年间，周、宫、张三姓迁此立村，因村旁芦苇丛生，取名大苞芦。抗日战争时期，村西曾建炮楼，后村名演变为今名。聚落呈团块状分布。有文化广场 1 处。经济以种植业为主，主要农作物有木耳、茶叶、桃树、小麦、玉米、花生等。有公路经此。

范家庄　371102-B03-H07
[Fànjiāzhuāng]

在区驻地日照街道西方向 18.3 千米。西湖镇辖自然村。人口 1 000。以姓氏命名。聚落呈团块状分布。有文化广场 1 处、小学 1 所、幼儿园 1 所。经济以种植业为主，主要农作物有玉米、小麦、花生等。有公路经此。

瞻埠潭 371102-B03-H08
[Zhānbùtán]

在区驻地日照街道西方向 14.4 千米。西湖镇辖自然村。人口 200。明洪武年间，李姓迁此立村，因村地处山岭，岭东有河，河中有潭，常年不涸，而村居高处，故名。聚落呈带状分布。有文化广场 1 处。经济以种植业为主，主要农作物有小麦、花生等。有公路经此。

张古庄三村 371102-B03-H09
[Zhānggǔzhuāngsāncūn]

在区驻地日照街道西方向 14.7 千米。西湖镇辖自然村。人口 300。一说，明成化年间，尹姓迁此立村，因村三面环岭，取名张阿庄，又以久固之意更名张固庄，后演变为张古庄；又一说，明中期，张姓迁此立村，以村东靠大岭，以姓氏和地势取名张阿庄，后演变为张古庄。1958 年，修建日照水库，居民分迁三处。1961 年，按居住点分为三个村，该村为张古庄三村。聚落呈团块状分布。有文化广场 1 处。经济以种植业为主，主要农作物有小麦、花生等。有公路经此。

久固庄 371102-B03-H10
[Jiǔgùzhuāng]

在区驻地日照街道西北方向 21.8 千米。西湖镇辖自然村。人口 600。席姓经多次搬迁后，迁此立村，因苦于多次迁徙，以天长地久、永固安定之意取村名。聚落呈团块状分布。有文化广场 1 处。经济以种植业为主，主要农作物有小麦、玉米、花生等。有公路经此。

圈村 371102-B03-H11
[Quāncūn]

在区驻地日照街道西北方向 22.2 千米。西湖镇辖自然村。人口 3 300。明弘治年间，杨姓迁此立村，因三面岭一面河，环绕如圈，故名。聚落呈团块状分布。有文化广场 1 处、小学 1 所。经济以种植业为主，主要农作物有花生、小麦、玉米、苹果、桃、板栗等。有公路经此。

北乐台 371102-B03-H12
[Běilètái]

在区驻地日照街道西北方向 21.3 千米。西湖镇辖自然村。人口 600。明万历年间，周姓迁此立村。相传，村后有块大石头落过凤凰，称凤凰台，故村得名大落台。后演变为大乐台。1958 年修建日照水库，居民分迁至水库上游河道南北两岸。1962 年分为两村，该村居北，故名。聚落呈团块状分布。有文化广场 1 处。经济以种植业为主，主要农作物有小麦、玉米、花生等。有公路经此。

北娄 371102-B03-H13
[Běilóu]

在区驻地日照街道西北方向 20.1 千米。西湖镇辖自然村。明洪武年间，娄姓迁此立村，以姓氏取名娄家庄。1958 年修建日照水库时，村民分迁原村址南北两高地。1961 年分为两村，该村居北，更名北娄。聚落呈团块状分布。有图书室 1 个。经济以种植业为主，主要农作物有小麦、玉米、花生等。有公路经此。

东陈疃 371102-B04-H01
[Dōngchéntuǎn]

陈疃镇人民政府驻地。在区驻地日照街道西北方向 19.0 千米。人口 1 400。元至顺年间，陈姓建村，以姓氏取名陈疃。后陈姓无人，明天启年间，许氏九世祖迁此立村，因西临陈疃，取名东陈疃。1959年修建日照水库，居今址，仍称原名。聚落呈团块状分布。有文化广场1个、小学1所。经济以种植业为主，主要农作物有小麦、花生、玉米、红薯、美洲南瓜、西葫芦、李子等。有公路经此。

北鲍疃 371102-B04-H02
[Běibàotuǎn]

在区驻地日照街道西北方向20.4千米。陈疃镇辖自然村。人口1 300。明隆庆年间，鲍姓迁此立村，以姓氏取名鲍疃。因重名，该村居北，故名。聚落呈团块状分布。有市级文物保护单位北鲍疃遗址。经济以种植业为主，主要农作物有小麦、花生等。有公路经此。

上蔡庄 371102-B04-H03
[Shàngcàizhuāng]

在区驻地日照街道西北方向27.3千米。陈疃镇辖自然村。人口1 300。相传，明景泰年间，蔡姓迁此立村，以姓氏取名蔡庄。后因该村地势较高，更名上蔡庄。聚落呈带状分布。有文化广场1处、农家书屋1处。经济以种植业为主，主要农作物有花生、玉米等。有公路经此。

南鲍疃 371102-B04-H04
[Nánbàotuǎn]

在区驻地日照街道西北方向18.8千米。陈疃镇辖自然村。人口1 600。明嘉靖年间，鲍姓迁此立村，以姓氏取名鲍疃。因重名，该村居南，故名。聚落呈团块状分布。有文化广场1处、农家书屋1处。经济以种植业为主，主要农作物有蓝莓、花生等。潍日高速公路经此。

沈疃一村 371102-B04-H05
[Shěntuǎnyīcūn]

在区驻地日照街道西北方向19.7千米。陈疃镇辖自然村。人口600。元至元年间，沈姓迁此立村，以姓氏取名沈疃。1959年因建日照水库，居民分迁至原址北岭和西北岭。1972年分为三个村，该村为沈疃一村。聚落呈团块状分布。经济以种植业为主，主要农作物有蓝莓、玉米等。日兰高速公路经此。

西陈疃三村 371102-B04-H06
[Xīchéntuǎnsāncūn]

在区驻地日照街道西北方向20.8千米。陈疃镇辖自然村。人口600。东陈疃建村后，因重名，更名为西陈疃。1959年因建日照水库，居民分迁至原址西北高处。1960年划分为四个村，该村为西陈疃三村。聚落呈团块状分布。有文化广场1处、农家书屋1处。经济以种植业为主，主要农作物有玉米、花生等。日兰高速公路经此。

西尚沟 371102-B04-H07
[Xīshànggōu]

在区驻地日照街道西北方向19.5千米。陈疃镇辖自然村。人口900。明洪武年间，许姓迁此立村，因村位于一条东西走向的沟里，沿沟立两村，该村居沟西，故取名西上沟，后演变为今名。聚落呈团块状分布。有文化广场1处、农家书屋1处。经济以种植业为主，主要农作物有小麦、花生、玉米、蓝莓等。有公路经此。

北疃 371102-B04-H08
[Běituǎn]

在区驻地日照街道西北方向12.3千米。陈疃镇辖自然村。人口800。明洪武年间，陈姓迁此立村，因地处傅疃河上游一支流北岸，地势平坦，故名北疃。聚落呈团块状分布。有文化广场 1 处、农家书屋 1 处。经济以种植业为主，主要农作物有蓝莓、小麦等。有公路经此。

中石墩 371102-B04-H09
[Zhōngshídūn]

在区驻地日照街道西北方向 23.2 千米。陈疃镇辖自然村。人口 800。清雍正年间，李姓迁此立村，因位于东石墩村后，得名东石墩后庄。1949 年，因位于东、西石墩之间，更名中石墩。聚落呈团块状分布。有文化广场 1 处、农家书屋 1 处。经济以种植业为主，主要农作物有小麦、花生等。有公路经此。

曹家官庄 371102-B04-H10
[Cáojiāguānzhuāng]

在区驻地日照街道西北方向 22.7 千米。陈疃镇辖自然村。人口 200。清康熙年间，曹、李两姓迁此，立曹家庄、李家庄两村。1921 年合为一村，取名曹家官庄。聚落呈团块状分布。有文化广场 1 处、农家书屋 1 处。经济以种植业为主，主要农作物有小麦、花生、玉米等。有公路经此。

堰村 371102-B04-H11
[Yàncūn]

在区驻地日照街道西北方向 21.3 千米。陈疃镇辖自然村。人口 700。清雍正年间，许姓迁此立村，村西有由河水冲积形成的一条沙丘，状若堤堰，故名。聚落呈团块状分布。有文化广场 1 处、农家书屋 1 处。经济以种植业为主，主要农作物有花生、小麦、玉米等。有公路经此。

南湖四村 371102-B05-H01
[Nánhúsìcūn]

南湖镇人民政府驻地。在区驻地日照街道西北方向 11.0 千米。人口 1 200。宋朝末年，张、黄两姓迁此立村。因三面环岭，南面为一平川洼地，取名南湖。1940 年，划分为四个村。1952 年，更名南湖四村。聚落呈带状分布。有幼儿园 1 所、小学 1 所、中学 1 所。有重点文物保护单位东港区抗日战争纪念馆。经济以种植业为主，主要农作物有产小麦、花生、玉米等。有日照日通泵业有限公司等企业。有公路经此。

西沈马庄 371102-B05-H02
[Xīshěnmǎzhuāng]

在区驻地日照街道西北方向 11.4 千米。南湖镇辖自然村。人口 2 100。相传，南朝文学家沈约访友，经过此地时下马，故村得名沈马庄。因重名，本村居西，更名为西沈马庄。聚落呈团块状分布。有图书室 1 个。有市级重点文物保护单位日照水库纪念塔。经济以种植业为主，主要农作物有小麦、玉米、花生等。日兰高速经此。

小长汪崖 371102-B05-H03
[Xiǎochángwāngyá]

在区驻地日照街道西北方向 7.2 千米。南湖镇辖自然村。人口 700。清乾隆年间，闫姓迁此立村，因村位于深而长的大汪东崖边，取名叫长汪崖。因重名，本村建村较晚，更名小长汪崖。聚落呈团块状分布。有中学 1 所。有市级重点文物保护单位小长汪崖遗址。经济以种植业为主，主要农作物有小麦、水稻、玉米、花生等。日兰高速经此。

东马陵前 371102-B05-H04
[Dōngmǎlíngqián]

在区驻地日照街道西北方向 8.5 千米。南湖镇辖自然村。人口 900。明洪武二年（1369），党、孙两姓迁此立村，因村处马陵山前，取名马陵前。后以河分两村，该村居河东，更名为东马陵前。聚落呈团块状分布。有图书室 1 个。经济以种植业为主，主要农作物有花生、玉米、小麦、地瓜等。有公路经此。

樵业子 371102-B05-H05
[Qiáoyèzi]

在区驻地日照街道北方向 15.4 千米。南湖镇辖自然村。人口 500。明嘉靖年间，朱姓迁此立村，因此处为山区，其以打柴为生，故名樵业子。聚落呈团块状分布。有图书室 1 个。经济以种植业为主，主要农作物有小麦、玉米、花生、地瓜等。沈大公路经此。

东明照现 371102-B05-H06
[Dōngmíngzhàoxiàn]

在区驻地日照街道西北方向 14.1 千米。南湖镇辖自然村。人口 900。相传，曾有官人见此位置好，可以立县，但因无囚地未立。其启程时，东方现亮，故留村名明照县，后演变为明照现。后分建东西两村，该村居东，改为今名。聚落呈团块状分布。有图书室 1 个。经济以种植业为主，主要农作物有花生、玉米、地瓜等。日兰高速经此。

西明照现 371102-B05-H07
[Xīmíngzhàoxiàn]

在区驻地日照街道西北方向 14.9 千米。南湖镇辖自然村。人口 1 600。相传，曾有官人见此位置好，可以立县，但因无囚地未立。其启程时，东方现亮，故留村名明照县，后演变为明照现。后分建东西两村，该村居西，改为今名。聚落呈团块状分布。经济以种植业为主，主要农作物有花生、小麦、玉米等。日兰高速经此。

安家代疃 371102-B05-H08
[Ānjiādàituǎn]

在区驻地日照街道西方向 9.6 千米。南湖镇辖自然村。人口 1 200。明洪武年间，相、王两姓迁此立村，因村位于盛家代疃之前，曾名前代疃。后因河西崖建小代疃，故该村改为大代疃。1941 年，安姓以姓氏更名为安家代疃。聚落呈团块状分布。有图书室 1 个。经济以种植业为主，主要农作物有小麦、水稻、花生等。日兰高速经此。

陈家村 371102-B05-H09
[Chénjiācūn]

在区驻地日照街道西北方向 14.9 千米。南湖镇辖自然村。人口 1 300。以姓氏命名。聚落呈团块状分布。有图书室 1 个。经济以种植业为主，主要农作物有小麦、玉米、花生等。有公路经此。

大城子 371102-B05-H10
[Dàchéngzi]

在区驻地日照街道西北方向 12.4 千米。南湖镇辖自然村。人口 1 300。因北邻阚家城子村，故名。聚落呈团块状分布。有图书室 1 个。经济以种植业、建筑业为主，主要农作物有花生、甘薯等。有公路经此。

大宅科 371102-B05-H11
[Dàzháikē]

在区驻地日照街道西北方向 15.5 千米。南湖镇辖自然村。人口 1 600。明洪武年间，季姓迁此立村，因村址宽阔，取名择阔，后演变为宅科。小宅科建村后，更名大宅科。聚落呈团块状分布。有图书室 1 个、幼儿园 1 所。经济以种植业为主，主要农作物有花生、地瓜、苗木等。徐万公路经此。

东黄山前 371102-B05-H12
[Dōnghuángshānqián]

在区驻地日照街道西北方向 6.7 千米。南湖镇辖自然村。人口 1 800。明洪武年间，李姓迁此立村，因村坐落在黄山南麓，得名黄山前。清顺治年间划分为三个村，该村居东，故名。聚落呈团块状分布。有图书室1个、小学1所。经济以种植业为主，主要农作物有小麦、玉米、花生等。有日照南湖旅游文化城等企业。有公路经此。

樊家岭 371102-B05-H13

[Fánjiālǐng]

在区驻地日照街道西北方向10.5千米。南湖镇辖自然村。人口1 300。明洪武二年（1369），樊姓迁此立村，因地处丘陵，村旁水沟有含金的沙子，故取名樊金岭，后演变为今名。聚落呈团块状分布。有图书室1个、幼儿园1所。经济以种植业、建筑业为主，主要农作物有花生、地瓜、玉米等。有公路经此。

花峡峪 371102-B05-H14

[Huāxiáyù]

在区驻地日照街道西北方向12.5千米。南湖镇辖自然村。人口2 300。元至正年间，花姓迁此立村，因村址两边高，中间有一条涧，故名花涧峪，后演变为今名。聚落呈团块状分布。有图书室1个。经济以种植业为主，主要农作物有苹果、茶叶、花生、玉米、地瓜等。313省道经此。

凤凰庄 371102-B05-H15

[Fènghuángzhuāng]

在区驻地日照街道西北方向8.3千米。南湖镇辖自然村。人口400。一说，明崇祯年间，朱、张、高姓迁此立村，因村位于两岭之间，北高南低，地形如同凤凰，取名凤凰庄；另一说，相传当年一风水先生说此地是凤凰地，故名。聚落呈团块状分布。有图书室1个。经济以种植业为主，主要农作物有花生、玉米、地瓜等。有公路经此。

三庄二村 371102-B06-H01

[Sānzhuāngèrcūn]

三庄镇人民政府驻地。在区驻地镇日照街道西北26.0千米。人口1 400。南北朝初期建村，为刘勰故里。以示对其尊敬，故称刘三公庄。有的以其大作《文心雕龙》称为雕龙里，后演变为三庄（当地读音腮庄）。1963年分为三个村，该村为三庄二村。聚落呈团块状分布。有文化广场、中小学、幼儿园等。经济以种植业为主，主要农作物有花生、小麦、玉米、苹果。有公路经此。

吉洼 371102-B06-H02

[Jíwā]

在区驻地日照街道西北方向32.0千米。三庄镇辖自然村。人口900。明万历年间，张姓迁此立村，因村对面山上有状如鸡和鸡蛋的岩石，故取名鸡窝。后因村名不雅，取谐音更名为吉洼。聚落呈团块状分布。有文化广场1个。经济以种植业为主，主要农作物有葡萄、地瓜、玉米、花生、小麦、苹果等。有公路经此。

上卜落崮 371102-B06-H03

[Shàngbǔluògù]

在区驻地日照街道西北方向32.3千米。三庄镇辖自然村。人口2 200。元朝中期，张姓迁此立村，因村位于不落崮山下，故名不落崮。下不落崮建村后，该村更名为上不落崮，后演变为今名。聚落呈团块状分布。有小学1所、幼儿园1所。经济以种植业为主，主要农作物有地瓜、玉米、小麦、花生、苹果等。有公路经此。

板石 371102-B06-H04

[Bǎnshí]

在区驻地日照街道西方向38.4千米。三庄镇辖自然村。人口1 900。明万历年间立村，因钦赐福府庄田，取名代皇庄。明末村址西迁，并将代皇庄石碑搬至新址，故更名搬石，后演变为今名。聚落呈团块状分布。经济以种植业为主，主要农作物有玉米、小麦、花生、金银花等。

北陈家沟 371102-B06-H05
[Běichénjiāgōu]

在区驻地日照街道西北方向28.1千米。三庄镇辖自然村。人口2 300。明洪武年间，陈姓迁此立村，因地处山沟，故名。因重名，1981年更名为北陈家沟。聚落呈团块状分布。有小学1所。经济以种植业为主，主要农作物有地瓜、玉米、小麦、花生、苹果等。有公路经此。

车疃 371102-B06-H06
[Chētuǎn]

在区驻地日照街道西北方向37.0千米。三庄镇辖自然村。人口1 200。明崇祯年间，荣、曹两姓迁此立村，选用"疃"字中的"田"和"童"字的含义以示人财两旺，以及"辅车相依"之意，取名车疃。聚落呈团块状分布。有文化广场1处、小学1所、幼儿园1所。经济以种植业为主，主要农作物有地瓜、玉米、小麦、花生、苹果等。有公路经此。

大刘家沟 371102-B06-H07
[Dàliújiāgōu]

在区驻地日照街道西北方向35.5千米。三庄镇辖自然村。人口1 900。明弘治年间，刘姓迁此立村，因村处山沟，以姓氏和地势取名刘家沟。因重名，1981年改为大刘家沟。聚落呈团块状分布。有幼儿园1所。经济以种植业为主，主要农作物有地瓜、玉米、小麦、花生、苹果等。

大沈马庄 371102-B06-H08
[Dàshěnmǎzhuāng]

在区驻地日照街道西北方向29.4千米。三庄镇辖自然村。人口2 300。明洪武年间，沈姓迁此立村，因位于徐家沈马庄北部，取名上沈马庄。后与王家沈马庄、匡家沈马庄合为一村，更名为大沈马庄。聚落呈带状分布。经济以种植业为主，主要农作物有地瓜、小麦、花生等。

大夏家岭 371102-B06-H09
[Dàxiàjiālǐng]

在区驻地日照街道西北方向30.1千米。三庄镇辖自然村。人口900。明洪武年间，夏姓迁此立村，因村位于岭上，以姓氏和地势取名夏家岭。1944年分为两村，该村居下，更名为下夏家岭。后因人户较多，更名为大夏家岭。聚落呈团块状分布。有市级非物质文化遗产夏家民间古乐。经济以种植业为主，主要农作物有地瓜、玉米、小麦、花生、苹果等。日滕公路经此。

上夏家岭 371102-B06-H10
[Shàngxiàjiālǐng]

在区驻地日照街道西北方向31.6千米。三庄镇辖自然村。人口700。明洪武年间，夏姓迁此立村，因村位于岭上，以姓氏和地势取名夏家岭。1944年分为两村，该村居上，更名为上夏家岭。聚落呈团块状分布。有市级非物质文化遗产夏家古乐。经济以种植业为主，主要农作物有地瓜、玉米、小麦、花生、苹果等。

官庄 371102-B06-H11
[Guānzhuāng]

在区驻地日照街道西北方向32.2千米。三庄镇辖自然村。人口1 900。明嘉靖年间，范姓迁此立村，因村址为官地，取名官庄。

聚落呈散状分布。经济以种植业为主，主要农作物有小麦、玉米、花生等。有公路经此。

小庄 371102-B06-H12
［Xiǎozhuāng］

在区驻地日照街道西方向25.4千米。三庄镇辖自然村。人口1 600。明初期，张姓迁此立村，因建村时庄小，人户少，故名。聚落呈团块状分布。经济以种植业为主，主要农作物有小麦、玉米、花生、板栗等。有公路经此。

下卜落崮 371102-B06-H13
［Xiàbǔluògù］

在区驻地日照街道西北方向31.6千米。三庄镇辖自然村。人口1 700。明万历年间建村，因村处不落崮山下，故名下不落崮，后演变为今名。聚落呈团块状分布。经济以种植业为主，主要农作物有地瓜、玉米、小麦、花生、苹果、茶叶等。有公路经此。

刘家庄子 371102-B06-H14
［Liújiāzhuāngzi］

在区驻地日照街道西北方向36.2千米。三庄镇辖自然村。人口2 100。明弘治年间，刘姓迁此立村，以姓氏取名刘家庄子。聚落呈团块状分布。经济以种植业为主，主要农作物有地瓜、玉米、小麦、花生、苹果等。有公路经此。

台庄 371102-B06-H15
［Táizhuāng］

在区驻地日照街道西北方向29.4千米。三庄镇辖自然村。人口2 000。明崇祯年间，杨姓迁此立村，因村内有一宽敞的平台，取名台庄。聚落呈团块状分布。经济以种植业为主，主要农作物有小麦、玉米、花生等。有公路经此。

齐家沟 371102-B06-H16
［Qíjiāgōu］

在区驻地日照街道西北方向30千米。三庄镇辖自然村。人口1 500。明洪武二年（1369），齐姓迁此立村，因村位于河沟北岸，故名。聚落呈团块状分布。经济以种植业为主，主要农作物有花生、玉米、小麦等。有公路经此。

邱前 371102-B06-H17
［Qiūqián］

在区驻地日照街道西北方向25.5千米。三庄镇辖自然村。人口1 800。明晚期建村，村后有一土丘，俗称"丘顶"，故名村丘前，后演变为今名。聚落呈团块状分布。有文化广场1个、图书室1个。古迹有老庄丘顶，属商周龙山文化遗址。经济以种植业为主，主要农作物有小麦、玉米、花生、地瓜等。有日照市聚仁坚果有限公司、日照市怡和食品蔬菜有限公司等企业。有公路经此。

小后村 371102-B07-H01
［Xiǎohòucūn］

后村镇人民政府驻地。在区驻地日照街道西南方向16.0千米。人口600。明朝崇祯年间建村，因村内有古槐，取名槐树底。后肖姓为主姓，以忠厚传家，改名肖厚村，后演化为小后村。聚落呈团块状分布。有文化广场1个、中学1所、小学1所、幼儿园2所。经济以种植业和商贸业为主，主要农作物有小麦、花生、玉米、黄瓜、大蒜等。有公路经此。

小邵疃 371102-B07-H02
［Xiǎoshàotuǎn］

在区驻地日照街道西南方向13.9千米。后村镇辖自然村。人口1 000。清康熙年间，郑姓由邵疃迁此立村，取名小邵疃。聚落呈团块状分布。有文化广场1处。有市级重点文物保护单位邵疃小学革命纪念地。经济以种植业和商贸业为主，主要农作物有小麦、玉米等。有公路经此。

北山西头 371102-B07-H03
[Běishānxītóu]

在区驻地日照街道西南方向16.1千米。后村镇辖自然村。人口1 400。元朝末年，徐姓迁此立村，取名徐家村。后因地处韩家寨山西麓，更名山西头。因重名，1981年，按方位更为今名。聚落呈团块状分布。有图书室1处、文化广场1处、幼儿园1处。有区级非物质文化遗产山西头煎饼。经济以种植业和商贸业为主，主要农作物有茶叶、花生、小麦、玉米等。有公路经此。

石桥官庄 371102-B07-H04
[Shíqiáoguānzhuāng]

在区驻地日照街道西南方向19.7千米。后村镇辖自然村。人口2 100。清康熙年间，李姓迁此立村，因村东侧小河有裸露的天然石板，大水流淌，小水沿石下潜流，石上可通行，故名。聚落呈带状分布。有图书室1处、文化广场1处。有区级非物质文化遗产石桥官庄北狮制作手工技艺。经济以种植业和商贸业为主，主要农作物有小麦、花生、茶叶等。央赣公路经此。

丁家皋陆 371102-B07-H05
[Dīngjiāgāolù]

在区驻地日照街道西方向11.1千米。后村镇辖自然村。人口1 700。明中期，陈姓迁此立村，继有丁姓迁入，因紧靠汉家皋陆，取名皋陆。明朝末年，陈姓他迁，村更名为丁家皋陆。聚落呈团块状分布。有图书室1处、文化广场1处、幼儿园1处。有区级非物质文化遗产丁家皋陆竹编。经济以种植业和商贸业为主，主要农作物有小麦、水稻、玉米、花生等。有公路经此。

后马庄二村 371102-B07-H06
[Hòumǎzhuāng'èrcūn]

在区驻地日照街道西南方向19.4千米。后村镇辖自然村。人口1 000。此处先有白姓居住，称白家夼子。明洪武年间，李姓徙此定居，更名马庄。明景泰年间，村南新建一村，亦称马庄，后为区别，按方位更名后马庄。1952年分为两村，本村为后马庄二村。聚落呈团块状分布。有文化广场1处、幼儿园1处。经济以种植业和商贸业为主，主要农作物有小麦、花生、茶叶等。有公路经此。

李家洼 371102-B07-H07
[Lǐjiāwā]

在区驻地日照街道西南方向13.0千米。后村镇辖自然村。人口800。清乾隆年间，李姓迁此立村，因村处曲河南岸洼地，曾名邵疃南洼。1937年，以姓氏更名。聚落呈团块状分布。有文化广场1处。经济以种植业和商贸业为主，主要农作物有小麦、水稻、地瓜、花生等。有公路经此。

马家店 371102-B07-H08
[Mǎjiādiàn]

在区驻地日照街道西南方向14.5千米。后村镇辖自然村。人口1 300。明万历年间，冷姓迁此立村，因村处荒坡高地，故名上荒。后因村旁沟内盛长野麻、荻草，更名麻荻涧。清光绪年间，因名称不雅，谐音写作马家店。聚落呈团块状分布。有文化广场1处。经济以种植业和商贸业为主，主要农作物有茶叶、小麦、玉米等。有公路经此。

西邵疃 371102-B07-H09
[Xīshàotuǎn]

在区驻地日照街道西南方向14.3千米。后村镇辖自然村。人口800。邵姓迁此立村，以姓氏取名邵家场。明万历年间，更名邵疃。清康熙年间，分为两村，该村较大，名大邵疃。1949年，大邵疃分为东西两个村，本村居西，故名。聚落呈团块状分布。有文化广场1处、幼儿园1处。经济以种植业和商贸业为主，主要农作物有小麦、花生、玉米等。有公路经此。

东小曲河 371102-B07-H10
[Dōngxiǎoqūhé]

在区驻地日照街道西南方向9.9千米。后村镇辖自然村。人口600。清乾隆年间，郑氏迁此建村，因村处河畔，紧靠大曲河村，故名小曲河。1946年，以村中小河为界，分为东、西两村，本村居东，故名。聚落呈团块状分布。有图书室1个、文化广场1处。经济以种植业和商贸业为主，主要农作物有小麦、水稻、地瓜等。疏港高速经此。

西小曲河 371102-B07-H11
[Xīxiǎoqūhé]

在区驻地日照街道西南方向9.9千米。后村镇辖自然村。人口600。清乾隆年间，郑氏迁此建村，因村处河畔，紧靠大曲河村，故名小曲河。1946年，以村中小河为界，分为东、西两个村，本村居西，故名。聚落呈团块状分布。有图书室1处、村史馆1处、文化广场1处。经济以种植业和商贸业为主，主要农作物有苹果、葡萄、小麦、花生、水稻。有公路经此。

大后村 371102-B07-H12
[Dàhòucūn]

在区驻地日照街道西南方向16.5千米。后村镇辖自然村。人口2100。清康熙年间，孙姓迁此立村，因村位于焦家集村后，取名后村。后因临近小后村，更名大后村。聚落呈团块状分布。有文化广场1处、幼儿园1所。经济以种植业和商贸业为主，

主要农作物有茶叶、小麦、花生、玉米等。有公路经此。

西陈家沟 371102-B07-H13
[Xīchénjiāgōu]

在区驻地日照街道西方向11.9千米。后村镇辖自然村。人口1400。明正统年间，滕、陈两姓迁此立村，因村位于岭下河沟北岸，且陈姓居多，故名。聚落呈团块状分布。有图书室1处、文化广场1处。经济以种植业和商贸业为主，主要农作物有茶叶、小麦、玉米等。有公路经此。

大曲河 371102-B07-H14
[Dàqūhé]

在区驻地日照街道西南方向8.0千米。后村镇辖自然村。人口1100。明成化年间，韩姓迁此立村，因东临大河，河道弯曲，村以河取名，惯称曲河。小曲河建立后，本村因建村早、人口多，更名为大曲河。聚落呈团块状分布。有图书室1处、文化广场1处。经济以种植业和商贸业为主，主要农作物有茶叶、水稻、小麦、玉米等。沈海高速公路经此。

崖头 371102-B07-H15
[Yátóu]

在区驻地日照街道西南方向19.4千米。后村镇辖自然村。人口2300。元朝，周姓迁此立村，因村位于河北岭前崖，取名崖头。聚落呈团块状分布。有图书室1处、文化广场1处、小学1所、幼儿园1所。经济以种植业和商贸业为主，主要农作物有小麦、花生、茶叶等。平日公路、央赣公路经此。

小代疃 371102-B07-H16
[Xiǎodàituǎn]

在区驻地日照街道西方向11.7千米。后村镇辖自然村。人口2600。明洪武二年

（1369），戴姓兄弟二人迁此，分立两村。此为弟居之处，取名小戴疃，后演变为今名。聚落呈团块状分布。有文化广场1处、幼儿园1所。经济以种植业和商贸业为主，主要农作物有小麦、玉米、花生等。有公路经此。

东山字河 371102-B07-H17

[Dōngshānzìhé]

在区驻地日照街道西南方向11.4千米。后村镇辖自然村。人口1 300。元至元二年（1336），郑氏迁居此处，因三条南下的小河分别从村中穿过，注入村前自西向东的大河，四水相汇，恰成山字形，故取村名山字河。1942年，以河为界分为东中西三个村，本村居东，故名。聚落呈团块状分布。经济以种植业和商贸业为主，主要农作物有小麦、水稻、花生等。日照机场高速、疏港高速经此。

中山字河 371102-B07-H18

[Zhōngshānzìhé]

在区驻地日照街道西南方向11.4千米。后村镇辖自然村。人口1 100。元至元二年（1336），郑氏迁居此处，因三条南下的小河分别从村中穿过，注入村前自西向东的大河，四水相汇，恰成山字形，故取村名山字河。1942年，以河为界分为东中西三个村，本村居中，故名。聚落呈团块状分布。有文化广场1处。经济以种植业和商贸业为主，主要农作物有小麦、水稻、花生等。疏港高速、平日公路经此。

西山字河 371102-B07-H19

[Xīshānzìhé]

在区驻地日照街道西南方向12.1千米。后村镇辖自然村。人口900。元至元二年（1336），郑氏迁居此处，因三条南下的小河分别从村中穿过，注入村前自西向东

的大河，四水相汇，恰成山字形，故取村名山字河。1942年，以河为界分为东中西三个村，本村居西，故名。聚落呈团块状分布。有文化广场1处、幼儿园1处。经济以种植业和商贸业为主，主要农作物有小麦、水稻、花生等。疏港高速经此。

岚山区

城市居民点

甜园小区 371103-I01

[TiányuánXiǎoqū]

在区境东部。人口6 000。总面积18.1公顷。该小区坐落于甜水河居委会附近，故名。1999年始建，2003年正式使用。建筑总面积130 000平方米，住宅楼33栋，其中高层2栋、多层31栋，现代建筑风格。绿化率30%，有休闲小广场、卫生所、超市、学校等配套设施。通公交车。

竹云山庄小区 371103-I01

[ZhúyúnShānzhuāngXiǎoqū]

在区境中部。人口1 000。总面积17公顷。因小区后山有片竹林，而且山顶有云海迹象，故名。2004年始建，2008年正式使用。建筑总面积71 381平方米，多层住宅楼28栋，现代建筑风格。绿化率40%，有文体广场等配套设施。通公交车。

阿掖山花园 371103-I02

[ĀyèshānHuāyuán]

在区境中部。人口3 200。总面积15公顷。因小区东邻阿掖山，故名。2005年始建，2008年正式使用。建筑总面积109 284平方米，多层住宅楼28栋，现代建筑风格。绿化率35%，有休闲小广场等配套设施。通公交车。

农村居民点

汾水 371103-A01-H01
[Fénshuǐ]

在区驻地安东卫街道南方向 0.2 千米。安东卫街道辖自然村。人口 2 600。隋朝末年建村，村后有岭，村前有绣针河，故称汾水岭。1964 年后，称汾水。聚落呈团块状分布。有文化大院 1 处。经济以商贸业为主。有公路经此。

义和 371103-A01-H02
[Yìhé]

在区驻地安东卫街道西北方向 4.6 千米。安东卫街道辖自然村。人口 1 700。明崇祯年间，有住户散居此处，1934 年迁居一处，取汇聚、团聚之意，村名为聚合村。中华人民共和国成立后，改为义和。聚落呈团块状分布。有文化大院 1 处。经济以种植业和养殖业为主，主要农作物有茶叶。有公路经此。

贾家湖 371103-A01-H03
[Jiǎjiāhú]

在区驻地安东卫街道西北方向 2.8 千米。安东卫街道辖自然村。人口 700。清顺治年间，贾姓在此居住建村，因地处湖洼地带，故名贾家湖。聚落呈团块状分布。有文化大院 1 处。经济以种植业、养殖业为主。有公路经此。

奎楼 371103-A01-H04
[Kuílóu]

在区驻地安东卫街道西北方向 1.1 千米。安东卫街道辖自然村。人口 200。清光绪年间，丁姓迁此建村，当时村内建有奎楼阁，故名。聚落呈团块状分布。有文化大院 1 处。经济以种植业、养殖业为主。有公路经此。

前合庄 371103-A01-H05
[Qiánhézhuāng]

在区驻地安东卫街道西北方向 3.5 千米。安东卫街道辖自然村。人口 1 800。明洪武年间，邱、邢、崔三姓迁此居住，分别立村，后合为一村，取名合庄，再后又析分为前、后合庄，此村为前合庄。聚落呈团块状分布。有文化大院 1 处。经济以种植业、养殖业为主，主要种植茶叶、蔬菜，养殖桑蚕。有公路经此。

潘庄一村 371103-A01-H06
[Pānzhuāngyīcūn]

在区驻地安东卫街道西方向 1.5 千米。安东卫街道辖自然村。人口 1 400。明洪武年间，潘姓迁此居住建村，称潘庄。1947 年分为东西两部分，东部称潘庄一村。聚落呈团块状分布。有文化大院 1 处。经济以种植业为主，主要农作物有玉米、小麦、豆类。有公路经此。

杨家庄子 371103-A02-H01
[Yángjiāzhuāngzi]

在区驻地安东卫街道东方向 7.2 千米。岚山头街道辖自然村。人口 1 700。清康熙年间，杨姓迁此居住建村，故名杨家庄子。聚落呈团块状分布。有文化大院 1 处。经济以养殖业、海洋捕捞业、餐饮服务业为主。有公路经此。

胡家林 371103-A02-H02
[Hújiālín]

在区驻地安东卫街道东方向 8.2 千米。岚山头街道辖自然村。人口 1 100。明崇祯年间，卫指挥胡然岳由安东卫迁此建村，因地处山麓，树林茂密，故名胡家林。聚落呈团块状分布。有文化大院1处。古迹有旧石器时代遗址。经济以港口服务业、海洋捕捞业、海水养殖业、水产品加工业、商贸流通业为主。有公路经此。

大阡里　371103-A02-H03
[Dàqiānlǐ]

在区驻地安东卫街道东方向7.3千米。岚山头街道辖自然村。人口1 100。清康熙年间，胡姓迁此居住，为便于看管林木，在村外筑一大墙，俗称大阡，以此取村名大阡里。聚落呈团块状分布。有文化大院1处。经济以港口服务业、养殖业、水产加工业、水产捕捞业、手工业为主。有公路经此。

南范家　371103-B01-H01
[Nánfànjiā]

高兴镇人民政府驻地。在区驻地安东卫街道东北方向24.2千米。人口600。据考，元朝晚期，范姓迁此居住建村，取名范家。后因人户繁衍，以河为界分为南北两村，本村居南，故名。聚落呈团块状分布。有文化大院1处、小学1所。经济以种植业为主，主要农作物有小麦、玉米、花生等。工业以食品加工为主。有公路经此。

大尧王城　371103-B01-H02
[Dàyáowángchéng]

在区驻地安东卫街道东北方向21.3千米。高兴镇辖自然村。人口600。据考，明洪武年间建村，因村邻尧王城，得名尧王城。清乾隆年间，建小尧王城后，本村始称今名。聚落呈团块状分布。有文化大院1处。有国家级文物保护单位尧王城遗址。古迹有天台山、魁星阁等。经济以种植业为主，主要农作物有小麦、玉米、花生、水稻等。日兰高速公路经此。

毕家　371103-B01-H03
[Bìjiā]

在区驻地安东卫街道东北方向22.1千米。高兴镇辖自然村。人口1 200。元朝，李姓迁此居住建村，名李家。明朝末年，毕姓迁入，李姓他迁，改称毕家。聚落呈团块状分布。有文化大院1处。经济以种植业为主，主产玉米、小麦、豆类，特产茶叶。有公路经此。

怀古　371103-B01-H04
[Huáigǔ]

在区驻地安东卫街道东北方向21.2千米。高兴镇辖自然村。人口1 100。元朝时期，高姓居此建村，称高家庄；明朝末期，村东另立一村，名怪姑打；1938年，两村合并，以怀念古人立村之意，取名怀古。聚落呈团块状分布。有文化大院1处。经济以养殖业、制作业等为主，主要农作物有玉米、小麦、豆类。有公路经此。

南辛庄子　371103-B01-H05
[Nánxīnzhuāngzi]

在区驻地安东卫街道东北方向21.3千米。高兴镇辖自然村。人口1 300。清乾隆年间，安姓迁此居住建村，取名新庄子，后同音演化为辛庄子。为区别重名村，按方位改称南辛庄子。聚落呈团块状分布。有文化大院1处。经济以种植业为主，主要农作物有玉米、小麦、豆类。有公路经此。

夏陆沟　371103-B01-H06
[Xiàlùgōu]

在区驻地安东卫街道东北方向22.3千米。高兴镇辖自然村。人口1 400。元朝时期，夏、陆两姓迁此居住建村，因村处沟旁，故名。聚落呈团块状分布。有文化大院1处。

经济以种植业、养殖业为主，主要农作物有玉米、小麦、豆类。有公路经此。

王家楼子 371103-B01-H07
[Wángjiālóuzi]

在区驻地安东卫街道东北方向22.7千米。高兴镇辖自然村。人口1 400。明洪武年间，王姓迁此居住，因地处涛雒北岗，以地势高耸之意，得名王家楼子。聚落呈团块状分布。有文化大院1处。经济以种植业为主，主要农作物有玉米、小麦、豆类。有公路经此。

大屯 371103-B01-H08
[Dàtún]

在区驻地安东卫街道东北方向28.5千米。高兴镇辖自然村。人口1 200。明洪武年间建村，因建村处沟深崖陡，曾名陡沟。后因村前大道常有过路官兵驻扎，改名达屯，又谐音演化为大屯。聚落呈团块状分布。有文化大院1处。经济以种植业为主，主要农作物有玉米、小麦、豆类。有公路经此。

大芳沟 371103-B01-H09
[Dàfānggōu]

在区驻地安东卫街道东北方向24.3千米。高兴镇辖自然村。人口1 100。明洪武年间，芳姓迁此建村，因村处沟畔，故名芳沟。小芳沟建村后，更名为大芳沟。聚落呈团块状分布。有文化大院1处。经济以种植业为主，主要农作物有玉米、小麦、豆类，特产茶叶。有公路经此。

六合 371103-B01-H10
[Liùhé]

在区驻地安东卫街道北方向23.5千米。高兴镇辖自然村。人口1 300。清乾隆年间，因该处处于山崖岭地，先后建棘子园、王家岭、棒子崖、北台子、河北崖、北家沟

六个村，后合为一个村；1961年前后因历史原因分为六个村；2001年又合并为一个村，取名六合。聚落呈散状分布。有文化大院1处。经济以种植业为主，主要农作物有玉米、小麦、豆类，特产茶叶。有公路经此。

西牟家 371103-B01-H11
[Xīmóujiā]

在区驻地安东卫街道东北方向22.7千米。高兴镇辖自然村。人口1 200。明崇祯年间，牟姓迁此建村，取名小牟家。清乾隆年间，按方位改称西牟家。聚落呈团块状分布。有文化大院1处。经济以种植业、养殖业为主，主要农作物有玉米、小麦、豆类，特产茶叶。有公路经此。

白云 371103-B01-H12
[Báiyún]

在区驻地安东卫街道东北方向24.5千米。高兴镇辖自然村。人口1 100。明崇祯年间，许姓迁此建村，取名许家大村，曾用名许家扛头，后演化为炕头。因村处白云山前，1987年更名为白云。聚落呈团块状分布。有文化大院1处。经济以种植业、养殖业为主，主要农作物有玉米、小麦、豆类，特产茶叶。有公路经此。

潘家洼 371103-B01-H13
[Pānjiāwā]

在区驻地安东卫街道东北方向24.3千米。高兴镇辖自然村。人口1 100。南宋时期，潘姓迁此建村，因村处山前洼地，故名。聚落呈团块状分布。有文化大院1处。经济以种植业、养殖业为主，主要农作物有玉米、小麦、豆类，特产茶叶。有公路经此。

冯家庄 371103-B01-H14

［Féngjiāzhuāng］

在区驻地安东卫街道东北方向20.8千米。高兴镇辖自然村。人口700。明末清初，冯姓最先居此建村，村名冯家庄。清乾隆年间，冯姓他迁，韩、杨、周等姓相继徙此定居，村名依旧。聚落呈团块状分布。有文化大院1处。有市级非物质文化遗产线狮。经济以种植业、养殖业、林果业为主，主要农作物有玉米、小麦、豆类，特产茶叶。有公路经此。

巨峰 371103-B02-H01

［Jùfēng］

巨峰镇人民政府驻地。在区驻地安东卫街道西北方向17.2千米。人口3 800。隋朝时，因商贾多在此相聚，故名聚逢。明洪武年间，因周围三面群峰环立，改称巨峰。有文化大院1处、中学1所、小学1所。经济以种植业为主，主产绿茶。有公路过境。

相家楼 371103-B02-H01

［Xiàngjiālóu］

在区驻地安东卫街道北方向13.3千米。巨峰镇辖自然村。人口1 200。南宋时期，相姓在此建村，因地处山下，故名相家山。金泰和年间，因相姓建了九座岗楼，故改名为相家楼。聚落呈团块状分布。有文化大院1处。古迹有相林墓，残存石人、石狮、石犬等石刻。经济以种植业为主，主要农作物有玉米、小麦、豆类。有公路经此。

马疃 371103-B02-H02

［Mǎtuǎn］

在区驻地安东卫街道北方向16.3千米。巨峰镇辖自然村。人口1 500。元末明初，马姓到此建村，取名马疃。聚落呈团块状分布。有文化大院1处。经济以种植业、养殖业为主，主要农作物有玉米、小麦、豆类。有公路经此。

平家 371103-B02-H03

［Píngjiā］

在区驻地安东卫街道北方向16.3千米。巨峰镇辖自然村。人口1 200。以姓氏命名。聚落呈团块状分布。有文化大院1处。经济以种植业为主，主要农作物有玉米、小麦、豆类，特产茶叶。有公路经此。

大卜落 371103-B02-H04

［Dàbǔluò］

在区驻地安东卫街道北方向12.3千米。巨峰镇辖自然村。人口1 100。元朝时期建村，据说曾有凤凰在此盘旋不落，称凤凰不落庄，后演化为不落庄，又因"不"字与"卜"字同音，改为卜落村。1968年改称大卜落。聚落呈团块状分布。有文化大院1处、小学1所。经济以种植业为主，主要农作物有玉米、小麦、豆类。有公路经此。

莲花峪 371103-B02-H05

［Liánhuāyù］

在区驻地安东卫街道西北方向14.5千米。巨峰镇辖自然村。人口1 100。明洪武年间建村，因地势低洼，且村西南有莲花寺，村东南有莲花洼，故名。聚落呈团块状分布。有文化大院1处。经济以种植业为主，主要农作物有玉米、小麦、豆类。有公路经此。

纪家沟 371103-B02-H06

［Jìjiāgōu］

在区驻地安东卫街道西北方向14.3千米。巨峰镇辖自然村。人口1 200。明洪武年间，纪姓迁入此地，因地处沟畔，故名。聚落呈团块状分布。有文化大院1处。经济以种植业为主，主要农作物有玉米、小麦、豆类。有公路经此。

后崖下 371103-B02-H07
[Hòuyáxià]

在区驻地安东卫街道西北方向 22.3 千米。巨峰镇辖自然村。人口 1 400。明洪武年间建村，因村处山前崖下，故名崖下，后因重名，按方位改称后崖下。聚落呈团带状。有文化大院 1 处。经济以种植业为主，主要农作物有玉米、小麦、豆类，特产茶叶。有公路经此。

柳古庄 371103-B02-H08
[Liǔgǔzhuāng]

在区驻地安东卫街道北方向 13.2 千米。巨峰镇辖自然村。人口 1 400。宋朝时期，柳姓迁此居住建村，取名柳家庄，后演化为柳古庄。聚落呈团块状分布。有文化大院 1 处。经济以种植业为主，主要农作物有玉米、小麦、豆类。有公路经此。

六甲 371103-B02-H09
[Liùjiǎ]

在区驻地安东卫街道东北方向 12.7 千米。巨峰镇辖自然村。人口 1 300。明洪武年间，路姓迁此建村，因地处沟里，故名路家沟，后改称陆家庄子。清道光年间，因本村有六人考取官职，改名六甲庄子，后演化为六甲。聚落呈团块状分布。有文化大院 1 处。经济以种植业为主，主要农作物有玉米、小麦、豆类。有公路经此。

老龙窝 371103-B02-H10
[Lǎolóngwō]

在区驻地安东卫街道北方向 22.7 千米。巨峰镇辖自然村。人口 1 000。明洪武年间建村，因村中有河，村东、村西各有土梁子和石梁子，俗称土龙、石龙，故名老龙湾，后谐音演化变为老龙窝。聚落呈团块状分布。有文化大院 1 处。经济以种植业为主，主要农作物有玉米、小麦、豆类。有公路经此。

贾家桃园 371103-B02-H11
[Jiǎjiātáoyuán]

在区驻地安东卫街道北方向 14.8 千米。巨峰镇辖自然村。人口 1 100。明洪武年间，贾姓迁来定居，称贾家宅子。后因被剿时在桃园里藏住母子四人，遂改名为贾家桃园。聚落呈团块状分布。有文化大院 1 处。经济以种植业和制革业为主，主要农作物有玉米、小麦、豆类。有公路经此。

大官庄 371103-B02-H12
[Dàguānzhuāng]

在区驻地安东卫街道北方向 10.3 千米。巨峰镇辖自然村。人口 1 400。明洪武年间建村，因为皇家寺庙土地，故得村名大官庄。聚落呈团块状分布。有文化大院 1 处。经济以种植业、养殖业为主，主要农作物有玉米、小麦、豆类。有公路经此。

大坡 371103-B02-H13
[Dàpō]

在区驻地安东卫街道西北方向 19.3 千米。巨峰镇辖自然村。人口 2 000。明洪武年间建村，因西部为高坡，东临平原，名大坡。聚落呈团块状分布。有文化大院 1 处、小学 1 所。经济以种植业、养殖业为主，主要农作物有玉米、小麦、豆类。有公路经此。

大土山 371103-B02-H14
[Dàtǔshān]

在区驻地安东卫街道西北方向 16.2 千米。巨峰镇辖自然村。人口 1 800。元朝时期，金姓建村，得名金家庄，后改称土山。清康熙年间，李姓迁入，称李家大土山。1943 年改为大土山。聚落呈团块状分布。

有文化大院 1 处。经济以种植业为主，主要农作物有玉米、小麦、豆类，特产茶叶。有公路经此。

大王家沟 371103-B02-H15
[Dàwángjiāgōu]

在区驻地安东卫街道西北方向 14.5 千米。巨峰镇辖自然村。人口 1 400。明洪武年间，因沟多崖头大，取名为大王家沟。聚落呈团块状分布。有文化大院 1 处。经济以种植业为主，主要农作物有玉米、小麦、豆类。有公路经此。

山峪 371103-B02-H16
[Shānyù]

在区驻地安东卫街道西北方向 11.8 千米。巨峰镇辖自然村。人口 1 300。明洪武年间建村，因处幽尔崮。圣公山两山出口，取村名为山口。因重名，改为山峪。聚落呈团块状分布。有文化大院 1 处。经济以种植业为主，主要农作物有茶叶、玉米、小麦、豆类。有公路经此。

后黄埠 371103-B02-H17
[Hòuhuángbù]

在区驻地安东卫街道西北方向 11.8 千米。巨峰镇辖自然村。人口 1 400。明永乐年间，刘姓迁此定居，因村前有个黄土墩，俗称黄埠，村随其名。后分为两个村，本村为后黄埠。聚落呈团块状分布。有文化大院 1 处。古迹有朝元观遗址。经济以种植业为主，主产茶叶。有公路经此。

柿树园 371103-B02-H18
[Shìshùyuán]

在区驻地安东卫街道西北方向 21.2 千米。巨峰镇辖自然村。人口 1 200。明万历年间刘姓迁此建村，以嘉言取名士子院，后演化为柿树园。聚落呈团块状分布。有

文化大院 1 处。经济以种植业和茶叶生产为主，主要农作物有玉米、小麦、豆类。有公路经此。

邱后 371103-B02-H19
[Qiūhòu]

在区驻地安东卫街道北方向 20.0 千米。巨峰镇辖自然村。人口 1 100。明洪武年间，因村西北方向有丘，丘的寨门朝西北方向，村居其后，故名丘后，后同音演变为邱后。聚落呈团块状分布。有文化大院 1 处。经济以种植业和茶叶生产为主，主要农作物有玉米、小麦、豆类。有公路经此。

刘家沟 371103-B02-H20
[Liújiāgōu]

在区驻地安东卫街道西北方向 13.2 千米。巨峰镇辖自然村。人口 1 400。明洪武年间，刘姓迁此建村，因地处山沟，故名。聚落呈团块状分布。有文化大院 1 处、小学 1 所。经济以种植业和茶叶生产为主，主要农作物有玉米、小麦、豆类。有公路经此。

沟洼 371103-B02-H21
[Gōuwā]

在区驻地安东卫街道西北方向 13.2 千米。巨峰镇辖自然村。人口 1 200。明洪武年间，因所处山区沟壑纵深，得名沟窝，后因地名不雅，清乾隆年间改称沟洼。聚落呈团块状分布。经济以种植业和茶叶生产为主，主要农作物有玉米、小麦、豆类。有公路经此。

薄家口 371103-B02-H22
[Bójiākǒu]

在区驻地安东卫街道西北方向 22.5 千米。巨峰镇辖自然村。人口 1 700。明洪武年间建村，因村三面环山，形状像簸箕，

故取名簸箕口。后因薄姓人迁居于此，改为薄家口。聚落呈团块状分布。经济以种植业和茶叶生产为主。有公路经此。

赵家 371103-B02-H23

[Zhàojiā]

在区驻地安东卫街道西北方向 22.3 千米。巨峰镇辖自然村。人口 1 400。以姓氏命名。聚落呈团块状分布。有文化大院 1 处。经济以种植业和茶叶生产为主，主要农作物有玉米、小麦、豆类。有公路经此。

车沟 371103-B02-H17

[Chēgōu]

在区驻地安东卫街道西北方向 22.3 千米。巨峰镇辖自然村。人口 1 600。明洪武年间建村，因地处南、北岭之间，为东西交通要道，过往车辆较多，故取村名车沟。聚落呈团块状分布。有文化大院 1 处。经济以苗木繁殖、养殖业为主。有公路经此。

辛留 371103-B02-H18

[Xīnliú]

在区驻地安东卫街道西北方向 22.3 千米。巨峰镇辖自然村。人口 1 200。明洪武年间建村，得名辛留。聚落呈团块状分布。有文化大院 1 处。经济以种植业、养殖业为主，主要农作物有玉米、小麦、豆类。有公路经此。

小邵家沟 371103-B02-H19

[Xiǎoshàojiāgōu]

在区驻地安东卫街道西北方向 33.6 千米。黄墩镇辖自然村。人口 600。明朝末年，邵姓迁此立村，因地处山沟，得名邵家沟。因重名，1981 年改称小邵家沟。聚落呈团块状分布。有文化大院 1 处。经济以种植业、养殖业为主，主要农作物有玉米、小麦、豆类，养殖桑蚕。有公路经此。

黄墩 371103-B03-H01

[Huángdūn]

黄墩镇人民政府驻地。在区驻地安东卫街道西北方向 34.3 千米。人口 2 800。因村北有古狼烟墩，呈黄色，故名。有文化大院 1 处、小学 1 所。有甲子山战役纪念馆。经济以种植业为主，主要农作物有板栗、花生、黄烟等。有公路经此。

崔家沟 371103-B03-H02

[Cuījiāgōu]

在区驻地安东卫街道西北方向 29.9 千米。黄墩镇辖自然村。人口 1 000。明朝初期，崔姓迁此建村，因处沟畔，得名崔家沟。聚落呈团块状分布。有文化大院 1 处。经济以种植业、养殖业，主要农作物有玉米、小麦、豆类，特产板栗。有公路经此。

大辛庄 371103-B03-H03

[Dàxīnzhuāng]

在区驻地安东卫街道西北方向 31.6 千米。黄墩镇辖自然村。人口 2 100。明嘉靖年间，辛姓迁此立村，取名辛庄，后演化为大辛庄。聚落呈带状分布。有文化大院 1 处。经济以种植业为主，主要农作物有玉米、小麦，特产板栗。有公路经此。

后崖 371103-B03-H04

[Hòuyá]

在区驻地安东卫街道西北方向 30.5 千米。黄墩镇辖自然村。人口 1 300。清雍正年间建村，因村坐落在北山南坡，面对南山，得名后崖。聚落呈团块状分布。有文化大院 1 处。经济以种植业为主，主要农作物有玉米、小麦、豆类，特产黄烟、茶叶。有公路经此。

后大坡　371103-B03-H05

［Hòudàpō］

在区驻地安东卫街道西北方向 29.0 千米。黄墩镇辖自然村。人口 1 400。清康熙年间建村，因村处岭坡，故名大坡。因重名，1981 年按方位更名为后大坡村。聚落呈团块状分布。有文化大院 1 处。经济以种植业、养殖业为主，主要农作物有玉米、小麦、豆类，特产黄烟、茶叶。有公路经此。

南陈家沟　371103-B03-H06

［Nánchénjiāgōu］

在区驻地安东卫街道西北方向 27.0 千米。黄墩镇辖自然村。人口 2 300。陈氏迁甲子山下，起名夷兴村。明洪武年间，以陈姓命名为陈家沟。后为区别重名村，1981 年按方位更名为南陈家沟。聚落呈团块状分布。经济以种植业为主，主要农作物有玉米、小麦、豆类，特产板栗、茶叶、生姜。有公路经此。

粮山二村　371103-B03-H07

［Liángshān'èrcūn］

在区驻地安东卫街道西北方向 34.4 千米。黄墩镇辖自然村。人口 1 400。明洪武年间建村，因处于东南两座山口下，取名两山口，后以谐音改名粮山口。1958 年析出一、二、三村，本村为粮山二村。聚落呈带状分布。有文化大院 1 处、小学 1 所。经济以种植业、养殖业为主，主要农作物有玉米、小麦、豆类，特产苹果、黄烟。有公路经此。

大朱洲　371103-B03-H08

［Dàzhūzhōu］

在区驻地安东卫街道西北方向 36.2 千米。黄墩镇辖自然村。人口 2 100。因村址三面环水，故名渚洲，后同音演化为洙洲。

1947 年分为两个村，本村取名大朱洲。聚落呈团块状分布。有文化大院 1 处。经济以种植业为主，主要农作物有玉米、小麦、豆类，特产板栗、黄烟。有公路经此。

南庄　371103-B03-H09

［Nánzhuāng］

在区驻地安东卫街道西北方向 35.8 千米。黄墩镇辖自然村。人口 2 000。明万历年间，王氏迁至寺南面建村，名南庄。聚落呈团块状分布。有文化大院 1 处。经济以种植业和养殖业为主，主要农作物有玉米、小麦、豆类。有公路经此。

葛疃　371103-B03-H10

［Gětuǎn］

在区驻地安东卫街道西北方向 29.9 千米。黄墩镇辖自然村。人口 1 100。明成化年间，山姓迁此居住，此处是一片老林石坎，存有一遗址，据传是葛疃村遗址，山姓沿用此名。聚落呈带状分布。有文化大院 1 处。经济以种植业为主，主要农作物有玉米、小麦、豆类，特产茶叶、苹果、板栗。有公路经此。

田家沟　371103-B03-H11

［Tiánjiāgōu］

在区驻地安东卫街道西北方向 31.0 千米。黄墩镇辖自然村。人口 1 300。清康熙年间，田姓迁此建村，因村坐落在山下沟畔，故名。聚落呈团块状分布。有文化大院 1 处。经济以种植业、养殖业为主，主要农作物有玉米、小麦、豆类，特产茶叶、苹果、板栗。有公路经此。

上双疃　371103-B03-H12

［Shàngshuāngtuǎn］

在区驻地安东卫街道西北方向 31.8 千米。黄墩镇辖自然村。人口 1 000。明洪武年间，庄姓迁来立村，因村前有河，故名庄家河。村西靠霜子山，因村民认为"庄稼"与"霜"两地名在一起不吉利，遂将村名改为双疃。后双疃分为两个村，该村在岭上，为上双疃。聚落呈团块状分布。有文化大院1处。经济以种植业、养殖业为主，主要农作物有玉米、小麦、豆类，特产茶叶、苹果、板栗。有公路经此。

草涧 371103-B03-H13
[Cǎojiàn]

在区驻地安东卫街道西北方向38.5千米。黄墩镇辖自然村。人口1 800。明成化年间，刘姓由徐州砀山大刘家村迁此立村，曾名喜鹊窝。因三面环山，水草相间，得村名草涧。聚落呈团块状分布。有文化大院1处。经济以种植业、养殖业和林果业为主，主要农作物有玉米、小麦、豆类。有公路经此。

任家董旺庄 371103-B03-H14
[Rénjiādǒngwàngzhuāng]

在区驻地安东卫街道西北方向38.5千米。黄墩镇辖自然村。人口1 500。明崇祯年间，任姓迁来董旺庄时，董姓人丁稀少，任姓遂改村名为任家董旺庄。聚落呈团块状分布。有文化大院1处。经济以种植业和养殖业为主，种植黄烟、茶叶、玉米、小麦、豆类。有公路经此。

秦家滩井 371103-B03-H15
[Qínjiātānjǐng]

在区驻地安东卫街道西北方向30.5千米。黄墩镇辖自然村。人口1 800。明洪武年间，秦姓迁此建村，因村邻河滩，且滩上有水井，故名秦家滩井。聚落呈团块状分布。有文化大院1处。经济以种植业、养殖业为主，主要农作物有玉米、小麦、豆类，特产油桃、板栗。有公路经此。

虎山铺 371103-B04-H01
[Hǔshānpù]

虎山镇人民政府驻地。在区驻地安东卫街道东北方向6.1千米。人口1 000。明洪武年间，康姓居此建村，取名康庄。后因傍虎山，村以山命名。又因设铺于此，改名虎山铺。有小学1所。经济以种植业、制造业为主，种植桑果、蔬菜，盛产绿茶。有钢铁、螺旋制造企业。204国道经此。

四门口 371103-B04-H02
[Sìménkǒu]

在区驻地安东卫街道东北方向11.1千米。虎山镇辖自然村。人口900。清嘉庆年间，有逃荒人家和看山人家在此聚集建村，因四面环山，曾用名山里。1958年，因村旁山上旧有乡民为避乱而筑的环山圩寨，建有四个寨门，故得名四门口。聚落呈散状分布。有文化大院1处。有清代著名学者许瀚的墓地。经济以种植业、养殖业为主，主要农作物有玉米、小麦、花生、黄烟等。有公路经此。

黄泥沟 371103-B04-H03
[Huángnígōu]

在区驻地安东卫街道东北方向8.7千米。虎山镇辖自然村。人口900。明朝年间建村，以所处地势和方位，取名大山东。1958年，因村前有沟，泥呈黄色，故名黄泥沟。聚落呈散状分布。有文化大院1处。经济以种植业、养殖业为主，主要农作物有玉米、小麦、花生等，特产茶叶。另有桑蚕养殖。有公路经此。

前水车沟 371103-B04-H04
[Qiánshuǐchēgōu]

在区驻地安东卫街道东北方向4.2千米。虎山镇辖自然村。人口1 500。明天启年间建村，因北邻水车沟河，故名前水车沟。聚落呈团块状分布。有文化大院1处。经济以种植业、制造业为主，主要农作物有玉米、小麦、花生等。有山东圣安泰装备制造有限公司、山东华钢工业有限公司、日照天健钢铁工贸有限公司、山东四化环保设备有限公司等企业。有公路经此。

朱家官庄 371103-B04-H05
[Zhūjiāguānzhuāng]

在区驻地安东卫街道东北方向6.5千米。虎山镇辖自然村。人口2 100。明洪武年间，因村有朱姓为官者，故名。聚落呈团块状分布。有文化大院1处。经济以种植业为主，主要农作物有玉米、小麦、花生等。有公路经此。

梭罗树 371103-B04-H06
[Suōluóshù]

在区驻地安东卫街道北方向8.2千米。虎山镇辖自然村。人口2 100。明洪武二年（1369）建村，因有两棵古老的梭罗树，以树名村。聚落呈团块状分布。有文化大院1处。经济以种植业为主，主要农作物有玉米、小麦、花生等。有公路经此。

黄家峪 371103-B04-H07
[Huángjiāyù]

在区驻地安东卫街道北方向7.1千米。虎山镇辖自然村。人口1 600。清初，黄氏来此定居。此地四周是山峪，中间是低洼，故取村名土洼。1942年，因黄氏人户多，就以姓氏和山峪更名为黄家峪。聚落呈团块状分布。有文化大院1处、小学1所。经济以种植业为主，主要农作物有玉米、小麦、花生等。有公路经此。

前稍坡 371103-B04-H08
[Qiánshāopō]

在区驻地安东卫街道东北方向4.1千米。虎山镇辖自然村。人口1 000。清康熙年间，苏氏迁来定居，立村于岭上稍有斜坡的地方，因地势取名稍坡。又因重名，改为前稍坡。聚落呈团块状分布。有文化大院1处。经济以种植业和养殖业为主，主要农作物有玉米、小麦、花生等。有华泰氧气有限公司等企业。有公路经此。

后稍坡 371103-B04-H09
[Hòushāopō]

在区驻地安东卫街道东北方向4.5千米。虎山镇辖自然村。人口1 300。明洪武年间建村，因村西有坡，取名稍坡。后因前稍坡建村，改为后稍坡。聚落呈团块状分布。有文化大院1处。古迹有坊口古迹，为安东卫城初建遗址。经济以种植业、养殖业为主，主要农作物有玉米、小麦、花生等。有日照焦电有限公司等企业。有公路经此。

相家结庄 371103-B04-H10
[Xiàngjiājiézhuāng]

在区驻地安东卫街道东北方向11.8千米。虎山镇辖自然村。人口1 300。明洪武年间，相、刘、孙、陈姓相继迁此居住建村，以相姓居先，取名相家结庄。聚落呈团块状分布。有文化大院1处。经济以种植业和养殖业为主，主要农作物有玉米、小麦、花生等。有顺源建筑公司等企业。有公路经此。

张家结庄 371103-B04-H11
[Zhāngjiājiézhuāng]

在区驻地安东卫街道东北方向11.2千米。虎山镇辖自然村。人口1 400。明洪武年间，张、刘、宋等姓相继迁此居住建村，以张姓居先，取名张家结庄。聚落呈团块状分布。有文化大院 1 处、小学 1 所。古迹有大汶口文化遗址。经济以种植业和养殖业为主，主要农作物有玉米、小麦、水稻等。有天泽气体有限公司等企业。有公路经此。

泥田沟 371103-B04-H12
［Nítiángōu］

在区驻地安东卫街道东北方向 11.3 千米。虎山镇辖自然村。人口 1 200。明永乐年间建村，因村处平湖沟畔，雨后泥泞，故名。聚落呈团块状分布。有文化大院 1 处。古迹有大汶口文化、汉代遗址。经济以种植业为主，主要农作物有玉米、小麦等。有公路经此。

秦家结庄 371103-B04-H13
［Qínjiājiézhuāng］

在区驻地安东卫街道东北方向 12.2 千米。虎山镇辖自然村。人口 500。清道光年间，陈、秦等姓徙此居住建村，以陈姓居先，取名陈家结庄，寓意团结。后秦姓人户居多，改称秦家结庄。聚落呈团块状分布。有文化大院 1 处。古迹有龙山文化遗址。经济以养殖业和种植业为主，主要农作物有玉米、小麦等。有公路经此。

碑廓 371103-B05-H01
［Bēikuò］

碑廓镇人民政府驻地。在区驻地安东卫街道西北方向 10.1 千米。人口 4 700。因原有古冢，冢前有龙头碑，覆以碑亭，名碑阁，后演变为今名。有文化大院 1 处。古迹有罗荣桓故居。经济以种植业和养殖业为主，有蔬菜大棚，养殖蚕，盛产绿茶。有公路经此。

大司官庄 371103-B05-H02
［Dàsīguānzhuāng］

在区驻地安东卫街道西方向 8.3 千米。碑廓镇辖自然村。人口 2 000。元朝建村，村内有申、司、邰、史、雷、欧 6 大家族，因以申姓为首，名申家庄。后申氏、司氏发生殴斗，官司打到济南府，司氏打赢，申氏迁出，更名为大司官庄。聚落呈团块状分布。有文化大院 1 处。村内有清末修建的牟氏祠堂。经济以种植业、制造业为主，主要农作物有玉米、小麦、豆类。有日照科技示范园。有公路经此。

田家寨一村 371103-B05-H03
［Tiánjiāzhàiyīcūn］

在区驻地安东卫街道西方向 8.3 千米。碑廓镇辖自然村。人口 1 400。西汉时期建村，原名田家庄，后改称田家寨。1948 年，以村内东西主街为界划分为两个村，北为田家寨一村，南为田家寨二村，该村为田家寨一村。聚落呈团块状分布。有文化大院 1 处。经济以种植业为主，主要农作物有玉米、小麦、豆类。有公路经此。

西集后 371103-B05-H04
［Xījíhòu］

在区驻地安东卫街道西方向 10.8 千米。碑廓镇辖自然村。人口 1 000。明洪武年间，董氏迁此定居。因坐落于西滩崖，故按谐音取村名西坦园村。后因位于碑廓大集后西边，改村名为西集后。聚落呈带状分布。有文化大院 1 处。经济以种植业为主，主要农作物有玉米、小麦、豆类。有公路经此。

北张家庄 371103-B05-H05
［Běizhāngjiāzhuāng］

在区驻地安东卫街道西方向 11.5 千米。碑廓镇辖自然村。人口 800。明万历年间，张氏迁此建村，名张家庄。因避重名村，改为北张家庄。聚落呈带状分布。有文化大院1处。古迹有圣公庙。经济以种植业为主，主要农作物有玉米、小麦。有公路经此。

小湖 371103-B05-H06
[Xiǎohú]

在区驻地安东卫街道西方向8.9千米。碑廓镇辖自然村。人口1 200。明末建村，原名白家楼。清咸丰年间，秦氏迁此定居，北邻大湖，耕地以湖地为主，故取名小湖。聚落呈团块状分布。有文化大院1处。经济以种植业、养殖业为主。有公路经此。

东辛兴 371103-B05-H07
[Dōngxīnxīng]

在区驻地安东卫街道西方向12.1千米。碑廓镇辖自然村。人口1 200。明洪武年间建村，王、乔、李等姓氏相继迁来建村，名东新兴，后同音演写成东辛兴。聚落呈团块状分布。有文化大院1处。经济以种植业为主，主要农作物有玉米、小麦、豆类。有公路经此。

山西头 371103-B05-H08
[Shānxītóu]

在区驻地安东卫街道西方向13.5千米。碑廓镇辖自然村。人口1 500。明洪武年间，胡氏迁此立村，因建村于鸡冠山西头而得名山西头。聚落呈团块状分布。有文化大院1处。经济以种植业和石材加工业为主，主要农作物有玉米、小麦、豆类。有公路经此。

大湖 371103-B05-H09
[Dàhú]

在区驻地安东卫街道西方向9.5千米。碑廓镇辖自然村。人口1 100。元朝末年建村，原名来康店。明洪武年间，因地处平湖而得名大湖。聚落呈带状分布。有文化大院1处。经济以种植业为主，主要农作物有玉米、小麦、豆类。有公路经此。

丁家庄 371103-B05-H10
[Dīngjiāzhuāng]

在区驻地安东卫街道西方向7.7千米。碑廓镇辖自然村。人口1 200。明朝初期，徐氏迁此定居，建村徐家庄。清顺治年间，丁氏迁居幽尔崮山前建丁家庄。1942年，徐家庄与丁家庄并村，称丁家庄。聚落呈团块状分布。有文化大院1处。经济以种植业和养殖业为主，主要农作物有玉米、小麦、豆类。有公路经此。

王家庄 371103-B05-H11
[Wángjiāzhuāng]

在区驻地安东卫街道西方向7.1千米。碑廓镇辖自然村。人口1 100。以姓氏命名。聚落呈团块状分布。有文化大院1处。经济以种植业和养殖业为主，主要农作物有玉米、小麦。有公路经此。

大朱曹一村 371103-B05-H12
[Dàzhūcáoyīcūn]

在区驻地安东卫街道西方向4.5千米。碑廓镇辖自然村。人口1 500。明洪武年间，朱、曹两姓人氏逃荒至此定居，取名朱曹屯。因重名，更名为大朱曹村。1948年析出为大朱曹一村。聚落呈团块状分布。有文化大院1处。经济以种植业和木材加工业为主，主要农作物有玉米、小麦。有公路经此。

郁家 371103-B05-H13
[Yùjiā]

在区驻地安东卫街道西方向6.2千米。碑廓镇辖自然村。人口1 100。以姓氏命名。聚落呈团块状分布。有文化大院1处。经济以种植业为主，主要农作物有玉米、小麦。有公路经此。

南袁家庄 371103-B05-H14

[Nányuánjiāzhuāng]

在区驻地安东卫街道西北方向 10.9 千米。碑廓镇辖自然村。人口 500。春秋战国时期袁氏建村，取名袁家庄。因重名，1981 年更名为南袁家庄。聚落呈团块状分布。有文化大院 1 处。经济以种植业为主，主要农作物有玉米、小麦。有公路经此。

张家岭 371103-B05-H15

[Zhāngjiālǐng]

在区驻地安东卫街道西南方向 5.5 千米。碑廓镇辖自然村。人口 500。明嘉靖年间，张氏、于氏分别迁此定居，立村于家庄岭、张家岭。1940 年并村，称张家岭。聚落呈团块状分布。有文化大院 1 处。经济以种植业为主，主要农作物有玉米、小麦，特产茶叶。有公路经此。

中楼 371103-B06-H01

[Zhōnglóu]

中楼镇人民政府驻地。在区驻地安东卫街道西北方向 40.1 千米。人口 2 500。明初立村，因村有钟楼得名，后改今名。有文化大院 1 处。经济以种植业为主，主要农作物有玉米、花生、黄烟，养殖蚕。有公路经此。

大陈家军子 371103-B06-H02

[Dàchénjiājūnzi]

在区驻地安东卫街道西北方向 38.3 千米。中楼镇辖自然村。人口 2 000。明洪熙元年（1425），陈友柱迁此立村在宋代红袄军军营遗址上，名陈家军营村。清初，小陈家军营立村，改称大陈家军营。1941 年改称大陈家军子。聚落呈团块状分布。

有文化大院 1 处。经济以种植业、养殖业为主，主要农作物有玉米、小麦、花生。有公路经此。

房家官庄 371103-B06-H03

[Fángjiāguānzhuāng]

在区驻地安东卫街道西北方向 42.2 千米。中楼镇辖自然村。人口 1 300。清雍正八年（1730），房氏因水患避难至此垦种官山，故名。聚落呈带状分布。有文化大院 1 处。经济以种植业为主，主要农作物有玉米、小麦、花生。有公路经此。

河峪 371103-B06-H04

[Héyù]

在区驻地安东卫街道西北方向 42.8 千米。中楼镇辖自然村。人口 1 500。明永乐二十二年（1424），柳氏迁此立村，因背靠横山，渌河穿村而过，得名河峪。聚落呈散状分布。有文化大院 1 处。有大汶口文化遗址 1 处。经济以种植业为主，主要农作物有玉米、小麦、地瓜。有公路经此。

黑涧 371103-B06-H05

[Hēijiàn]

在区驻地安东卫街道西北方向 37.3 千米。中楼镇辖自然村。人口 1 800。明弘治元年（1488），张氏迁此立村，因处山涧，松柏盛，远望呈黑色，得名黑涧。聚落呈团块状分布。有文化大院 1 处。经济以种植业和养殖业为主，主要农作物有玉米、小麦、地瓜。有公路经此。

后姚家埠 371103-B06-H06

[Hòuyáojiābù]

在区驻地安东卫街道西北方向 39.1 千米。中楼镇辖自然村。人口 1 400。明嘉靖年间，有姚姓地主，在此广置田产，时有"姚三埠"之称（即三岭均归姚氏）。同时村前立有一村称前姚家埠，改称村名为后姚家埠。聚落呈团块状分布。有文化大院 1 处。经济以种植业为主，主要农作物有玉米、小麦、地瓜。有公路经此。

鸡山沟 371103-B06-H07
[Jīshāngōu]

在区驻地安东卫街道西北方向 38.6 千米。中楼镇辖自然村。人口 1 400。清嘉庆年间，盛氏迁居此处，因位于鸡山西沟畔，得名鸡山沟。聚落呈带状分布。有文化大院 1 处。经济以种植业和橡胶加工业为主，主要农作物有玉米、小麦、地瓜。有公路经此。

集后 371103-B06-H08
[Jíhòu]

在区驻地安东卫街道西北方向 42.8 千米。中楼镇辖自然村。人口 1 400。明嘉靖年间，卢氏迁至此地定居，因在孙由集场之后，得名集后。聚落呈团块状分布。有文化大院 1 处。经济以种植业和养殖业为主，主要农作物有玉米、小麦、花生。有公路经此。

库山子 371103-B06-H09
[Kùshānzi]

在区驻地安东卫街道西北方向 43.1 千米。中楼镇辖自然村。人口 1 100。明洪武二十七年（1394），田氏因洪水迁此，因前有小库山，得村名库山子。聚落呈团块状分布。有文化大院 1 处。经济以种植业为主，主要农作物有玉米、小麦、花生。有公路经此。

娄家湖 371103-B06-H10
[Lóujiāhú]

在区驻地安东卫街道西北方向 43.2 千米。中楼镇辖自然村。人口 1 300。明永乐二年（1404），唐、赵、娄三氏迁此，娄氏首居东湖洼地，取名娄半湖；唐氏居西岭，取名唐半岭；赵氏居中间。后三氏议定村名，因娄氏先到，被尊为长兄，得名娄家湖。聚落呈团块状分布。有文化大院 1 处。经济以种植业为主，主要农作物有玉米、小麦、花生。有公路经此。

卢家军子 371103-B06-H11
[Lújiājūnzi]

在区驻地安东卫街道西北方向 39.7 千米。中楼镇辖自然村。人口 1 300。明天启五年（1625），卢氏迁来，因红袄军抗金时在此设营，故名卢家军营，1941 年改称卢家军子。聚落呈团块状分布。有文化大院 1 处。经济以种植业为主，主要农作物有玉米、小麦、花生。有公路经此。

卢家西楼 371103-B06-H12
[Lújiāxīlóu]

在区驻地安东卫街道西北方向 41.3 千米。中楼镇辖自然村。人口 1 400。明弘治十八年（1505），卢氏迁此定居，因处中楼西南，以姓冠庄，名村卢家西楼。聚落呈带状分布。有文化大院 1 处。经济以养殖业和种植业为主，主要农作物有玉米、小麦、花生。有公路经此。

马家峪 371103-B06-H13
[Mǎjiāyù]

在区驻地安东卫街道西北方向 43.7 千米。中楼镇辖自然村。人口 1 200。清顺治年间，马氏来此立村，因居山峪，得名马家峪。聚落呈团块状分布。有文化大院 1 处。经济以种植业为主，主要农作物有玉米、小麦、花生等。有公路经此。

马亓河东村 371103-B06-H14

[Mǎqíhédōngcūn]

在区驻地安东卫街道西北方向 39.2 千米。中楼镇辖自然村。人口 3 000。南宋建炎八年（1134），有蒋、韩二氏居马亓山下，以烧窑为生，名曰马亓窑。1950 年，以马亓河为界，划分为两个行政村。此村居东，称马亓河东村。聚落呈团块状分布。有文化大院 1 处。经济以种植业、橡胶加工业为主，主要农作物有玉米、小麦、花生等。有科达密封件有限公司、行星橡塑制品厂、金通橡塑制品厂、宏达橡塑制品厂等企业。有公路经此。

彭家峪 371103-B06-H15

[Péngjiāyù]

在区驻地安东卫街道西北方向 45.5 千米。中楼镇辖自然村。人口 1 800。明初，彭氏迁居此地，因村处山峪中，得名彭家峪。聚落呈团块状分布。有文化大院 1 处。经济以种植业为主，主要农作物有玉米、小麦、花生等。有公路经此。

亓河 371103-B06-H16

[Qíhé]

在区驻地安东卫街道西北方向 45.5 千米。中楼镇辖自然村。人口 1 300。明崇祯十六年（1643），卢氏徙居此处，因村小得名小庄子。1981 年，更名为亓河。聚落呈团块状分布。有文化大院 1 处。经济以种植业为主，主要农作物有玉米、小麦、花生等。有公路经此。

前姚家埠 371103-B06-H17

[Qiányáojiābù]

在区驻地安东卫街道西北方向 39.1 千米。中楼镇辖自然村。人口 1 100。明正统年间，姚氏兄弟二人至此立村，因位于浔河河口处，是通往中楼的必经之处，盼望像有码头的城镇那样繁荣，故取名姚家埠。弟居前，村名前姚家埠。聚落呈带状分布。有文化大院 1 处。经济以种植业为主，主要农作物有玉米、小麦、花生等。有公路经此。

商家沟 371103-B06-H18

[Shāngjiāgōu]

在区驻地安东卫街道西北方向 39.7 千米。中楼镇辖自然村。人口 1 500。明洪武二十三年（1390），商氏迁此定居。因居于沟畔，得名商家沟。聚落呈带状分布。有文化大院 1 处。经济以种植业为主，主要农作物有玉米、小麦、花生、黄烟等。有公路经此。

上涧 371103-B06-H19

[Shàngjiàn]

在区驻地安东卫街道西北方向 37.4 千米。中楼镇辖自然村。人口 1 400。明弘治十八年（1505），李氏迁此立村，因坐落于九泉山下九里河龙潭涧上游，且李氏迁此前先迁黑涧，地处黑涧上游，故得名上涧。聚落呈带状分布。有文化大院 1 处。经济以橡胶加工制造为主。有公路经此。

孙由 371103-B06-H20

[Sūnyóu]

在区驻地安东卫街道西北方向 41.7 千米。中楼镇辖自然村。人口 1 400。村名来历有二：一说，明洪武年间，孙、牛二姓迁此定居，以姓氏为村名，故称孙牛村，后演成现名；二说，战国时期，孙膑到此游历，而得名孙游，该村玉皇庙碑亦书写为孙游，后为书写方便，演化为孙由。聚落呈团块状分布。有文化大院 1 处。经济以种植业为主，主要农作物有玉米、小麦、花生等。有公路经此。

五楼官庄 371103-B06-H21
[Wǔlóuguānzhuāng]

在区驻地安东卫街道西北方向 39.5 千米。中楼镇辖自然村。人口 1 400。清雍正十三年（1735），张氏兄弟二人徙此垦种官田，因靠五楼山，取名五楼官庄。聚落呈团块状分布。有文化大院 1 处。经济以种植业为主，主要农作物有玉米、小麦、花生、地瓜等。有公路经此。

五楼山前 371103-B06-H22
[Wǔlóushānqián]

在区驻地安东卫街道西北方向 38.7 千米。中楼镇辖自然村。人口 2 000。明洪武二年（1369），韦氏迁此，村因地处五楼山之前而得名。聚落呈团块状分布。有文化大院 1 处。经济以种植业为主，主要农作物有玉米、小麦、花生等。有公路经此。

于家沟 371103-B06-H23
[Yújiāgōu]

在区驻地安东卫街道西北方向 43.5 千米。中楼镇辖自然村。人口 1 100。明正统年间，于氏自板楼村迁居于此，因地处沟畔而得名于家沟。聚落呈团块状分布。有文化大院 1 处。经济以种植业为主，主要农作物有玉米、小麦、花生、地瓜等。有公路经此。

月庄 371103-B06-H24
[Yuèzhuāng]

在区驻地安东卫街道西北方向 43.9 千米。中楼镇辖自然村。人口 1 400。元至正年间，孙姓迁此立村，因地形如纺线簇子而名簇庄，为行文方便写作月庄。聚落呈散状分布。有文化大院 1 处。经济以种植业为主，主要农作物有玉米、小麦、花生、黄烟等。有公路经此。

崔家峪 371103-B06-H25
[Cuījiāyù]

在区驻地安东卫街道西北方向 45.1 千米。中楼镇辖自然村。人口 1 800。明洪武二年（1369），崔姓由东海县十八村迁此，因居山峪，故名崔家峪。聚落呈团块状分布。有文化大院 1 处。经济以石材加工和种植、养殖业为主，主要农作物有玉米、小麦、豆类。有公路经此。

平岛 371103-C01-H01
[Píngdǎo]

前三岛乡人民政府驻地。在区驻地安东卫街道东方向 45.1 千米。因岛屿形状及地形得名。聚落呈团块状分布。有文化大院 1 处。经济以渔业为主，主要海产品有海参、鲍鱼、鲈鱼、刀鱼、鲅鱼。有海岛旅游业。

秦官庄 371103-C01-H02
[Qínguānzhuāng]

在区驻地安东卫街道东方向 9.2 千米。前三岛乡辖自然村。人口 1 600。明嘉靖年间建村，因村西山崖形似羊头，故名羊头官庄。1945 年改称秦家官庄。因重名，1981 年更村名为秦官庄。聚落呈团块状分布。有文化大院 1 处。经济以港口服务业、海洋捕捞业、海水养殖业、水产品加工业、商贸流通业等为主。有公路经此。

五莲县

城市居民点

金龙花园 371121-I01
[Jīnlóng Huāyuán]

在县城中部。人口 3 050。总面积 13.5

公顷。以"龙腾虎跃"之意,命名为金龙花园。2008 年始建,2014 年正式使用。建筑总面积 138 000 平方米,多层住宅楼 35 栋,现代建筑风格。有便民超市等配套设施。通公交车。

农村居民点

罗圈 371121-A01-H01
[Luóquān]

在县驻地洪凝街道西南方向 7.5 千米。洪凝街道辖自然村。人口 300。据考,明初鞠、梁二姓迁此立村,继有王姓从山西省洪洞县迁入,以先来姓氏取名鞠家旺。后以东河绕村半周取名河圈,演变为萝圈,简写为今名。聚落呈团块状分布。有小学 1 所、幼儿园 1 所。经济以种植业为主,主要农作物有小麦、花生、玉米等。有公路经此。

集后 371121-A01-H02
[Jíhòu]

在县驻地洪凝街道北方向 1.5 千米。洪凝街道辖自然村。人口 1 000。因村西北有一乱石堆(俗称石碴子),故取名棘垃。后因洪凝是集市,该村位洪凝后,改为今名。聚落呈团块状分布。经济以商贸业为主。有金沙商场、集后居商贸城、罗山宾馆等企业。有公路经此。

同俗 371121-A01-H03
[Tóngsú]

在县驻地洪凝街道西北方向 3.5 千米。洪凝街道辖自然村。人口 3 300。明洪武二年(1369),卜奇、卜偏兄弟二人从江苏海州迁此,同宿一夜。翌日,兄他迁,弟定居。因同宿一夜,取名同宿,后取谐音,更为今名。聚落呈团块状分布。有中小学 2 所、幼儿园 1 所。经济以种植业为主,主要农作物有花生、玉米、小麦等。有公路经此。

大尧 371121-A01-H04
[Dàyáo]

在县驻地洪凝街道东北方向 3.0 千米。洪凝街道辖自然村。人口 2 200。以村西陶器窑和村北咸邱楼取名咸邱窑,后简称大窑。后因村内有商业街名舜尧街,更村名为大尧。聚落呈团块状分布。经济以种植业为主,主要农作物有花生、蔬菜。有公路经此。

莫家庄子 371121-A01-H05
[Mòjiāzhuāngzi]

在县驻地洪凝街道南方向 2.0 千米。洪凝街道辖自然村。人口 3 100。明洪武年间,莫姓由江苏海州迁此立村,以姓氏得名。聚落呈团块状分布。有小学 1 所、幼儿园 1 所。经济以服务业、商贸业为主。有公路经此。

却坡 371121-A01-H06
[Quèpō]

在县驻地洪凝街道南方向 2.0 千米。洪凝街道辖自然村。人口 2 300。元末,王、桑两姓迁此立村,因在东南岭下坡垦地立村,故取名阙坡,后以谐音改为今名。聚落呈团块状分布。文化大院 1 处。经济以服务业、商贸业为主,种植业为辅,主产蜜桃等。有公路经此。

河西 371121-A01-H07
[Héxī]

在县驻地洪凝街道西北方向 1.5 千米。洪凝街道辖自然村。人口 2 100。据解氏墓碑载,明洪武年间,解姓自山西洪洞县迁今址西 0.5 千米处立村,以姓氏和地势取名解家夼子。清初搬今址,因处洪凝河西岸,取名河西。聚落呈团块状分布。有幼儿园 1

所。经济以商贸业、种植业为主，主要农作物有花生等。有公路经此。

大郭村 371121-A01-H08

[Dàguōcūn]

在县驻地洪凝街道北方向 5.0 千米。洪凝街道辖自然村。人口 2 500。元末，卞姓在现址东北 0.5 千米处立村，因村在汉昆山县城郭故址南，取名卞家郭。后因该村在诸郭村中最大，更为今名。聚落呈团块状分布。经济以商贸业、种植业为主，主要农作物有花生等。有公路经此。

前旋子 371121-A01-H09

[Qiánxuànzi]

在县驻地洪凝街道东方向 3.0 千米。洪凝街道辖自然村。人口 1 200。以河水北流石崖阻隔形成漩涡，得村名漩子，后人误写为铨子，明末村北建立后铨子村，故改称前铨子，1981 年更为今名。聚落呈团块状分布。有小学 1 所、幼儿园 1 所。经济以种植业为主，主要农作物有花生、玉米、小麦等。有公路经此。

吕公堂 371121-A01-H10

[Lǚgōngtáng]

在县驻地洪凝街道北方向 6.5 千米。洪凝街道辖自然村。人口 1 300。据考，明代前，王、傅两姓建村，原村名失考。至明末，王、傅两姓皆衰。明初，刘姓自江苏海州迁此，以姓氏取名刘家墙奓。继有何、张两姓分别从邻村迁入，又因村近吕公庙，故取名吕公堂。聚落呈团块状分布。经济以商贸业、种植业为主，主要农作物有小麦、花生、玉米等。有公路经此。

西郭村 371121-A01-H11

[Xīguōcūn]

在县驻地洪凝街道北方向 6.0 千米。洪凝街道辖自然村。人口 600。宋末丁姓立村，以姓氏和位于昆山县城郭故址旁，取名丁家郭村。明初赵姓自江苏海州迁入。后因赵姓居多改名赵家郭。2011 年，因位于东郭村西侧，更名为西郭村。聚落呈团块状分布。经济以商贸业、种植业为主，主要农作物有小麦、花生、玉米等。有公路经此。

郭村店子 371121-A01-H12

[Guōcūndiànzi]

在县驻地洪凝街道北方向 6.5 千米。洪凝街道辖自然村。人口 1 300。明初，石姓立村。因村在汉昆山县城郭故址前，取名石家郭村。后石姓衰，至明中期张姓由山阳迁入，因靠大路，居民开设旅店为业，更名郭村店子。清同治年间，因防捻军，筑围墙自卫，曾称围子郭村。后恢复原名，沿用至今。聚落呈团块状分布。有幼儿园 1 所。经济以种植业为主，主要农作物有小麦、花生、玉米等。有公路经此。

大楼 371121-A01-H13

[Dàlóu]

在县驻地洪凝街道东北方向 4.3 千米。洪凝街道辖自然村。人口 900。据考，明代前何、解两姓立村，明末李姓自江苏海州迁入，后丁、张等姓迁入。以河流绕村西、南两面呈新月状，取名月亮河。后因李范得中进士，李范进士在此修建了一座楼，楼名无考。后取其"贤才名流咸集聚居之处"之意更名，更为今名。聚落呈团块状分布。有小学 1 所、幼儿园 1 所。经济以种植业为主，主要农作物有小麦、花生、玉米等。有公路经此。

陆家庄子 371121-A01-H14

[Lùjiāzhuāngzi]

在县驻地洪凝街道西南方向 2.8 千米。洪凝街道辖自然村。人口 1 900。明初，陆姓由山西省洪洞县迁此立村，以姓氏得名。清雍正年间，牟姓从日照县北疃迁入，袭用原名。聚落呈团块状分布。经济以种植业为主，主要农作物有花生、玉米、地瓜等，建有养猪场。有公路经此。

仲囡 371121-A01-H15
[Zhòngyīn]

在县驻地洪凝街道西南方向 4.0 千米。洪凝街道辖自然村。人口 1 500。明初，仲姓由山西洪洞县迁入，沿小河北岸立村，不久林姓迁入，取名仲林子，后演变为今名。聚落呈团块状分布。有小学 1 所、幼儿园 1 所。经济以种植业为主，主要农作物有小麦、花生、玉米等。有公路经此。

杨庄 371121-A01-H16
[Yángzhuāng]

在县驻地洪凝街道西方向 4.0 千米。洪凝街道辖自然村。人口 1 100。元末，杨姓迁现址西 200 米处立村，以姓氏得名。后杨姓他迁。明洪武二十三年（1390），李国习由邻村蓬庄迁现址立村，袭用原名。聚落呈团块状分布。经济以种植业为主，主要农作物有花生、玉米、小麦等。有公路经此。

上水峪 371121-A01-H17
[Shàngshuǐyù]

在县驻地洪凝街道西北方向 5.0 千米。洪凝街道辖自然村。人口 1 200。明初，牛姓建村，后陈姓迁入。因居沟中，流水不断，取名水峪。沿沟立有两村，该村居上游，故名。聚落呈带状分布。有文化广场 2 处、幼儿园 1 所。经济以种植业为主，主要农作物有花生、玉米、地瓜等。有公路经此。

公家庄 371121-A01-H18
[Gōngjiāzhuāng]

在县驻地洪凝街道东北方向 3.5 千米。洪凝街道辖自然村。人口 200。据考，公姓于战国时期从诸城公冶长村迁今址西北 1.5 千米处立村，以地片名取名园子里。后移居今址，以姓氏更今名。聚落呈团块状分布。经济以种植业为主，主要农作物有小麦、花生等。有公路经此。

冯家坪 371121-A01-H19
[Féngjiāpíng]

在县驻地洪凝街道东南方向 4.5 千米。洪凝街道辖自然村。人口 900。明洪武二年（1369），冯姓由山西洪洞县迁今址北 200 米处立村。明隆庆三年（1569），因遭水灾迁现址。因此地有椿树，取名椿树地。后以姓氏和居处平坦意更今名。聚落呈团块状分布。经济以种植业为主，主要农作物有小麦、花生、玉米等。有公路经此。

红泥崖 371121-A01-H20
[Hóngníyá]

在县驻地洪凝街道南方向 9.0 千米。洪凝街道辖自然村。人口 1 600。明嘉靖年间，郭姓自日照县城迁此立村，以村西北红土崖命名。聚落呈团块状分布。有幼儿园 1 所。经济以种植业为主，主要农作物有花生、玉米、地瓜等。有公路经此。

中疃 371121-A01-H21
[Zhōngtuǎn]

在县驻地洪凝街道东南方向 4.5 千米。洪凝街道辖自然村。人口 2 200。洪武二年（1369），冯姓由山西省洪洞县迁此立村，因村距日照、莒县、诸城各 90 华里，取名中疃。聚落呈团块状分布。经济以种植业为主，主要农作物有小麦、花生、玉米、蜜桃等。有公路经此。

长兰 371121-A01-H22
[Zhǎnglán]

在县驻地洪凝街道南方向 6.5 千米。洪凝街道辖自然村。人口 1 500。明洪武年间，汤姓从江苏海州迁此立村，后房、袁两姓相继迁入，以村前沟内生长一片兰花得名。聚落呈团块状分布。有小学 1 所、幼儿园 1 所。经济以种植业为主，主要农作物有小麦、花生、玉米、板栗等。有公路经此。

大古家沟 371121-A01-H23
[Dàgǔjiāgōu]

在县驻地洪凝街道南方向 3.5 千米。洪凝街道辖自然村。人口 1 500。明洪武二年（1369），古姓由山西洪洞县迁此沟立村，以姓氏取名古家沟。清末，因村东集前村更名为小古家沟，遂更为今名。聚落呈团块状分布。有小学 1 所、幼儿园 1 所。经济以种植业为主，主要农作物有小麦、花生、玉米、地瓜等。有公路经此。

郭家崖 371121-A01-H24
[Guōjiāyá]

在县驻地洪凝街道南方向 2.7 千米。洪凝街道辖自然村。人口 1 700。元末，郭姓迁此，位于崖坡立村，以姓氏取名郭家崖。明永乐年间，汤姓由本县刁屋迁入，仍用原名。聚落呈团块状分布。有幼儿园 1 所。经济以种植业为主，主要农作物有小麦、花生、玉米等。有公路经此。

后街头 371121-B01-H01
[Hòujiētóu]

街头镇人民政府驻地。在县政府驻地洪凝街道东南方向 17.0 千米。人口 900。元末，宋、贺、袁、战诸姓迁今址北 200 米处傍河立村，取名战家。明初，盛姓迁入，更名盛家庄。清道光八年（1828），村被水淹没，以王姓为主迁今址。因处前街头北，取名小后庄，后改称后街头。聚落呈团块状分布。有中小学 2 所、幼儿园 1 所。经济以种植业为主，主要农作物有甘薯、花生、小麦、玉米等，盛产苹果。有公路经此。

前街头 371121-B01-H02
[Qiánjiētóu]

在县驻地洪凝街道东南方向 17.5 千米。街头镇辖自然村。人口 1 400。明代前，苏、孟、安三姓迁此立村，因靠大道，为当地贸易活动场所，得名街头。后苏、孟、安三姓皆衰。明初，许、匡、张等姓迁入，村名未变。为与后街头区别，更名为前街头。聚落呈带状分布。经济以种植业为主，主要农作物有小麦、花生、玉米等。有公路经此。

厉家屯 371121-B01-H03
[Lìjiātún]

在县驻地洪凝街道东南方向 17.5 千米。街头镇辖自然村。人口 700。明初，焦姓立村，以姓氏取名焦家庄子。后焦姓他迁。清康熙至乾隆年间，郑、厉两姓分别从日照县山子河、本镇东洪河迁入，仍沿用原名。1981 年地名普查时，因重名，以姓氏更为今名。聚落呈带状分布。经济以种植业为主，主要农作物有小麦、花生、玉米、地瓜等。有公路经此。

竹园 371121-B01-H04
[Zhúyuán]

在县驻地洪凝街道东南方向 18.0 千米。街头镇辖自然村。人口 1 200。明初，娄、陈两姓从江苏海州迁此立村，因村西北角有竹园，故名。聚落呈带状分布。经济以种植业为主，主要农作物有小麦、花生、玉米、地瓜等。有公路经此。

上官家沟 371121-B01-H05
[Shàngguānjiāgōu]

在县驻地洪凝街道东南方向 16.0 千米。街头镇辖自然村。人口 1 000。明嘉靖年间，许姓自日照县陈疃镇上沟迁此，沿沟分立两村。因村居沟上游及村前沟生长竹子，得名上竹家沟，后演变为今名。聚落呈带状分布。经济以种植业为主，主要农作物有地瓜、花生、小麦、玉米等。有公路经此。

罗家丰台 371121-B01-H06
[Luójiāfēngtái]

在县驻地洪凝街道东南方向 13.0 千米。街头镇辖自然村。人口 1 300。罗姓于元末从淄川迁此立村，以姓氏取名罗家庄。又因村北有凤台顶，改名为罗家凤台，后演变为今名。聚落呈带状分布。经济以种植业为主，主要农作物有小麦、花生、玉米、地瓜等。有公路经此。

于家丰台 371121-B01-H07
[Yújiāfēngtái]

在县驻地洪凝街道东南方向 14.0 千米。街头镇辖自然村。人口 900。明初，于姓由海州经文登迁居河西岸立村，取名于家墙夼。明隆庆年间，迁河东岸居现址，以姓氏取名于家庄。至清末，又因罗家丰台村北有凤台顶，改名于家凤台，后演变为今名。聚落呈带状分布。经济以种植业为主，主要农作物有地瓜、花生、小麦、玉米等。有公路经此。

戴家庄 371121-B01-H08
[Dàijiāzhuāng]

在县驻地洪凝街道东南方向 15.5 千米。街头镇辖自然村。人口 500。明初，聂姓从云南省迁此立村，以姓氏取名聂家庄。明永乐年间，戴氏立功受封武德将军，由安徽合肥赴安东卫、石臼所为千户侯，后迁此定居，改为今名。聚落呈带状分布。经济以种植业为主，主要农作物有小麦、花生、玉米、地瓜等。有公路经此。

坊子 371121-B01-H09
[Fángzi]

在县驻地洪凝街道南方向 12.8 千米。街头镇辖自然村。人口 2 000。明洪武二年（1369），丁姓由日照县涛雒迁此立村，以开店为业。因店中有方门，称坊店，故村得名坊子。聚落呈带状分布。有小学 1 所、幼儿园 1 所。经济以种植业为主，主要农作物有小麦、花生、玉米、地瓜等。有公路经此。

南西峪 371121-B01-H10
[Nánxīyù]

在县驻地洪凝街道南方向 15.0 千米。街头镇辖自然村。人口 1 100。明初，秦、潘两姓分别从日照县秦家楼、江苏海州迁此立村。厉姓继由本县小凤堂迁入，因村处驼儿山与石人山两山以西谷地处，取名西峪。清光绪六年（1880），因村遭水淹，居民分迁三处立村，仍称西峪。1947 年正式划分为三个自然村，该村居南，称南西峪。聚落呈带状分布。经济以种植业为主，主要农作物有小麦、花生、玉米、地瓜等。有公路经此。

阎马庄 371121-B01-H11
[Yánmǎzhuāng]

在县驻地洪凝街道南方向 16.8 千米。街头镇辖自然村。人口 1 400。据传，元末阎姓从山西省迁此立村，以姓氏得名，取名阎马庄。聚落呈带状分布。有小学 1 所、幼儿园 1 所。经济以种植业为主，主要农作物有小麦、花生、地瓜等。有公路经此。

镇头 371121-B01-H12

［Zhèntóu］

在县驻地洪凝街道南方向 20.3 千米。街头镇辖自然村。人口 1 400。明永乐十二年（1414），李姓从邻村东洪河迁此立村。因传说齐国大将孙膑曾在此摆阵与袁达作战，此地为阵头，故以谐音得名镇头。聚落呈带状分布。有小学 1 所、幼儿园 1 所。经济以种植业为主，主要农作物有小麦、花生、玉米、地瓜等。有公路经此。

东洪河 371121-B01-H13

［Dōnghónghé］

在县驻地洪凝街道东南方向 22.1 千米。街头镇辖自然村。人口 1 200。明李士禧五世兄弟三人迁此立村，以"古战争血染河水"的传说，取名红河。又因村居河东岸，改为东红河，后演变为今名。聚落呈带状分布。经济以种植业为主，主要农作物有小麦、花生、玉米、地瓜等。有公路经此。

东城仙 371121-B01-H14

［Dōngchéngxiān］

在县驻地洪凝街道东南方向 19.2 千米。街头镇辖自然村。人口 800。据村东龙溪寺碑载，唐代将、宋两姓迁此，在今址南 500 米处立村。因位于新石器时代文化遗址（被误认为古城址）前，取名城前。后村庄扩大，分东西两村，该村位东，称东城前。明崇祯年间，厉衮从日照县巨峰迁入，改名为厉家城仙。为与李家城仙（今西城仙）区分，改为今名。1957 年因水灾，村庄北迁今址。聚落呈带状分布。有幼儿园 1 所。经济以种植业为主，主要农作物有小麦、花生、玉米、地瓜等。有公路经此。

西城仙 371121-B01-H15

［Xīchéngxiān］

在县驻地洪凝街道东南方向 18.4 千米。

街头镇辖自然村。人口 500。据村东龙溪寺碑载，唐代将、宋两姓迁此，在今址南 500 米处立村。因位于新石器时代文化遗址（被误认为古城址）前，取名城前。后村庄扩大，分东西两村，该村位西，称西城前。清顺治年间，李姓由本县船坊迁入，更名为李家城仙。后与厉家城仙（今东城仙）区分，改为今名。1957 年因水灾，村庄北迁今址。聚落呈带状分布。有幼儿园 1 所。经济以种植业为主，主要农作物有小麦、花生、玉米、地瓜等。有公路经此。

王世疃 371121-B01-H16

［Wángshìtuǎn］

在县驻地洪凝街道东南方向 18.0 千米。街头镇辖自然村。人口 1 600。明初，贾姓从江苏省海州迁此立村，因村前有两块陨石，取名望石疃。明末王姓迁入，改为今名。聚落呈带状分布。有小学 1 所、幼儿园 1 所。经济以种植业、石材加工业为主，主要农作物有小麦、花生、玉米、地瓜等。有五莲石材产业园。有公路经此。

挑沟 371121-B01-H17

［Tiāogōu］

在县驻地洪凝街道东南方向 17.6 千米。街头镇辖自然村。人口 1 800。明初，李姓由日照县迁此立村，因村西南有一条人工开挖的深沟得名。聚落呈带状分布。有幼儿园 1 所。经济以种植业为主，主要农作物有小麦、花生、玉米、地瓜等。有公路经此。

迟家庄 371121-B01-H18

［Chíjiāzhuāng］

在县驻地洪凝街道东南方向 16.3 千米。街头镇辖自然村。人口 1 700。明洪武二年（1369），迟姓从山西洪洞县迁此立村，以姓氏得名。后迟姓迁河东村，陈姓迁入，村名沿旧。聚落呈带状分布。有小学 1 所、幼儿园1所。经济以种植业、石材加工业为主，主要农作物有小麦、花生、玉米、地瓜等。有公路经此。

河东 371121-B01-H19
[Hédōng]

在县驻地洪凝街道东南方向18.0千米。街头镇辖自然村。人口1 100。据《迟氏族谱》载，明万历七年（1579），迟姓从迟家庄迁此立村，因位于挑沟河东岸，故名。聚落呈带状分布。经济以种植业、石材加工业为主，主要农作物有地瓜、花生等，特产板栗、苹果。有公路经此。

代吉子 371121-B01-H20
[Dàijízi]

在县驻地洪凝街道东南方向15.4千米。街头镇辖自然村。人口600。据考，清末，日照县府收田赋时，将竖写"大王口子"误写成"大吉子"，后将此名作为五村（大王口、张家庄、于家庄、孙家岭、王家庄）的代称，演变为代吉子。聚落呈团块状分布。有省级重点文物保护单位牌孤城遗址。经济以种植业为主，主要农作物有小麦、花生、玉米、地瓜等。有公路经此。

杜家沟 371121-B01-H21
[Dùjiāgōu]

在县驻地洪凝街道西南方向16.7千米。街头镇辖自然村。人口400。据杜氏墓碑载，杜友于明嘉靖年间，自莒州焦家庄子迁此立村，以姓氏命名。聚落呈带状分布。有小学1所、幼儿园1所。经济以种植业为主，主要农作物有小麦、花生、玉米、地瓜等。有公路经此。

东龙头 371121-B01-H22
[Dōnglóngtóu]

在县驻地洪凝街道西南方向17.0千米。

街头镇辖自然村。人口200。据考，元代李姓迁此立村，因村东山梁如龙头，村居龙头处，取名龙王头。明末建西龙头，改为今名。聚落呈带状分布。经济以种植业为主，主要农作物有小麦、花生、地瓜等。有公路经此。

上芦沟 371121-B01-H23
[Shànglúgōu]

在县驻地洪凝街道西南方向13.5千米。街头镇辖自然村。人口700。因村前沟生长芦苇，得名芦沟。下芦沟立村后，更为今名。聚落呈带状分布。经济以种植业为主，主要农作物有小麦、花生、玉米、地瓜等。有公路经此。

船坊 371121-B01-H24
[Chuánfāng]

在县驻地洪凝街道西南方向17.3千米。街头镇辖自然村。人口700。据考，明初张姓自江苏海州迁此，于河北岸立村，以"古时船泊河中"的传说，取名船坊。明成化元年（1465），胡姓于河南岸立村，取名南船坊，河北岸改称北船坊。后村庄连在一起，名船坊。聚落呈带状分布。经济以种植业为主，主要农作物有小麦、花生、玉米、地瓜等。有公路经此。

李崮寨 371121-B01-H25
[Lǐgùzhài]

在县驻地洪凝街道西南方向19.0千米。街头镇辖自然村。人口30。据考，李姓从日照县三山前迁此，在尼姑庵旁建村，取名李姑寨。后取其谐音更为今名。聚落呈带状分布。经济以种植业为主，主要农作物有小麦、花生、玉米、地瓜等。建有公路经此。

潮河 371121-B02-H01
[Cháohé]

潮河镇人民政府驻地。在县驻地洪凝街道东南方向28.5千米。人口2 400。明初，韩姓由山西省迁此，于潮白河北岸立村，得名潮河。聚落呈团块状分布。有文化大院1处、乡村舞台广场1处、中小学2所、幼儿园3所。经济以房地产、餐饮业及商贸业为主。有公路经此。

刘官庄 371121-B02-H02
[Liúguānzhuāng]

在县驻地洪凝街道东南方向25.8千米。潮河镇辖自然村。人口2 000。据考，明洪武年间，刘姓迁此立村，以姓氏得名。聚落呈团状分布。有文化大院1处、幼儿园1所。经济以种植业为主，主要农作物有小麦、花生等。有公路经此。

前仲金 371121-B02-H03
[Qiánzhòngjīn]

在县驻地洪凝街道东南方向29.0千米。潮河镇辖自然村。人口1 000。据土地庙碑载，清康熙二十四年（1685），王姓于此立村。清康熙年间，因在和尚官庄金和尚的土地上种庄稼，取名种金坡。清嘉庆年间建后种金坡，该村在前，故改称前种金坡，后演变为今名。聚落呈团块状分布。有文化广场2处。经济以种植业为主，主要农作物有小麦、花生、玉米等。有公路经此。

皂官庄 371121-B02-H04
[Zàoguānzhuāng]

在县驻地洪凝街道东南方向25.3千米。潮河镇辖自然村。人口700。据《王氏族谱》载，清康熙十七年（1678），王姓迁此立村，因村里枣树多，取名枣古庄，后演变为今名。聚落呈带状分布。有文化大院1处。经济以种植业为主，主要农作物有小麦、花生、玉米、韭菜等。有潮河镇韭菜协会。有公路经此。

林泉 371121-B02-H05
[Línquán]

在县驻地洪凝街道东南方向28.8千米。潮河镇辖自然村。人口1 400。据考，明洪武年间，李姓从山西省迁此立村，图吉祥取名人全，后以山林泉石之意改名林泉。聚落呈团块状分布。有幼儿园1所。经济以商贸业为主。有公路经此。

丹土 371121-B02-H06
[Dāntǔ]

在县驻地洪凝街道东南方向31.7千米。潮河镇辖自然村。人口900。清康熙年间，王姓由本县崮寺头迁此，居现址东北角，取名东北楼；周围同时有刘姓迁入居西南角，取名棘子根。后村庄扩大连在一起，因村周围部分土壤呈红褐色，取名丹土。聚落呈团块状分布。有国家级重点文物保护单位丹土遗址。经济以种植业为主，主要农作物有小麦、花生、玉米。有公路经此。

王家埠 371121-B02-H07
[Wángjiābù]

在县驻地洪凝街道东南方向27.3千米。潮河镇辖自然村。人口700。据考，明洪武三年（1370），徐姓迁此立村，以"王母娘娘采花路过北河湿了花"的传说，取名徐家湿花铺。1934年，村人王昭亭将村名改为王家埠。聚落呈团块状分布。有中学1所、幼儿园1所。经济以种植业为主，主要农作物有小麦、花生、玉米等。有公路经此。

西蔡家 371121-B02-H08
[Xīcàijiā]

在县驻地洪凝街道东南方向27.0千米。

潮河镇辖自然村。人口 600。明初，蔡姓由江苏省迁此立村，因东临黄岛区东蔡家，该村位西，故名。清顺治至康熙年间，李、苏两姓分别由后河庄、尹家坪迁入，沿用原名。聚落呈团块状分布。有文化大院 1 处。经济以种植业为主，主要农作物有小麦、花生等。有公路经此。

京庄 371121-B02-H09
[Jīngzhuāng]

在县驻地洪凝街道东南方向25.3千米。潮河镇辖自然村。人口 1 000。据考，明末周姓始建，原村名无考。当时村西南 300 米处有王姓建村，称旧庙子。村东北 300 米处有韩姓建村，称墙夼。三村同时并存。至清初，以今址为中心，三村合并为一村，因村西岭上有棵老荆树，取名荆庄（别名凑庄），后演变为今名。聚落呈带状分布。有文化大院 1 处。经济以种植业为主，主要农作物有小麦、花生、玉米等。有公路经此。

东石河 371121-B02-H10
[Dōngshíhé]

在县驻地洪凝街道东南方向28.0千米。潮河镇辖自然村。人口 1 000。据考，明初臧姓迁此立村，后臧姓他迁。明成化元年（1465），徐姓从澄阳县凤墩迁此定居。以山得名古蝼山，又称归龙山。清道光年间，因河底石层裸露和村居河上游，改名上石河。1948 年，上石河分为东、西两村，以方位改今名。聚落呈团块状分布。有文化大院 1 处。经济以种植业为主，主要农作物有小麦、玉米、花生等，特产贵龙山绿茶。有公路经此。

杜家河 371121-B02-H11
[Dùjiāhé]

在县驻地洪凝街道东南方向28.0千米。

潮河镇辖自然村。人口 1 200。据《杜氏族谱》载，明末杜姓迁此傍河立村，故名。后隋、安、王等姓相继迁入，村名未变。聚落呈团块状分布。有文化大院 1 处。经济以种植业为主，主要农作物有小麦、花生、玉米等。有公路经此。

前魏家 371121-B02-H12
[Qiánwèijiā]

在县驻地洪凝街道东南方向22.5千米。潮河镇辖自然村。人口 1 100。明成化年间，魏姓分支徙此立村，因地处魏家（今后魏家）之前得名。聚落呈团块状分布。有文化广场 1 处、文化大院 1 处。经济以种植业为主，主要农作物有小麦、花生、玉米、板栗等。有公路经此。

刘家坪 371121-B02-H13
[Liújiāpíng]

在县驻地洪凝街道东南方向23.1千米。潮河镇辖自然村。人口 1 000。明万历三十二年（1604），刘恒业、刘长业兄弟二人迁今址西平坦处立村，取名西坪。后迁今址，以姓氏改称今名。聚落呈团块状分布。有文化广场 1 处、文化大院 1 处。经济以种植业为主，主要农作物有小麦、花生、玉米、地瓜等，特产茶叶。有公路经此。

前梭头 371121-B02-H14
[Qiánsuōtou]

在县驻地洪凝街道东南方向23.0千米。潮河镇辖自然村。人口 1 000。明洪武二年（1369），王应祥与兄应品、应节三人，由青州迁诸城县岳崎村。三人约定，再建村时要以钥匙开锁之意取名，以便寻找。后王应品、王应节迁此立村，以锁的谐音取名前梭头。聚落呈团块状分布。经济以种植业为主，主要农作物有小麦、花生、玉米、地瓜、茶叶等。有公路经此。

许孟 371121-B03-H01
［Xǔmèng］

许孟镇人民政府驻地。在县驻地洪凝街道东北方向16.0千米。人口2 600。明洪武年间，许、孟二姓从山西省洪洞县迁此立村，故名。聚落呈团块状分布。有中小学2所、幼儿园1所、农民文化技术学校1所。经济以种植业、铸造业、服务业为主，主要农作物有小麦、玉米等。有五莲县许孟镇花园面粉厂、五莲县双星名人制帮有限公司、五莲县和兴机械铸造厂等企业。有公路经此。

东玉皇庙 371121-B03-H02
［Dōngyùhuángmiào］

在县驻地洪凝街道东北方向15.3千米。许孟镇辖自然村。人口600。元末，吕、庄两姓迁此立村，因村南有一座玉皇庙，村以庙得名。后村庄扩大，以南北路为界形成东、西两村，该村位于路东，故名。聚落呈团块状分布。经济以种植业为主，主要农作物有小麦、玉米等。有五莲县从海汽车配件加工厂等企业。有公路经此。

大茅庄 371121-B03-H03
［Dàmáozhuāng］

在县驻地洪凝街道东北方向18.0千米。许孟镇辖自然村。人口1 700。明初，李姓迁此立村，因村西北有一小土埠形似猫，以谐音取名大毛庄。清末，因村处多茅草洼地，改为今名。聚落呈团块状分布。有幼儿园1所。经济以种植业为主，主要农作物有小麦、玉米、花生等。有公路经此。

仁里 371121-B03-H04
［Rénlǐ］

在县驻地洪凝街道东北方向17.4千米。许孟镇辖自然村。人口2 600。元末明初，单姓迁此立村，依据"仁德""兰花"二词，取名仁兰。清同治年间，村内臧姓有人做官，以"仁人故里"之意，改名仁里。聚落呈团块状分布。有幼儿园1所。经济以种植业为主，主要农作物有小麦、玉米、黄烟等。有公路经此。

大珠子 371121-B03-H05
［Dàzhūzi］

在县驻地洪凝街道东北方向12.0千米。许孟镇辖自然村。人口1 300。明洪武年间，张姓从山西省洪洞县迁此，建村于大珠子山旁，村以山名。1960年，因建小王疃水库，部分居民迁大珠子山前，另立新村，得名大珠子山前。而居岭坡居民未迁，仍称大珠子。聚落呈团块状分布。经济以种植业为主，建有蔬菜大棚100多个，有小国光（苹果）示范基地。有公路经此。

苗家沟 371121-B03-H06
［Miáojiāgōu］

在县驻地洪凝街道东北方向12.2千米。许孟镇辖自然村。人口1 100。明洪武二年（1369），苗姓自江苏海州迁此立村，取名苗家。明永乐年间，孙姓自山西省迁来，住在沟里，取名孙家窝落。陈姓自海州迁来住沟西，取名陈家庄。后苗、孙、陈三姓商定合为一村，因苗姓立村最早，改称今名。聚落呈团块状分布。经济以种植业为主，主要农作物有小麦、玉米、花生等。有公路经此。

福禄并 371121-B03-H07
［Fúlùbìng］

在县驻地洪凝街道东北方向9.7千米。许孟镇辖自然村。人口1 600。明崇祯年间，郑姓迁此立村，因村东南一山形似葫芦，山梁向北延伸似柄，取名葫芦柄。至清末，村人恶其名，遂取吉祥意，以谐音更为今名。聚落呈团块状分布。有小学1所。经济以种植业为主，主要农作物有小麦、玉米、花生、芋头等。有公路经此。

宋家庄子 371121-B03-H08
[Sòngjiāzhuāngzi]

在县驻地洪凝街道东北方向10.0千米。许孟镇辖自然村。人口1 500。明初，宋、庄两姓从山西省迁此立村，以姓氏取名宋家庄子。聚落呈团块状分布。古迹有元代千户郑成先之墓。经济以种植业为主，主要农作物有小麦、玉米、芋头、花生、黄烟等，建有樱桃示范园。有公路经此。

九凤村 371121-B03-H09
[Jiǔfèngcūn]

在县驻地洪凝街道东北方向13.0千米。许孟镇辖自然村。人口1 100。明初，赵姓迁此立村，以"凤凰在村东北起落九次，抓起九个岭顶"的传说，取名九顶凤凰庄。清雍正年间，因邻村朱家老庄，更名小庄。1981年，地名标准化处理时，因重名，更为今名。聚落呈团块状分布。经济以种植业为主，主要农作物有小麦、花生、芋头等。有公路经此。

娄古庄 371121-B03-H10
[Lóugǔzhuāng]

在县驻地洪凝街道东北方向13.5千米。许孟镇辖自然村。人口2 000。明初，郝、刁、隽三姓迁此立村，因村前有一山峰名曰南楼，取名楼哥庄，后演变为今名。聚落呈团块状分布。有幼儿园1所。经济以种植业为主，主要农作物有小麦、玉米、芋头等。有公路经此。

朱家老庄 371121-B03-H11
[Zhūjiālǎozhuāng]

在县驻地洪凝街道东北方向12.8千米。

许孟镇辖自然村。人口1 800。明洪武二年（1369），朱姓迁此立村，取名康复村，后以姓氏取名朱家老庄。聚落呈团块状分布。有小学1所、幼儿园1所。经济以种植业为主，主要农作物有小麦、玉米、花生、芋头等。有公路经此。

李古庄 371121-B03-H12
[Lǐgǔzhuāng]

在县驻地洪凝街道东北方向13.5千米。许孟镇辖自然村。人口1 400。明末清初，范、蒋两姓迁此居住，未定村名。后李姓迁入，因李姓人丁兴旺，定村名为李固庄，后演变为今名。聚落呈团块状分布。有幼儿园1所。经济以种植业为主，主要农作物有小麦、玉米、花生、芋头等。有公路经此。

高家宅科 371121-B03-H13
[Gāojiāzháikē]

在县驻地洪凝街道东北方向8.0千米。许孟镇辖自然村。人口1 100。元代，高姓立村，以地貌特征和姓氏取名高家宅科。后孙姓迁入此村，改称宅科。1981年地名标准化处理时，因重名，恢复原名。聚落呈团块状分布。有小学1所。经济以种植业为主，主要农作物有小麦、玉米等。有公路经此。

佛堂 371121-B03-H14
[Fótáng]

在县驻地洪凝街道北方向8.5千米。许孟镇辖自然村。人口1 500。明洪武二年（1369），王洪、王海迁此立村，以地形取名墙夼。后因村东建有佛爷庙，改称佛堂。1961年，因建水库，由原址向东北迁移300米至今址。聚落呈团块状分布。经济以种植业为主，主要农作物有小麦、玉米、花生等。有公路经此。

薛村　371121-B03-H15
［Xuēcūn］

在县驻地洪凝街道北方向 9.8 千米。许孟镇辖自然村。人口 2 100。明洪武二年（1369），郑姓迁此立村，因多杏树，取名杏花村。后因杏花白似雪改为雪村。清末，以谐音更名为薛村。明成化年间，部分住户迁到河下游，形成两村。1975 年至 1979 年规划村庄时，下游住户迁东崖，两村东西并列，该村在西，称西薛村。1984 年复称今名。聚落呈团块状分布。经济以种植业为主，主要农作物有小麦、玉米、花生等。有公路经此。

牛家院西　371121-B03-H16
［Niújiāyuànxī］

在县驻地洪凝街道北方向 12.5 千米。许孟镇辖自然村。人口 1 000。据考，元初，陈姓迁此立村，因在寺院西，取名院西。中华人民共和国成立后更为今名。聚落呈团块状分布。有小学 1 所、幼儿园 1 所。经济以种植业为主，主要农作物有小麦、玉米、花生、西葫芦等。该村西葫芦为"中国西葫芦之乡"的标志产品。有公路经此。

牛家官庄　371121-B03-H17
［Niújiāguānzhuāng］

在县驻地洪凝街道北方向 12.0 千米。许孟镇辖自然村。人口 1 700。清朝时，村民从各地相继迁入。因多姓游集至此，得名游集官庄，演变为游击官庄，后称牛家官庄。聚落呈团块状分布。有文化广场 1 处。经济以种植业为主，主要农作物有小麦、玉米、花生、西葫芦等。该村西葫芦为"中国西葫芦之乡"的标志产品。有 222 省道经此。

西楼子　371121-B03-H18
［Xīlóuzi］

在县驻地洪凝街道东北方向 15.0 千米。许孟镇辖自然村。人口 800。元代，吉姓以村南的九座楼取名吉家楼子。明初，臧姓迁入，改名臧家楼子。清初，王姓迁入，更名王家楼子。1944 年，宋家楼子改称东楼子，该村位西，遂改称西楼子。聚落呈团块状分布。经济以种植业为主，主要农作物有小麦、玉米、花生、西葫芦等。该村西葫芦为"中国西葫芦之乡"的标志产品。有公路经此。

范家车村　371121-B03-H19
［Fànjiāchēcūn］

在县驻地洪凝街道东北方向 17.6 千米。许孟镇辖自然村。人口 1 100。明洪武年间，车姓立村，以姓氏取名车村，后车姓衰。至明永乐年间，孙、范两姓从山西省迁入，因孙、范户数差不多，故又有孙家车村、范家车村两个村名。明末范姓发迹后，遂定村名为范家车村。聚落呈团块状分布。有小学 1 所、幼儿园 1 所。经济以种植业为主，主要农作物有小麦、玉米、花生、西葫芦等。该村西葫芦为"中国西葫芦之乡"的标志产品。有公路经此。

于里　371121-B04-H01
［Yúlǐ］

于里镇人民政府驻地。在县驻地洪凝街道西北方向 20.5 千米。人口 500。明初，辛姓迁此立村，因靠古驿道，以开店为业，取名辛店子。后为区别于镇内西辛店子，改为东辛店子。1981 年，改名于里。聚落呈带状分布。有学校 1 所、幼儿园 2 所。经济以种植业、加工业为主，主产小麦、玉米、花生等农作物。加工业主要是车辆配件加工，有巨国机械有限公司、帅发油箱厂、恒瑞车辆附件厂、胜达机械有限公司、长城门锁厂等企业。206 国道经此。

于里沟 371121-B04-H02

[Yúlǐgōu]

在县驻地洪凝街道西北方向24.3千米。于里镇辖自然村。人口1 600。明中期，余姓迁此立村，取名余柳沟，后演变为今名。聚落呈团块状分布。有小学1所、幼儿园1所。经济以种植业为主，主产小麦、玉米、蔬菜、黄烟等。有公路经此。

南营 371121-B04-H03

[Nányíng]

在县驻地洪凝街道西北方向21.5千米。于里镇辖自然村。人口1 400。明初，刘姓迁此立村，因此地有南北两个军营旧址，此村坐落在南址，故名。聚落呈团块状分布。有中学1所。经济以种植业为主，主产玉米、小麦、蔬菜等。有蔬菜加工厂、面粉加工厂。有公路经此。

南寺 371121-B04-H04

[Nánsì]

在县驻地洪凝街道西北方向24.0千米。于里镇辖自然村。人口500。明朝，王氏迁此，傍涌泉寺立村，村以寺名。后因该村处于里沟村南，改称今名。聚落呈团块状分布。经济以种植业为主，主产小麦、玉米、花生、蔬菜等。有铸造、机械加工企业。有公路经此。

小窑 371121-B04-H05

[Xiǎoyáo]

在县驻地洪凝街道西方向19.0千米。于里镇辖自然村。人口1 300。明嘉靖年间，管凤阳迁此立村，因村处迎吉山北，取名迎吉村。后因立窑烧瓮，改名小窑。清光绪年间，管姓科举发迹，曾改称管家窑。1949年后恢复村名小窑。聚落呈团块状分布。有幼儿园1所。有县级文物保护单位管氏祠堂。经济以种植业为主，主产小麦、玉米、花生等。植桑养蚕。有公路经此。

团林 371121-B04-H06

[Tuánlín]

在县驻地洪凝街道西方向25.0千米。于里镇辖自然村。人口400。明洪武四年（1371），王士能迁此立村，因村北有一处圆形茔地，且当时户少，都住在一条街上，故取名团林街，后简称今名。聚落呈团块状分布。有幼儿园1所。经济以种植业为主，主产小麦、玉米、花生、生姜等。有公路经此。

前莲池寺 371121-B04-H07

[Qiánliánchísì]

在县驻地洪凝街道西北方向25.1千米。于里镇辖自然村。人口600。明朝，李姓迁此立村，因当时村东北有一座古寺，寺内有三个莲花池，称莲池寺，村在寺前，故名前莲池寺。聚落呈团块状分布。有幼儿园1所。经济以种植业为主，主产小麦、黄烟、玉米、花生、药材等。有公路经此。

赵家辛庄 371121-B04-H08

[Zhàojiāxīnzhuāng]

在县驻地洪凝街道西北方向16.2千米。于里镇辖自然村。人口1 900。明洪武二年（1369），赵姓迁此立村，以姓氏取名赵家新庄，后演变为今名。聚落呈团块状分布。有小学1所、幼儿园1所。经济以种植业为主，主产花生、玉米、小麦、黄烟、药材、杂果等。建有石子厂、制帮厂、水泥预制件厂。有公路经此。

川里 371121-B04-H09

[Chuānlǐ]

在县驻地洪凝街道西北方向18.0千米。于里镇辖自然村。人口1 300。明天启年间，张姓迁此立村，因村在两岭之间的九龙河边得名。聚落呈团块状分布。有幼儿园1所。

古迹有段家墓遗址。经济以种植业为主，主产棉花、花生、小麦、玉米、药材等。有公路经此。

赵家窑 371121-B04-H10
[Zhàojiāyáo]

在县驻地洪凝街道西北方向18.3千米。于里镇辖自然村。人口300。清乾隆年间，赵姓迁此立村，因赵姓曾以制作土陶器和烧木炭为业，故名赵家窑。聚落呈团块状分布。村中有600余年古槐1棵。经济以种植业为主，主产花生、玉米、棉花、小麦、玉米、药材等。有公路经此。

北店 371121-B04-H11
[Běidiàn]

在县驻地洪凝街道西北方向20.4千米。于里镇辖自然村。人口2 000。明永乐十七年（1419），刘氏迁现址东南500米处，傍驿道临河立村，因位于管帅店北，得名北店。聚落呈团块状分布。经济以种植业为主，主产小麦、玉米、花生、药材等。有柿子园。有五莲县管帅温泉旅游度假区。有公路经此。

后逊峰 371121-B04-H12
[Hòuxùnfēng]

在县驻地洪凝街道西北方向19.5千米。于里镇辖自然村。人口1 500。清嘉庆七年（1802），马姓迁此立村，因位前巽风之后，得名后巽风，后演变为后逊峰。1960年因墙夼水库建成蓄水，迁今址。聚落呈团块状分布。有幼儿园1所。经济以种植业为主，主产花生、棉花、小麦、玉米、药材等。有公路经此。

河南 371121-B04-H13
[Hénán]

在县驻地洪凝街道西北方向18.5千米。于里镇辖自然村。人口1 100。据考，宋代赵姓建村，因潍河经村前，取名赵家河北。元延祐二年（1315），因河改道经村北，改称河南。聚落呈团块状分布。经济以种植业为主，主产小麦、玉米、花生、药材等。有公路经此。

前裴家峪 371121-B04-H14
[Qiánpéijiāyù]

在县驻地洪凝街道西北方向16.9千米。于里镇辖自然村。人口600。据考，村为裴姓所建，年代无考。时建前、后两村，该村在前，取名前裴家峪。聚落呈团块状分布。经济以种植业为主，主产花生、小麦、棉花、药材等。有公路经此。

管帅 371121-B04-H15
[Guǎnshuài]

在县驻地洪凝街道西北方向20.5千米。于里镇辖自然村。人口1 000。相传，一说，东汉时，有一姓管的人在此挂帅建都，取名管帅；又一说，春秋时，管仲曾在此挂帅出征，故名。聚落呈团块状分布。有小学1所、幼儿园1所。经济以种植业为主，主产小麦、花生、玉米等。有公路经此。

管西庄 371121-B04-H16
[Guǎnxīzhuāng]

在县驻地洪凝街道西北方向20.5千米。于里镇辖自然村。人口400。明初，刘姓从江苏海州十八村迁此，位管帅西侧立村，取名管帅西庄，简称西庄。1981年地名标准化处理时，因重名，更为今名。聚落呈团块状分布。村中建有莒北县抗日烈士纪念祠。经济以种植业为主，主产小麦、玉米、花生、药材等。有公路经此。

王家庄子 371121-B04-H17

[Wángjiāzhuāngzi]

在县驻地洪凝街道西北方向19.0千米。于里镇辖自然村。人口1 000。明洪武二年（1369），王良忠迁此立村，以姓氏得名。聚落呈团块状分布。古迹有清康熙时期建的卧龙寺遗址。经济以种植业为主，主产小麦、玉米等，有五莲县绿珠脆枣种植专业合作社，特产绿珠脆枣、佛手枣。有公路经此。

汪湖 371121-B05-H01

[Wānghú]

汪湖镇人民政府驻地。在县驻地洪凝街道西北方向20.0千米。人口1 500。元末，王、胡两姓立村，以姓氏得名王胡。明嘉靖《青州府志》载有"王湖社""王胡铺"。后演变成今名。聚落呈团块状分布。有小学1所、幼儿园1所。经济以种植业为主，主产小麦、玉米、棉花、黄烟等。是县境西北部农副产品集散地。工业有塑料编织、面粉加工厂等。206国道经此。

莫家崖头 371121-B05-H02

[Mòjiāyátóu]

在县驻地洪凝街道西北方向22.0千米。汪湖镇辖自然村。人口1 300。据《莫氏族谱》载，明初，莫姓从本县莫家沟迁此立村，因村后有一崖头，故名。聚落呈团块状分布。经济以种植业为主，主产小麦、棉花、黄烟等，种桑养蚕。有公路经此。

燕河 371121-B05-H03

[Yànhé]

在县驻地洪凝街道西北方向20.5千米。汪湖镇辖自然村。人口1 100。据考，明成化年间，左姓从即墨县迁居此地，因在燕河（又名砚河）西岸立村，得名河西。

1981年地名标准化处理时，因重名，以河名改为今名。聚落呈团块状分布。经济以种植业为主，主产小麦、玉米、黄烟等，种桑养蚕。有公路经此。

小柳行 371121-B05-H04

[Xiǎoliǔháng]

在县驻地洪凝街道西北方向21.0千米。汪湖镇辖自然村。人口800。南宋末期，岳姓从河南省汤阴县迁此立村，后孙、丁等姓于明初迁入，因此地柳树多，取名柳林行，后改为今名。聚落呈团块状分布。经济以种植业为主，主产小麦、玉米、棉花、黄烟等，种桑养蚕。有公路经此。

前苑头 371121-B05-H05

[Qiányuàntóu]

在县驻地洪凝街道西北方向22.0千米。汪湖镇辖自然村。人口500。明洪武二年（1369），尚姓由江苏海州十八村迁此立村，因立村时四面环岭，其间花木繁多，宛如花园，故名苑头。清雍正年间，建后苑头，两村相倚，该村在前，更为今名。聚落呈团块状分布。经济以种植业为主，主产小麦、玉米、黄烟等，种桑养蚕。有公路经此。

后泥牛子 371121-B05-H06

[Hòuníniúzi]

在县驻地洪凝街道西北方向24.5千米。汪湖镇辖自然村。人口500。明洪武年间，王、陈两姓迁此立村，因村后有一石形状似牛，取名石牛村。后因村南一黄泥山梁形似牛，得名泥牛子。为区别于前泥牛子村，更为今名。1960年，因建河西水库，村址北迁0.5千米，居今址。聚落呈团块状分布。经济以种植业为主，主产小麦、棉花、黄烟等，种桑养蚕。有传统陶器手工业。有公路经此。

石家高化 371121-B05-H07
[Shíjiāgāohuà]

在县驻地洪凝街道西北方向23.9千米。汪湖镇辖自然村。人口800。据石氏墓碑记载，明洪武二年（1369），徐氏从山西洪洞县徙此立村，因洼地积水似湖泊，有荷花，取名石家高荷。"高荷"也称"高湖""高河"，后写为"高化"，演变为今名。聚落呈团块状分布。经济以种植业为主，主产小麦、棉花、黄烟等，兼有桑蚕养殖和大棚蔬菜种植。有公路经此。

泉子崖 371121-B05-H08
[Quánziyá]

在县驻地洪凝街道西北方向22.0千米。汪湖镇辖自然村。人口300。元初，于、梁两姓在此居住，因村后山崖下有一泉子，故名。至明万历年间，刘、王、胡姓先后迁入，村名依旧。聚落呈团块状分布。经济以种植业为主，主产小麦、棉花、黄烟等，兼有桑蚕养殖和大棚蔬菜种植。有公路经此。

坊城 371121-B05-H09
[Fāngchéng]

在县驻地洪凝街道西北方向23.7千米。汪湖镇辖自然村。人口900。明洪武年间，胡子节受朝廷之命徙此立村，因三面环岭，一面靠河，地形方如城池，得名方城，清末演变为今名。聚落呈团块状分布。经济以种植业为主，主产小麦、棉花、黄烟，兼有桑蚕养殖和大棚蔬菜种植。有公路经此。

陈峪 371121-B05-H10
[Chényù]

在县驻地洪凝街道北方向22.3千米。汪湖镇辖自然村。人口700。据考，战国时期孟轲门徒淳于髡迁此定居，以姓氏取名淳于村，后村废。胡姓于明洪武年间，由浙江龙泉县迁居坊城，后分支，迁该村故址立村，沿用原名。1931年以淳于村谐音改为陈峪。聚落呈团块状分布。经济以种植业为主，主产小麦、棉花、黄烟等，兼有桑蚕养殖。有公路经此。

前坡子 371121-B05-H11
[Qiánpōzi]

在县驻地洪凝街道西北方向22.0千米。汪湖镇辖自然村。人口500。明洪武三十年（1397），葛氏由本县葛家崖头迁此，于岭坡处立村，取名坡里，后演变为坡子。后坡子村建立后，因该村在前，改为今名。聚落呈团块状分布。有小学1所、幼儿园1所。经济以种植业为主，主产小麦、棉花、黄烟等，兼有桑蚕养殖。有公路经此。

仁旺 371121-B05-H12
[Rénwàng]

在县驻地洪凝街道西北方向19.7千米。汪湖镇辖自然村。人口1 300。据考，元末白姓在此立村，取名白家官庄。明代白姓被朝廷满门抄斩，潘、于两姓先后迁此定居，因村前有关帝庙，以关公施仁政于天下之意，改名仁旺。聚落呈团块状分布。有幼儿园1所。经济以种植业为主，主产小麦、棉花、黄烟等，兼有桑蚕养殖。有公路经此。

汉王 371121-B05-H13
[Hànwáng]

在县驻地洪凝街道西北方向19.7千米。汪湖镇辖自然村。人口800。明洪武二年（1369），王姓从安丘县寿山庄迁此立村，以此地有汉王庙得名。聚落沿公路呈带状分布。经济以种植业为主，主产小麦、棉花、黄烟等，兼有桑蚕养殖。有公路经此。

东云门 371121-B05-H14

[Dōngyúnmén]

在县驻地洪凝街道西北方向15.7千米。汪湖镇辖自然村。人口800。明初，邬、王两姓迁此立村，因村东南有两个山头南北对峙如门，阴雨天常有云雾缭绕，得名云门。后建东西两村，此村在东，改为今名。1960年因建墙夼水库，分为东云门、西队、南队三个自然村。聚落呈团块状分布。有小学1所。经济以种植业为主，主产小麦、玉米、苹果等。有公路经此。

张家仲崮 371121-B05-H15

[Zhāngjiāzhònggù]

在县驻地洪凝街道西北方向20.0千米。汪湖镇辖自然村。人口200。清乾隆年间，张姓迁此立村。1959年，因建墙夼水库，迁今址。因姓氏和村北有仲山和崮子山得名。聚落呈团块状分布。有市级文物保护单位张家仲崮汉墓群。经济以种植业为主，主产小麦、棉花、黄烟等，兼有桑蚕生产。有公路经此。

岳家庄 371121-B05-H16

[Yuèjiāzhuāng]

在县驻地洪凝街道西北方向20.3千米。汪湖镇辖自然村。人口700。据岳氏族谱载，明正德年间，岳孜迁此立村，以姓氏取名。聚落呈团块状分布。经济以种植业为主，主产小麦、棉花、黄烟等，兼有桑蚕养殖。有公路经此。

叩官 371121-B06-H01

[Kòuguān]

叩官镇人民政府驻地。在县驻地洪凝街道东南方向23.5千米。人口1900。据考，明初，韩、马、徐等姓从山西省迁此，分别建墙夼、窑沟、东园三村，后凑居一起，得名凑官庄。传因捻军经此，将"凑"字误听为"扣"字，担心被扣住，未敢进村。村以此免兵祸，遂改村名为扣官。清末改为叩官庄，后简化为叩官。聚落呈团块状分布。有文化广场1个、文化大舞台1处、学校2所、幼儿园2所。经济以种植业、养殖业为主，产小麦、玉米、花生等农作物，特产茶叶。工业有工艺品加工、油漆、蔬菜加工、建材、物流运输等企业，主要企业有日照九鑫工艺品有限公司、日照昇柏油漆有限公司等。省道郝李公路经此。

长林子 371121-B06-H02

[Chánglínzi]

在县驻地洪凝街道东南方向22.5千米。叩官镇辖自然村。人口800。据考，明初白姓立村，以地势取名圈崖，后无白姓。明万历年间，宋、朱、夏三姓迁入，以村北有一条长岭更名为长岭子，后演变为今名。聚落呈团块状分布。有文化广场1个、文化大舞台1处。经济以种植业为主，主产小麦、地瓜、花生等，特产大樱桃。334省道经此。

南回头 371121-B06-H03

[Nánhuítóu]

在县驻地洪凝街道东南方向25.5千米。叩官镇辖自然村。人口1100。据《徐氏族谱》载，清初徐大经迁此立村，因在北回头以南而得名。聚落呈团块状分布。有文化广场1个、文化大舞台1处、小学1所、幼儿园1所。经济以种植业为主，主产小麦、地瓜、花生、苹果等。有公路经此。

泥沟头 371121-B06-H04

[Nígōutóu]

在县驻地洪凝街道东南方向27.5千米。叩官镇辖自然村。人口1200。据考，明洪武二年（1369），徐、邵两姓自江苏海州当路村迁此立村，因村坐落于一条黄黏土沟口得名。聚落沿岭坡呈团块状分布。有文化广场1个。经济以种植业为主，主产小麦、地瓜、玉米、花生等，特产茶叶。有公路经此。

北回头 371121-B06-H05
[Běihuítóu]

在县驻地洪凝街道东方向24.6千米。叩官镇辖自然村。人口900。据考，明初沈、苏两姓分别从胶南县大场、日照县苏家村迁此立村，因村近回头山，得名回头。后因已有南回头村，更为今名。聚落呈团块状分布。有文化广场1个、小学1所、幼儿园1所。经济以种植业为主，主产小麦、地瓜、花生、玉米等，特产茶叶。有公路经此。

张家坪 371121-B06-H06
[Zhāngjiāpíng]

在县驻地洪凝街道东方向23.5千米。叩官镇辖自然村。人口700。据考，明洪武二年（1369），张氏兄弟二人从安徽省凤阳县张家坪子迁此立村，袭用迁出村之村名，后简化为今名。聚落呈团块状分布。有文化广场1个。经济以种植业为主，主产小麦、地瓜、花生等，特产苹果。有公路经此。

白石子 371121-B06-H07
[Báishízi]

在县驻地洪凝街道东方向21.5千米。叩官镇辖自然村。人口600。据《韩氏族谱》载，明洪武二年（1369），韩姓由日照县韩家寨子迁此立村，以傍白石山得名。聚落沿河岸呈带状分布。有文化广场1个。经济以种植业为主，主产小麦、地瓜、花生等，特产苹果、大樱桃、桃。有公路经此。

董家楼 371121-B06-H08
[Dǒngjiālóu]

在县驻地洪凝街道东方向22.8千米。叩官镇辖自然村。人口400。据考，明万历年间，董姓迁此立村，在村中建小楼1座，故名。后董姓外迁，王、陈两姓分别从户部、大迪吉迁入，村名未变。聚落呈散状分布。有文化广场1个。经济以种植业为主，主产小麦、地瓜、玉米、花生等，特产樱桃。有公路经此。

大槐树 371121-B06-H09
[Dàhuáishù]

在县驻地洪凝街道东南方向22.0千米。叩官镇辖自然村。人口800。据考，明洪武二年（1369），王姓自江苏海州当路村迁此立村，因村旁有一株大槐树得名。聚落呈团块状分布。有文化广场1个。经济以种植业为主，主产小麦、地瓜、花生等，特产丰水梨。有公路经此。

崮寺头 371121-B06-H10
[Gùsìtóu]

在县驻地洪凝街道东南方向22.0千米。叩官镇辖自然村。人口1 300。据《王氏族谱》载，明初王姓迁此立村，因村西崮顶上有尼姑庵，得名崮寺东头，后简称崮寺头。聚落呈团块状分布。有文化广场1个。经济以种植业为主，主产小麦、玉米、地瓜、花生等，特产苹果。有公路经此。

翰林沟 371121-B06-H11
[Hànlíngōu]

在县驻地洪凝街道东南方向23.0千米。叩官镇辖自然村。人口800。据考，王姓迁此沟立村，以沟中栗树多取名山栗沟。清嘉庆二十一年（1816），吴姓从邻村磨台子迁入，听风水先生言，信此沟能出翰林，更为今名。聚落呈团块状分布。有文化广场1个。经济以种植业为主,主产小麦、地瓜、花生、玉米等,特产苹果。有公路经此。

蕉阁庄 371121-B06-H12

[Jiāogézhuāng]

在县驻地洪凝街道东南方向21.0千米。叩官镇辖自然村。人口800。据考,明初官府移民,焦姓从江苏省迁此立村,取名焦官庄。清乾隆年间,刘姓分支迁此村,以村东、西阁门植有芭蕉树,更为今名。聚落呈团块状分布。有文化广场1个。经济以种植业为主,主产小麦、玉米、花生、地瓜等,特产苹果。有公路经此。

莲峰庄 371121-B06-H13

[Liánfēngzhuāng]

在县驻地洪凝街道东南方向18.0千米。叩官镇辖自然村。人口900。据考,清顺治四年(1647),王姓由邻村崮寺头迁此立村,以姓氏取名王家庄,简称王庄。1981年地名标准化处理时,因与汪湖镇王家庄重名,因村北五莲山主峰改为今名。聚落沿公路呈带状分布。有文化广场1个、小学1所、幼儿园1所。经济以种植业为主,主产小麦、地瓜、花生等,特产苹果。有公路经此。

上圆楼 371121-B06-H14

[Shàngyuánlóu]

在县驻地洪凝街道东南方向17.5千米。叩官镇辖自然村。人口200。据《王氏族谱》载,清雍正九年(1731),王垂荣自诸城县相州迁此,于河上游立村,在村中建圆楼一座,横匾题书"源麓山庄",村以此取名源麓。后因小河下游的圆路村改为下源麓子,该村更名为上源麓子。清末姜、高等姓迁入,改为今名。聚落呈团块状分布。有文化广场1个。经济以种植业为主,

主产小麦、地瓜、花生等,特产苹果。有公路经此。

大榆林 371121-B06-H15

[Dàyúlín]

在县驻地洪凝街道东南方向18.8千米。叩官镇辖自然村。人口900。据考,明中期,张姓由江苏海州十八村迁此立村,因此地多榆树,取名张家榆林子,小榆林子立村后,更名为大榆林子,后演变为今名。聚落呈团块状分布。有幼儿园1所。经济以种植业为主,主产小麦、玉米、花生等。服务业依托五莲山风景区,发展旅游业。有公路经此。

丁家楼子 371121-B06-H16

[Dīngjiālóuzi]

在县驻地洪凝街道东南方向15.5千米。叩官镇辖自然村。人口300。明洪武二十四年(1391),丁姓迁此立村,以姓氏取名丁家庄。后因村西建有"白鹤楼",改名丁家楼子。聚落呈带状分布。古迹有丁公石祠。经济以种植业为主,主产小麦、玉米、花生等农作物。有公路经此。

下院 371121-B06-H17

[Xiàyuàn]

在县驻地洪凝街道东方向18.0千米。叩官镇辖自然村。人口900。据考,明初,侯姓由胶南县陈家大村迁此立村,以村西"霞院寺"得村名霞院,后演变为今名。聚落呈团块状分布。有幼儿园1所。经济以种植业为主,主产小麦、玉米、花生等。有公路经此。

中至 371121-B07-H01

[Zhōngzhì]

中至镇人民政府驻地。在县驻地洪凝街道西方向8.5千米。人口1 300。相传明初孔氏迁此建村,因传此地距北京、南京

各 1200 里，故得名中至。聚落沿公路呈带状分布。有学校 2 所、幼儿园 1 所。经济以种植业为主，主产小麦、玉米、花生等农作物。工业有机械加工、建筑材料、塑料模具等企业。有五莲县天诚水泥有限公司、五莲县大刚新型墙体材料有限公司、日照百固特新型建材有限公司、五莲县捷安汽车配件制造厂等。有公路经此。

圣旨崖 371121-B07-H02
[Shèngzhǐyá]

在县驻地洪凝街道西北方向 9.5 千米。中至镇辖自然村。人口 1 000。据考，明中期，吕志泰迁此立村。相传当时南来之水受村东崖头阻挡，淹没不少土地，崖头有三皇庙，当地人不敢动。皇帝得知后即下圣旨劈崖疏河，免除了水患，村缘此得名。聚落呈团块状分布。经济以种植业为主，主产小麦、花生、玉米等。有公路经此。

大将沟 371121-B07-H03
[Dàjiànggōu]

在县驻地洪凝街道西北方向 11.0 千米。中至镇辖自然村。人口 400。据考，明初陈姓立村，因"古时有一大将率兵马驻此"的传说得名。康熙十年（1671），孙姓迁入，沿用原村名。聚落呈带状分布。经济以种植业为主，主产小麦、花生、玉米等。有公路经此。

门楼 371121-B07-H04
[Ménlóu]

在县驻地洪凝街道西北方向 13.0 千米。中至镇辖自然村。人口 900。南宋末年，李仙迁此立村，取名东北庄。其后代李澄有官职，李澄死后，在其墓旁勒石并立一志门，形似门楼，遂将村名改为今名。聚落呈团块状分布。经济以种植业为主，主产小麦、花生、玉米、黄烟等。有公路经此。

留村 371121-B07-H05
[Liúcūn]

在县驻地洪凝街道西北方向 8.0 千米。中至镇辖自然村。人口 1 300。明初，臧、隽、于三姓迁此立村，取名臧家胡同。明末秦姓迁入。清光绪年间，前三姓外迁，秦姓留居，更为今名。聚落呈团块状分布。经济以种植业为主，主产小麦、花生、玉米等。有公路经此。

葛家崖头 371121-B07-H06
[Gějiāyátóu]

在县驻地洪凝街道西北方向 13.5 千米。中至镇辖自然村。人口 1 400。明初，滕姓迁此立村，取名滕家胡同，后滕姓他迁。明永乐年间，梅姓迁入，更名为崖头。明永乐十三年（1415），葛姓迁入，更为今名。聚落呈团块状分布。有小学 1 所、幼儿园 1 所。经济以种植业为主，主产小麦、花生、玉米、黄烟等。有公路经此。

陡峨 371121-B07-H07
[Dǒu'é]

在县驻地洪凝街道西方向 8.9 千米。中至镇辖自然村。人口 800。据考，元末秦姓立村，取名秦家巷子，后无秦姓。明初，王姓迁此，在旧址立村，因村居沟里取名沟窝，后以村傍陡岭，更为今名。聚落呈团块状分布。经济以种植业为主，主产小麦、花生、玉米等。胶新铁路经此。

蓬庄 371121-B07-H08
[Péngzhuāng]

在县驻地洪凝街道西方向 7.0 千米。中至镇辖自然村。人口 1 100。据考，元末彭姓在今址北立村，当时仅 7 户，取名七家园，后无彭姓。明洪武二年（1369），李公道、李从道二人迁此居今址。李姓以立村人姓氏取名彭庄。清末，又以人业兴旺之吉祥意更为今名。聚落呈团块状分布。经济以种植业为主，主产小麦、花生、玉米等。有公路经此。

董家营 371121-B07-H09
[Dǒngjiāyíng]

在县驻地洪凝街道西方向 9.5 千米。中至镇辖自然村。人口 1 200。明朝，董郁迁此立村，以姓氏得名董家庄。1981 年地名标准化处理时，因与街头镇董家庄重名，改为董家营。古迹有省级重点文物保护单位董家营遗址。聚落呈团块状分布。经济以种植业为主，主产蜜桃等。有公路经此。

金翎店 371121-B07-H10
[Jīnlíngdiàn]

在县驻地洪凝街道西方向 11.0 千米。中至镇辖自然村。人口 1 100。据考，明初，梅姓迁此立村，因只有五户同住一巷，称东巷子，后无梅姓。张姓迁入，以村西有荆棵林子，更名荆林店。清末因村中有金翎鸟更为今名。聚落呈团块状分布。有小学 1 所、幼儿园 1 所。经济以种植业为主，主产小麦、花生、玉米等。有公路经此。

高泽 371121-B08-H01
[Gāozé]

高泽镇人民政府驻地。在县驻地洪凝街道北方向 8.0 千米。人口 2 100。明初，张、王两姓从江苏省迁入今址西 0.5 千米处沿河立村，称涝支。因膏泽河绕村，土地肥沃，改名膏泽，后简化为高泽。聚落呈团块状分布。有学校 2 所、幼儿园 1 所。经济以种植业为主，主产玉米、小麦、花生等农作物。有包装、机械加工等厂。央赣公路经此。

三教堂 371121-B08-H02
[Sānjiàotáng]

在县驻地洪凝街道北方向 10.0 千米。高泽镇辖自然村。人口 200。明初，窦姓迁此立村，因在旧诸城、日照、莒县三县交界处，耕种三县土地，向三县缴纳田赋，取名三界堂。清道光年间，窦姓迁走，王姓迁入。因村西南有一座供奉儒、道、佛三教的寺院改称今名。聚落呈团块状分布。经济以种植业为主，主产小麦、花生、玉米等。有公路经此。

西楼 371121-B08-H03
[Xīlóu]

在县驻地洪凝街道北方向 5.6 千米。高泽镇辖自然村。人口 3 100。明洪武二年（1369），何姓迁此立村，因建有楼阁，取名何家楼。明末，部分居民东迁 2 千米立新村，取名东楼，该村改称西楼。聚落呈团块状分布。有小学 1 所、幼儿园 1 所。经济以种植业为主，主产小麦、花生、玉米、西瓜等。有公路经此。

西程戈庄 371121-B08-H04
[Xīchénggēzhuāng]

在县驻地洪凝街道西北方向 9.6 千米。高泽镇辖自然村。人口 500。明初，李姓从日照县程崮庄迁此，袭用迁出村名。1960 年因建墙夼水库，由原住址分迁成东、西两村，1966 年东村迁诸城县，西村迁现址。1987 年因和许孟镇程戈庄重名，改为今名。聚落呈团块状分布。有小学 1 所。经济以种植业为主，主产黄烟、小麦、花生、玉米等。有公路经此。

院上 371121-B08-H05
[Yuànshàng]

在县驻地洪凝街道北方向 5.2 千米。

高泽镇辖自然村。人口 1 000。明景泰五年
（1454），陈姓从邱村迁此立村，因在昆
山北麓古寺院一侧建村，得名院上。聚落
呈团块状分布。古迹有明代老枫桥，桥前
有元至正五年（1345）建莱公和尚塔遗址。
经济以种植业为主，主产小麦、花生等。
有公路经此。

户家洼 371121-B08-H06
[Hùjiāwā]

在县驻地洪凝街道北方向8.0千米。
高泽镇辖自然村。人口 300。明洪武二年
（1369），牟姓迁此建村。据传，汉武帝
刘秀被王莽军追杀至此时，天空忽降大雾，
掩其脱险。后人以此传说取村名"护驾洼"，
后演变为今名。聚落呈团块状分布。经济
以种植业为主，主产小麦、花生、玉米等。
有公路经此。

窝疃 371121-B08-H07
[Wōtuǎn]

在县驻地洪凝街道西北方向13.0千米。
高泽镇辖自然村。人口 1 000。据考，高姓
于元末从陕西省迁此立村，不久，胡姓迁入。
因村在丘陵环抱的低洼处，取名窝疃。高、
胡两姓他迁后，迟、李、王等姓相继迁入，
沿用原名。聚落呈团块状分布。经济以种
植业为主，主产小麦、花生、玉米等。有
公路经此。

黄龙汪 371121-B08-H08
[Huánglóngwāng]

在县驻地洪凝街道西北方向11.8千米。
高泽镇辖自然村。人口 700。清康熙二十三
年（1684），王姓从邻村前张仙迁此立村，
因村西傍黄龙岗，东临河得名黄龙汪。聚
落沿河流呈带状分布。经济以种植业为主，
主产小麦、花生、玉米等。有公路经此。

后张仙 371121-B08-H09
[Hòuzhāngxiān]

在县驻地洪凝街道西北方向15.4千米。
高泽镇辖自然村。人口 400。据考，宋代、夏、
耿两姓在此始居，后迁走。因建村于张暹
庙后，得名后张暹。明洪武二年（1369），
王姓徙此，沿用原名，后演变为今名。聚
落呈团块状分布。经济以种植业为主，主
产小麦、花生、玉米等。有公路经此。

东淮河 371121-B08-H10
[Dōnghuáihé]

在县驻地洪凝街道西北方向17.0千米。
高泽镇辖自然村。人口 500。据考，元末，
阎姓迁此立村，因位于淮河主河道东，故名。
后阎姓他迁。明崇祯年间，张姓从日照县
太平桥迁入，沿用原名。聚落呈团块状分
布。经济以种植业为主，主产小麦、花生、
黄烟等。有公路经此。

窑头 371121-B08-H11
[Yáotóu]

在县驻地洪凝街道西北方向14.0千米。
高泽镇辖自然村。人口 800。明嘉靖年间，
王姓自邻村张仙迁此立村，因村东南土崖
上有木炭窑遗址而得名。聚落呈团块状分
布。有小学 1 所、幼儿园 1 所。经济以种
植业为主，主产小麦等。有公路经此。

金线头 371121-B08-H12
[Jīnxiàntóu]

在县驻地洪凝街道西北方向13.6千米。
高泽镇辖自然村。人口 700。明初，韩姓迁
金牛岭东坡立村，因金矿自东南至西北有
一条线，村位于金矿线尽头，得名金线头。
后韩姓衰亡，至明末，王、褚两姓相继迁入，
袭用原名。聚落呈团块状分布。经济以种
植业为主，主产小麦、花生等。有公路经此。

松柏 371121-B09-H01

[Sōngbǎi]

松柏镇人民政府驻地。在县驻地洪凝街道东方向 10.0 千米。人口 1 100。明初，郭姓迁此在白练河两源相汇处立村，因此地杏树多，取名杏叶林。后因村北松柏成林，1909 年改名松柏林，简称松柏。聚落呈团块状分布。有学校 1 所、幼儿园 1 所。经济以种植业为主，主产小麦、花生、甘薯等农作物，盛产苹果、樱桃、板栗等。有机械制造、服装加工、丝织品加工厂等。222 省道经此。

钱家庄子 371121-B09-H02

[Qiánjiāzhuāngzi]

在县驻地洪凝街道东方向 9.8 千米。松柏镇辖自然村。人口 700。据考，明初钱姓迁此立村，以姓氏取名。后钱姓他迁。明万历元年（1573），厉姓迁此定居，沿用原名。聚落沿公路呈带状分布。经济以种植业为主，主产小麦、花生等，特产苹果、樱桃、板栗。有公路经此。

东白庙 371121-B09-H03

[Dōngbáimiào]

在县驻地洪凝街道东南方向 9.5 千米。松柏镇辖自然村。人口 500。清康熙二十二年（1683），王姓从邻村王家洼子迁此，于白马庙东立村，故名。聚落呈团块状分布。经济以种植业为主，主产小麦、玉米、苹果、樱桃、板栗。有公路经此。

三关 371121-B09-H04

[Sānguān]

在县驻地洪凝街道东方向 12.5 千米。松柏镇辖自然村。人口 100。据考，清乾隆年间，夏姓从日照县夏家村迁此立村，后韩、王等姓迁入。因进村须连续攀登三大陡坡，得名三关。聚落呈散状分布。经济以种植业为主，主产小麦、玉米、花生、地瓜、苹果、樱桃、板栗。有公路经此。

前长城岭 371121-B09-H05

[Qiánchángchénglǐng]

在县驻地洪凝街道东方向 8.5 千米。松柏镇辖自然村。人口 1 700。战国时期，郑姓从河南省新郑县迁此，于齐长城前立村，故名。聚落沿白练河东岸呈带状分布。有小学 1 所、幼儿园 1 所。古迹有国家级重点文物保护单位齐长城遗址。经济以种植业为主，主产小麦、玉米、花生、苹果等。有公路经此。

后长城岭 371121-B09-H06

[Hòuchángchénglǐng]

在县驻地洪凝街道东方向 9.0 千米。松柏镇辖自然村。人口 1 100。据郑氏墓碑载，郑氏出大梁新城（今河南新郑县），战国时期迁诸城，近"长城"而居。因村在齐长城后而得名。聚落沿吕街公路东侧呈带状分布。经济以种植业为主，主产小麦、玉米、花生等。有公路经此。

张榜沟 371121-B09-H07

[Zhāngbǎnggōu]

在县驻地洪凝街道东方向 11.0 千米。松柏镇辖自然村。人口 300。据考，明万历年间，张姓迁此沟立村，因张氏有人科举中榜，故名。聚落呈散状分布。经济以种植业为主，主产小麦、花生、玉米等。有公路经此。

驼石沟 371121-B09-H08

[Tuóshígōu]

在县驻地洪凝街道东北方向 11.2 千米。松柏镇辖自然村。人口 200。清道光二十二年（1842），郑丙环从后长城岭迁此沟，隶属原村。1948年自成一村。因村南有一块大石头驮着两块小石头，如一母背二子，取名驮儿石沟，后演变为今名。聚落呈团块状分布。经济以种植业为主，主产小麦、地瓜、花生、苹果、板栗、杏子等。有公路经此。

王家口子 371121-B09-H09
[Wángjiākǒuzi]

在县驻地洪凝街道东南方向10.0千米。松柏镇辖自然村。人口800。清康熙九年（1670），王姓十一世永端、永瑞兄弟二人迁此立村，因村处南北交通隘口处，以姓氏取名王家口子。聚落沿吕街公路呈带状分布。经济以种植业为主，主产小麦、玉米、樱桃、板栗等。有公路经此。

窦家台子 371121-B09-H10
[Dòujiātáizi]

在县驻地洪凝街道东南方向9.0千米。松柏镇辖自然村。人口200。清初，杨姓迁此看山立村，因村处岭前坡，取名岭前官庄。清乾隆年间，窦姓迁入。因村庄坐落在似平台的地方，且窦姓住此，更为今名。聚落呈带状分布。经济以种植业为主，主产小麦、玉米、花生、苹果、板栗、大樱桃等。有公路经此。

刘家南山 371121-B09-H11
[Liújiānánshān]

在县驻地洪凝街道东南方向12.0千米。松柏镇辖自然村。人口700。明万历年间，刘姓迁此立村，因此地生长芍药，取名芍药头。后因姓氏和位于南山后，改为今名。聚落呈带状分布。经济以种植业为主，主产小麦、花生、板栗等，盛产大小樱桃，依托樱桃采摘发展旅游业。有公路经此。

前苇场 371121-B09-H12
[Qiánwěichǎng]

在县驻地洪凝街道东南方向13.0千米。松柏镇辖自然村。人口300。据《刘氏族谱》载，清康熙元年（1662），刘姓从刘家南山迁此立村，因在后苇场前，故名。聚落呈团块状分布。经济以种植业为主，主产玉米、小麦、花生、板栗等。依托九仙山风景区，发展旅游业。有公路经此。

宣王沟 371121-B09-H13
[Xuānwánggōu]

在县驻地洪凝街道东南方向14.0千米。松柏镇辖自然村。人口100。据考，清咸丰年间，李姓从本县菜园村迁此立村，以"齐宣王派孙膑在此打过胜仗"的传说而得名。聚落呈团块状分布。经济以种植业为主，主产小麦、花生等。依托九仙山风景区，发展旅游业。有公路经此。

靴石 371121-B09-H14
[Xuēshí]

在县驻地洪凝街道东南方向14.3千米。松柏镇辖自然村。人口100。清道光二十三年（1843），王姓迁此立村，因村西有一巨石形似靴子得名。聚落呈团块状分布。经济以旅游业为主，主要景点有靴石花园和九仙山风景区民俗旅游村。有公路经此。

石场 371121-C01-H01
[Shíchǎng]

石场乡人民政府驻地。在县驻地洪凝街道西南方向13.0千米。人口1 700。据考，明洪武二年（1369），孙、赵两姓由江苏海州迁此立村，因村东岭前坡有石盘，顶平如场，得名石场。聚落沿袁公河岸呈团块状分布。有学校1所、幼儿园1所。经济以种植业为主，主产小麦、花生、生姜等农作物。有运动器材、农产品加工等厂。有公路经此。

岳疃 371121-C01-H02
[Yuètuǎn]

在县驻地洪凝街道西南方向13.0千米。石场乡辖自然村。人口1 300。明初，周坤迁此立村，因多饲养鸭子，取名鸭子栏。后村人恶其名，以山岳之意，更为今名。聚落呈团块状分布。经济以种植业为主，主产小麦、花生、玉米、地瓜、生姜等。有龙盛食品厂。有公路经此。

上万家沟 371121-C01-H03
[Shàngwànjiāgōu]

在县驻地洪凝街道西南方向13.0千米。石场乡辖自然村。人口600。明初，万姓兄弟四人在宝珠山东沟立村，以姓氏取名万家沟。河下游下万家沟立村后，因居河上游改为今名。聚落呈团块状分布。经济以种植业为主，主产小麦、地瓜、花生、生姜等。有公路经此。

古山 371121-C01-H04
[Gǔshān]

在县驻地洪凝街道西南方向14.0千米。石场乡辖自然村。人口600。据传，唐代，夏、白两姓于古山西坡立村，村名缘于山名。明中期，王姓由本县宅科店迁入，村名未变。聚落呈团块状分布。经济以种植业为主，主产小麦、地瓜、花生、生姜等。有公路经此。

南仲家 371121-C01-H05
[Nánzhòngjiā]

在县驻地洪凝街道西南方向19.0千米。石场乡辖自然村。人口1 100。据考，明初，仲姓兄弟二人从江苏赣榆县迁此，兄弟二人分建两村，兄建村在前，称前仲家，后更为今名。聚落呈散状分布。经济以种植业为主，主产小麦、地瓜、玉米、花生、生姜等。有种鸡厂、肉鸡厂。有公路经此。

徐家山庄 371121-C01-H06
[Xújiāshānzhuāng]

在县驻地洪凝街道西南方向23.0千米。石场乡辖自然村。人口500。据《徐氏族谱》载，清初，徐庭安、徐庭亮自邻村下石屋迁此立村，以姓氏和自然地理实体得名。聚落呈带状分布。有小学1所、幼儿园1所。经济以种植业为主，主产小麦、花生、玉米、地瓜、生姜等。有公路经此。

马家山庄 371121-C01-H07
[Mǎjiāshānzhuāng]

在县驻地洪凝街道西南方向23.0千米。石场乡辖自然村。人口200。据考，南宋末年，马良从江苏海州迁此立村，以姓氏和地势取名。1982年部分住户迁南岭前坡居住。聚落呈团块状分布。经济以种植业为主，主产小麦、地瓜、玉米、花生、生姜等。有公路经此。

黄桐 371121-C01-H08
[Huángtóngcūn]

在县驻地洪凝街道西南方向24.0千米。石场乡辖自然村。明洪武十七年（1384），王祥迁此立村，因村西南十八顶山山腰有一洞，名黄柏央洞，以此取村名黄洞沟，后演变为今名。聚落呈带状分布。经济以种植业为主，主产小麦、花生、玉米、地瓜、生姜等，特产苹果。有公路经此。

霞克院 371121-C01-H09
[Xiákèyuàn]

在县驻地洪凝街道西南方向23.3千米。石场乡辖自然村。人口100。清末，张姓由诸城井丘村迁此立村，于霞客院（寺）旁立村，村以寺名，后演变为今名。聚落呈团块状分布。村中有霞客院古寺遗址。经济以种植业为主，主产小麦、花生、玉米、地瓜、生姜等。有公路经此。

东邵宅 371121-C01-H10

[Dōngshàozhái]

在县驻地洪凝街道西南方向21.5千米。石场乡辖自然村。人口300。元末，邵姓迁此，分别建立东西两处住宅，后形成东西两村，此村在东，故名东邵宅。后无邵姓。明嘉靖年间，董汉卿迁入，袭用原名。聚落呈团块状分布。经济以种植业为主，主产小麦、花生、玉米、地瓜、生姜、苹果、板栗。有公路经此。

户部 371121-C02-H01

[Hùbù]

户部乡人民政府驻地。在县驻地洪凝街道东方向19.0千米。人口1 300。明初别姓立村，以北岭槲梓椤林的谐音取名户埠村，后演变为户部岭，1944年后简称户部。聚落呈团块状分布。有学校2所、幼儿园1所。经济以种植业为主，主产小麦、玉米、花生等农作物，盛产板栗、苹果。有工艺品、砖瓦等厂。有公路经此。

黄巷子 371121-C02-H02

[Huángxiàngzi]

在县驻地洪凝街道东南方向20.0千米。户部乡辖自然村。人口800。明代前，黄、乌、屠三姓在此立村，黄氏为首，自居一巷，故名。后三姓他迁。明洪武二十一年（1388），崔士福从胶南黄山前迁入，袭用原名。聚落呈团块状分布。有图书馆1个。经济以种植业为主，主产小麦、地瓜、花生等。有昱森工贸公司。有公路经此。

邱家店子 371121-C02-H03

[Qiūjiādiànzi]

在县驻地洪凝街道东南方向17.4千米。户部乡辖自然村。人口600。明正德元年（1506），许姓迁此立村，因许姓开店，得名许家店子。明嘉靖四十三年（1564），邱姓迁入，许姓他迁。清末改名为邱家店子。聚落呈团块状分布。有图书馆1个。经济以种植业为主，主产小麦、玉米、花生等。334省道经此。

宋家村 371121-C02-H04

[Sòngjiācūn]

在县驻地洪凝街道东南方向18.0千米。户部乡辖自然村。人口900。明洪武二年（1369），宋姓迁五莲山后立村，取名宋家榆林，后演变为今名。后高、张、李、陈姓迁入，村名依旧。聚落呈团块状分布。有图书馆1个。经济以种植业为主，主产小麦、花生等。334省道经此。

王家大村 371121-C02-H05

[Wángjiādàcūn]

在县驻地洪凝街道东南方向16.0千米。户部乡辖自然村。人口1 300。明代前立村，原村东土地庙院墙内壁嵌有两块石碑，分别刻有阎家大村、王家大村。后无阎姓。明洪武二年（1369），王姓兄弟七人迁此，沿用王家大村名。聚落呈团块状分布。有图书馆1个、小学1所、幼儿园1所。古迹有明末诗人王钟仙墓碑。经济以种植业为主，主产小麦、玉米、花生等。334省道经此。

黄崖川 371121-C02-H06

[Huángyáchuān]

在县驻地洪凝街道东南方向14.5千米。户部乡辖自然村。人口600。明正德元年

（1506），王姓由王家大村迁此立村，以黄土崖环抱村后得名黄崖圈，后写为黄崖川。聚落呈带状分布。经济以种植业为主，主产小麦、地瓜、花生等。有公路经此。

井家庄子 371121-C02-H07
[Jǐngjiāzhuāngzi]

在县驻地洪凝街道东方向15.5千米。户部乡辖自然村。人口1 200。明初，井姓立村，故名。明正德十三年（1518），王山由王家大村迁入，村名依旧。聚落呈团块状分布。有幼儿园1所。经济以种植业为主，主产小麦、地瓜、花生等，特产板栗。有公路经此。

上五台 371121-C02-H08
[Shàngwǔtái]

在县驻地洪凝街道东方向19.0千米。户部乡辖自然村。人口200。据考，宋代即有人在此居住。清乾隆《诸城县志》载："村南有墓碑，上额镌有'前密州节度使吴太尉神道碑'"，村以此取名吴太坟，后演变为五台坟。1961年分三村，此村居河上游，故名。聚落呈团块状分布。经济以种植业为主，主产小麦、玉米、花生等，特产板栗。有公路经此。

臧家槎河 371121-C02-H09
[Zāngjiācháhé]

在县驻地洪凝街道东方向21.0千米。户部乡辖自然村。人口1 500。明代前，许姓在此立村，因居河汊处，以谐音取名许家槎河。明万历四十三年（1615），该地被卖给臧佰元，随后改名臧家槎河。聚落呈团块状分布。有小学1所、幼儿园1所。经济以种植业为主，主产玉米、花生等，特产大、小樱桃。有公路经此。

高阁庄 371121-C02-H10
[Gāogézhuāng]

在县驻地洪凝街道东方向19.8千米。户部乡辖自然村。人口700。明洪武二年（1369），王姓、翟姓先后迁入，共同立村，取名高哥庄。清初，邱氏迁入。因在大街南北两头各建一座阁楼，遂改名高阁庄。聚落呈带状分布。经济以种植业为主，主产花生、玉米、小麦等，特产大樱桃。有公路经此。

井家沟 371121-C02-H11
[Jǐngjiāgōu]

在县驻地洪凝街道东方向23.0千米。户部乡辖自然村。人口500。据考，明崇祯年间，林姓从邻村大刘家槎河迁此立村，因群山环抱，居处低洼处，似在井中，故名。聚落呈团块状分布。经济以种植业为主，主产花生、玉米、小麦、谷子等，特产大樱桃。"井家沟小米"获得绿色食品认证。有公路经此。

大刘家槎河 371121-C02-H12
[Dàliújiācháhé]

在县驻地洪凝街道东北方向22.5千米。户部乡辖自然村。人口1 000。据考，明初吉、白两姓迁此立村，取名北槎河。清乾隆年间，刘宏熙迁入，吉、白两姓他迁，刘姓兴旺，改名刘家槎河。清道光年间，因村西建了小刘家槎河，更为今名。聚落呈团块状分布。经济以种植业为主，主产小麦、玉米、花生等，特产大樱桃，兼有桑蚕养殖。有公路经此。

杨家峪 371121-C02-H13
[Yángjiāyù]

在县驻地洪凝街道东北方向24.0千米。户部乡辖自然村。人口700。明初，白姓迁此立村，因村中有沟，形如羊角，取名羊角沟，后演变为杨家沟。清乾隆年间，刘姓迁此村，因在北槎河以东，又名东槎河。不久仍称杨家沟。1981 年地名标准化处理时，因与高泽镇杨家沟重名，改为今名。聚落呈带状分布。经济以种植业为主，主产花生、地瓜等，特产大樱桃。有公路经此。

莒县

城市居民点

桃园南区 371122-I01
[Táoyuán Nánqū]

在县城东部。人口 1 800。总面积 6.4 公顷。以"桃花源"的美好寓意命名，因有南北两个小区，该小区在南，故名。1994 年始建，1998 年正式使用。建筑总面积 59 570 平方米，多层住宅楼 23 栋，现代建筑风格，绿化率 32.5%。有幼儿园等配套设施。通公交车。

海纳莒州家园 371122-I02
[Hǎinàjǔzhōu Jiāyuán]

在县城东部。人口 3 700。总面积 11.5 公顷。以物业公司名称命名。2003 年始建，2008 年正式使用。建筑总面积 121 309 平方米，多层住宅楼 33 栋，现代建筑风格，绿化率 38%。有超市等配套设施。通公交车。通多路公交车。

朝阳花园 371122-I03
[Zhāoyáng Huāyuán]

在县城北部。人口 2 200。总面积 6.2 公顷。以希望小区发展如朝阳一样蒸蒸日上的美好寓意和嘉言命名。2002 年始建，2008 年正式使用。建筑总面积 83 988 平方米，多层住宅楼 24 栋，现代建筑风格，有超市等配套设施。通公交车。

农村居民点

岳家村 371122-A01-H01
[Yuèjiācūn]

在县驻地城阳街道东北方向 2.5 千米。城阳街道辖自然村。人口 2 000。以姓氏命名。聚落呈团块状分布。有中学 1 所。经济以种植业为主，主产蔬菜。土特产有炕饼。有公路经此。

北关街 371122-A01-H02
[Běiguānjiē]

在县驻地城阳街道北方向 1.5 千米。城阳街道辖自然村。人口 1 100。《重修莒志·城池》载："元至正中，参政马睦火者镇莒，以城大难守，截东北隅为今城，为门者三……北曰沙浦。"自此即有北关，是老莒城的北门。1981 年更名为北关街。聚落呈团块状分布。经济以种植业、商贸业为主，主产小麦、玉米等。有公路经此。

大菓街 371122-A01-H03
[Dàguǒjiē]

在县驻地城阳街道西方向 0.5 千米。城阳街道辖自然村。人口 900。《嘉庆莒州志·街坊》称所门街；1958 年改为大菓街大队；1981 年更名为大菓街，因原为瓜果摊贩聚售之处而得名。聚落呈团块状分布。有小学 1 所。经济以商业为主。有公路经此。

东关一街 371122-A01-H04
[Dōngguānyījiē]

在县驻地城阳街道东南方向 0.7 千米。城阳街道辖自然村。人口 1 300。元至正年间，此处始有居户，后形成东关街。1958 年东关自南而北依次划为五个大队，此居南端为第一大队，1981 年更名为东关第一街。聚落呈团块状分布。经济以种植业、商业为主，有东关批发市场，主产小麦、玉米、大蒜等。有公路经此。

东村街 371122-A01-H05

[Dōngcūnjiē]

在县驻地城阳街道东北方向 0.5 千米。城阳街道辖自然村。人口 1 000。据传明中叶荆氏建村，名荆家村。因居莒城东部，1940 年改名东村。1981 年更名为东村街。聚落呈团块状分布。经济以种植业、商业为主，主产蔬菜、小麦、玉米等。有公路经此。

靳家园街 371122-A01-H06

[Jìnjiāyuánjiē]

在县驻地城阳街道西方向 1.2 千米。城阳街道辖自然村。人口 1 000。据传清雍正八年（1730）大水，靳氏逃荒居此，故名靳家园。1981 年更名为靳家园街。聚落呈团块状分布。经济以商业为主。有公路经此。

东大街二街 371122-A01-H07

[Dōngdàjiē'èrjiē]

在县驻地城阳街道东南方向 0.5 千米。城阳街道辖自然村。人口 700。因居故城东部而得名。1981 年东大街分为两街，此村称东大街二街。聚落呈团块状分布。经济以种植业、商业为主，主产玉米、小麦等。有公路经此。

孔家街 371122-A01-H08

[Kǒngjiājiē]

在县驻地城阳街道南方向 0.6 千米。城阳街道辖自然村。人口 400。清雍正元年（1723），孔氏迁此立村，租地种菜园，后人户渐多，取名孔家园，1952 年改名孔家街。聚落呈团块状分布。经济以商业为主。有公路经此。

刘家菜园街 371122-A01-H09

[Liújiācàiyuánjiē]

在县驻地城阳街道西方向 1.2 千米。城阳街道辖自然村。人口 2 800。据传，清初陈氏建村，初名陈家花园，后败落，刘氏迁入，以种菜为业，改名刘家菜园，1981 年更名为刘家菜园街。聚落呈团块状分布。经济以种植业、商业为主，主要作物有大蒜、玉米等。有浮来春酒厂、华泰纸业有限公司、莒县板纸厂等企业。206 国道经此。

南关一街 371122-A01-H10

[Nánguānyījiē]

在县驻地城阳街道东南方向 0.5 千米。城阳街道辖自然村。人口 1 400。《重修莒志·城池》载："元至正中，参政马睦火者镇莒，以城大难守，截东北隅为今城……为门者三……南曰壮仓。"南关始此。1981 年，以莒州路为界，东侧更名为南关一街。聚落呈团块状分布。有小学 1 所。经济以种植业、商业为主，主要作物有小麦、玉米、大蒜等。有公路经此。

前城子后 371122-A01-H11

[Qiánchéngzihòu]

在县驻地城阳街道西北方向 2.0 千米。城阳街道辖自然村。人口 800。明成化三年（1467），吕氏迁此建村。因建村于莒国古城外残垣之前，又在城子后之前，取名前城子后。聚落呈团块状分布。经济以商业为主，有信中食品有限公司等。有公路经此。

前西关街 371122-A01-H12

[Qiánxīguānjiē]

在县驻地城阳街道西方向 1.0 千米。城阳街道辖自然村。人口 400。元朝末年立村，因在西城墙外，虽无西门，随其他各门的称呼，称西关。1929 年，在西关中部开辟西去之路，该村在路南，为前西关街。聚落呈团块状分布。经济以房屋租赁业和商业为主。有公路经此。

双合村街　371122-A01-H13
[shuānghécūnjiē]

在县驻地城阳街道西北方向 1.0 千米。城阳街道辖自然村。人口 200。清光绪三十一年（1905），冯氏迁居此地，初无村名。光绪三十三年刘氏迁入，两姓相商，起村名为双合村，1981 年更名为双合村街。聚落呈团块状分布。经济以房屋租赁业为主。有公路经此。

土门首街　371122-A01-H14
[Tǔménshǒujiē]

在县驻地城阳街道西方向 1.5 千米。城阳街道辖自然村。人口 600。清康熙三十年（1691），李氏迁此立村，取名土门首。1981 年更名为土门首街。聚落呈团块状分布。有中学 1 所。经济以商业为主。有公路经此。

宫家园街　371122-A01-H15
[Gōngjiāyuánjiē]

在县驻地城阳街道西南方向 1.0 千米。城阳街道辖自然村。人口 600。据传明洪武初年，宫氏从东海十八村迁此，以种菜为主，取名宫家园，1981 年更名为宫家园街。聚落呈团块状分布。经济以种植业、养殖业等为主，主产小麦、玉米等。有公路经此。

后西关街　371122-A01-H16
[Hòuxīguānjiē]

在县驻地城阳街道西方向 1.0 千米。城阳街道辖自然村。人口 1 000。元朝末年立村，因在西城墙外，虽无西门，随其他各门的称呼，称西关。1929 年，在西关中部开辟西去之路，该村在路北，为后西关街。聚落呈团块状分布。有小学 1 所。经济以房屋租赁和商业为主。有公路经此。

后营街　371122-A01-H17
[Hòuyíngjiē]

在县驻地城阳街道北方向 0.5 千米。城阳街道辖自然村。人口 1 000。因清时城防营设此得名"后营"，1981 年更名后营街。聚落呈团块状分布。经济以种植业、商业为主，主要作物有小麦、玉米等。有公路经此。

王家店子街　371122-A01-H18
[Wángjiādiànzijiē]

在县驻地城阳街道北方向 1.5 千米。城阳街道辖自然村。人口 300。据传，明天启年间，王氏兄弟二人迁此定居，以开店为生，清中叶始成小村，取名王家店子，1981 年更名为王家店子街。聚落呈团块状分布。经济以商业为主。有公路经此。

西大街　371122-A01-H19
[Xīdàjiē]

在县驻地城阳街道西方向 2.0 千米。城阳街道辖自然村。人口 1 400。因居故城西部而得名。聚落呈团块状分布。有小学 1 所。古迹有节孝坊、城隍庙、文庙、宝愿寺。经济以商业为主。有公路经此。

新庄子街　371122-A01-H20
[Xīnzhuāngzijiē]

在县驻地城阳街道北方向 1.5 千米。城阳街道辖自然村。人口 500。原为辛氏佃户村，故名辛庄子，后辛氏外迁，仍用此名。1944 年改名新庄子，1981 年更名为新庄子街。聚落呈团块状分布。有中学 1 所。经济以商业为主。有公路经此。

于家园街 371122-A01-H21

[Yújiāyuánjiē]

在县驻地城阳街道西方向 1.0 千米。城阳街道辖自然村。人口 700。清初于氏从黄县迁此，以种菜为生，取名于家园，1981 更名为于家园街。聚落呈团块状分布。经济以种植业和商业为主。有公路经此。

后绪密 371122-A01-H22

[hòuxùmì]

在县驻地城阳街道东北方向 13.0 千米。城阳街道辖自然村。人口 1 600。河北密云县赵氏迁此立村，为怀念故土，取村名绪密。清雍正八年（1730），前绪密立村，此村改称后绪密。聚落呈团块状分布。有小学 1 所。村内青桐寺。经济以种植业、养殖业、制造业为主，主产小麦、玉米、水稻等。有木器厂、箱包厂等。207 国道经此。

招贤 371122-B01-H01

[Zhāoxián]

招贤镇人民政府驻地。在县驻地城阳街道东北方向 18.0 千米。人口 7 300。元末建村，名隋家店子，明改称招贤。据说因春秋时期燕国大将乐毅伐齐在此筑台招贤而得名。聚落呈团块状分布。有小学 1 所、幼儿园 1 所、中学 1 所。经济以种植业为主，主产水稻、桑蚕、瓜菜、花卉等。大棚蔬菜种植为主导产业。有莒县惠德建材有限公司、莒县六和兴润饲料有限公司。206 国道经此。

东黄埠 371122-B01-H02

[Dōnghuángbù]

在县驻地城阳街道东北方向 20.0 千米。招贤镇辖自然村。人口 1 100。村东有一土阜，上有圣寿寺遗迹，阜土橙色，故名红土阜。后因圣寿寺贼僧就诛，改名黄土阜，简称黄阜，后演变为黄埠。明朝末年，分为两村，此村居东，取名东黄埠。聚落呈团块状分布。经济以种植业、养殖业为主。有鲜切花大棚 800 多个，共 1 300 多亩。有公路经此。

大河东 371122-B01-H03

[Dàhédōng]

在县驻地城阳街道东北方向 25.0 千米。招贤镇辖自然村。人口 2 300。据传，明初董氏建村，因处沭河东岸，取名河东，又因与北汶村隔河相望，亦名北汶河东。清初，小河东立村，改称大河东。聚落呈团块状分布。有小学 1 所。经济以种植业为主，主要作物有小麦、玉米、地瓜、花生、大姜、桑、黄烟等。有公路经此。

古路官庄 371122-B01-H04

[Gǔlùguānzhuāng]

在县驻地城阳街道东北方向 23.0 千米。招贤镇辖自然村。人口 300。因村靠古大道，过路官员多在此停歇，故名。聚落呈团块状分布。古迹有汉代墓葬遗址。经济以种植业为主，主要作物有小麦、玉米、花生、黄烟、大姜、桑等。有公路经此。

西全寨 371122-B01-H05

[Xīquánzhài]

在县驻地城阳街道东北方向 24.0 千米。招贤镇辖自然村。人口 600。据传，明永乐年间，朱氏建村。永乐扫北时，在此安了两个寨，百姓因此得以安居，此寨在西，故名西全寨。聚落呈团块状分布。经济以种植业为主，主要作物有小麦、玉米、花生、黄烟、大姜等。有公路经此。

梁家春生 371122-B01-H06

[Liángjiāchūnshēng]

在县驻地城阳街道东北方向 16.0 千米。招贤镇辖自然村。人口 1 700。因椿树茂盛，初名春行，后改名春生。据传，清初仲氏迁此村，陈、梁等姓相继迁入，清中叶，陈氏兴旺，改名陈家春生，后梁氏繁衍较快，清末更名为梁家春生。聚落呈团块状分布。有小学1所。古迹有陈太师碑。经济以种植业、养殖业为主，主要作物有小麦、玉米、水稻、花生、大姜、桑、林果等。有公路经此。

岳家春生　371122-B01-H07
[Yuèjiāchūnshēng]

在县驻地城阳街道东北方向16.0千米。招贤镇辖自然村。人口700。据传，明初郑氏立村，因村前砂沟子河西岸一片椿树行子而名郑家椿行，继有梁氏、车氏迁入，后分别西移、北迁。后岳氏成为旺族，郑氏败落远徙，遂改名岳家春生。聚落呈团块状分布。经济以种植业、养殖业为主，主要作物有小麦、玉米、水稻、花生、大姜等。有公路经此。

武家曲坊　371122-B01-H08
[Wǔjiāqūfáng]

在县驻地城阳街道东北方向22.0千米。招贤镇辖自然村。人口1500。据传，明天启六年（1626），武氏迁此定居，初名杏花村。杏花村盛产美酒，邻村为其设坊制曲，改名曲坊。清初随邻村更名武家曲坊。聚落呈团块状分布。有小学1所。经济以种植业为主，主要作物有小麦、水稻、玉米、花生等。有公路经此。

大罗庄　371122-B01-H09
[Dàlúozhuāng]

在县驻地城阳街道东北方向18.0千米。招贤镇辖自然村。人口1800。因宋氏由黄埠挪出在此立村，为区别于小挪庄，取名大挪庄，后演变为大罗庄。聚落呈团块状分布。有大罗庄村史馆。经济以种植业、养殖业为主，主要作物有小麦、水稻、玉

米等。有花卉基地100多亩和丰产林300亩。206国道经此。

大铺　371122-B01-H10
[Dàpù]

在县驻地城阳街道东北方向20.5千米。招贤镇辖自然村。人口1100。明永乐年间，柳氏迁此立村，后有孔氏迁入。建村时在此开设店铺，此村较大，故名大铺。聚落呈团块状分布。有县级文物保护单位大铺遗址。经济以种植业为主，主要作物有小麦、水稻、玉米等。206国道经此。

东双庙　371122-B01-H11
[Dōngshuāngmiào]

在县驻地城阳街道东北方向15.7千米。招贤镇辖自然村。人口1600。据传，明洪武初年，刘、吴两姓迁洪罗店废墟立村，卢氏相继迁入。此村屡遭水灾，为攘其患，修二庙祈之，一曰"老母庙"，二曰"关帝庙"。以"双庙"命名，后按方位改名东双庙。聚落呈团块状分布。有县级文物保护单位兴隆观。经济以种植业为主，主要作物有小麦、玉米、水稻等。206国道经此。

后仕阳　371122-B01-H12
[HòuShìyáng]

在县驻地城阳街道东北方向23.5千米。招贤镇辖自然村。人口1300。传说村西原有石佛寺，寺碑载"大侍养"，以此为村名，后演变为大仕阳；1961年分成两村，根据方位，此村在后，改名后仕阳。聚落呈团块状分布。有小学1所。经济以种植业、养殖业为主，主要作物有小麦、水稻、花生、玉米、蔬菜等。有公路经此。

凤凰庄　371122-B01-H13
[Fènghuángzhuāng]

在县驻地城阳街道东北方向19.0千米。

招贤镇辖自然村。人口 200。此地有 9 个大土墩，称凤凰台，故名。聚落呈团块状分布。经济以种植业为主，主要作物有小麦、玉米、水稻、花生、桑、大姜、蔬菜等。有公路经此。

汀沟店 371122-B01-H14
[Tīnggōudiàn]

在县驻地城阳街道东北方向 24.8 千米。招贤镇辖自然村。人口 600。据传明末苑氏建村，初名小店子。后朱氏在此开店，毁于匪患。朱氏又与陈氏重建此村，因靠汀沟村，改名汀沟店。聚落呈团块状分布。经济以种植业为主，主要作物有小麦、玉米、地瓜、黄烟、药材等。有公路经此。

阎庄 371122-B02-H01
[Yánzhuāng]

阎庄镇人民政府驻地。在县驻地城阳街道北方向 9.0 千米。人口 900。因明初阎、王两姓在此建村，称阎王庄，后外姓入称阎庄。聚落呈团块状分布。有小学 1 所、幼儿园 1 所。经济以加工制造业、种植业为主，主要农作物有水稻、玉米、小麦、水果、蔬菜等。有养鸡场和物流、水泥预制构件加工等工厂。有日照中联水泥有限公司、莒县国泰有色金属材料有限公司。胶新铁路经此。

周马庄 371122-B02-H02
[Zhōumǎzhuāng]

在县驻地城阳街道北方向 9.0 千米。阎庄镇辖自然村。人口 1 000。据传，明洪武初年，周氏从日照县周家崖迁至尹家庙西建村，初名庙西。后人户渐多，曾改名为周家巷、周家庄。明洪武末年，马氏从莒城徙入，取名巷子后，又名杏汪子崖，后称马家庄。1947 年两村合并，更名周马庄。聚落呈团块状分布。村东存 1 棵 600 多年

古槐。经济以种植业、养殖业为主，主要作物有小麦和水稻等。有公路经此。

爱国村 371122-B02-H03
[Àiguócūn]

在县驻地城阳街道北方向 10.0 千米。阎庄镇辖自然村。人口 1 100。相传，明永乐四年（1406），千户侯尹聪来此屯田建楼一座，取名尹家楼。同时，吕氏从吕家崮西移居楼北，取名吕家庄。1953 年，两村合并，更名爱国村。聚落呈团块状分布。经济以种植业为主，主要作物有小麦、水稻等。有公路经此。

大北林 371122-B02-H04
[Dàběilín]

在县驻地城阳街道北方向 11.0 千米。阎庄镇辖自然村。人口 800。明末，史氏兄弟三人迁此定居，因村前有一柏树林，遂取名柏林，后演变为北林。清康熙年间，小北林立村，此村改称大北林。聚落呈团块状分布。经济以种植业、养殖业为主，主要作物有小麦、水稻等。有公路经此。

孟家庄 371122-B02-H05
[Mèngjiāzhuāng]

在县驻地城阳街道北方向 8.0 千米。阎庄镇辖自然村。人口 1 000。据村西庙碑记载，明万历年间立村，因孟氏居此，故名孟家庄。聚落呈团块状分布。经济以种植业、养殖业为主，主要作物有小麦、水稻等。胶新铁路经此。

韩家官庄 371122-B02-H06
[Hánjiāguānzhuāng]

在县驻地城阳街道北方向 8.0 千米。阎庄镇辖自然村。人口 500。据传，明永乐年间，韩、张、徐等姓先后在此开垦官田，因韩氏最早，人户兴旺，以韩氏为首，取名韩

家官庄。聚落呈团块状分布。有县级文物保护单位韩家官庄遗址。有明初古国槐1棵。经济以种植业、养殖业为主，主要作物有小麦、水稻、蔬菜等。有公路经此。

宋家桥 371122-B02-H07

［Sòngjiāqiáo］

在县驻地城阳街道北方向7.0千米。阎庄镇辖自然村。人口800。据传，元初宋氏立村，村前有东西小河，因宋氏投资建桥，遂取村名宋家桥。聚落呈团块状分布。经济以种植业、养殖业为主，主要作物有小麦、水稻、蔬菜等。有公路经此。

大长安坡 371122-B02-H08

［Dàcháng'ānpō］

在县驻地城阳街道北方向8.0千米。阎庄镇辖自然村。人口1 400。据传，明洪武二年（1369），张仕吉兄弟三人迁此立村，因希望能避免战乱之苦，取村名太平村。后因傍沭河，怕水泛滥，以吉祥言取名长安坡。清顺治年间，小长安坡立村，此村改称大长安坡。聚落呈团块状分布。有小学1所。经济以种植业、养殖业为主，主要作物有小麦、水稻、蔬菜等。胶新铁路经此。

徐家当门 371122-B02-H09

［Xújiādāngmén］

在县驻地城阳街道北方向10.0千米。阎庄镇辖自然村。人口1 100。明洪武三年（1370），徐氏迁此立村，因与莒城北门相对，平原无阻，取名当门，冠以姓氏，故名。聚落呈团块状分布。经济以种植业、养殖业为主，主要作物有小麦、水稻等。有公路经此。

何家楼 371122-B02-H10

［Héjiālóu］

在县驻地城阳街道北方向13.0千米。

阎庄镇辖自然村。人口500。明洪武初年，何踞迁此建楼定居，故名何家楼。聚落呈团块状分布。经济以种植业为主，主产大棚芸豆、西红柿、黄瓜等。有公路经此。

渚汀 371122-B02-H11

［Zhǔtīng］

在县驻地城阳街道北方向13.0千米。阎庄镇辖自然村。人口2 200。明嘉靖年间，段氏徙此立村，因西南角有一块方石被石柱顶着，取名柱顶。民国初年，村内文人段淑新根据本村地处平原、三面环水的特点，改村名为渚汀。聚落呈团块状分布。有小学1所。经济以种植业为主，主要作物有小麦、玉米、水稻等。有公路经此。

孙家山沟 371122-B02-H12

［Sūnjiāshāngōu］

在县驻地城阳街道北方向11.0千米。阎庄镇辖自然村。人口1 000。明初孙氏建村，因在岭坡沟畔，取名孙家山沟。聚落呈团块状分布。有明万历年间栽种的古槐树1棵。经济以种植业、养殖业为主，主要作物有小麦、玉米、水稻、花生等。有公路经此。

尹家营 371122-B02-H13

［Yǐnjiāyíng］

在县驻地城阳街道北方向15.0千米。阎庄镇辖自然村。人口400。据传，明永乐扫北时，千户侯尹聪率兵在此地屯垦，大营设此，称尹家营。至八代千户侯尹安民抗清失利为民，定居此地，乃为村名。聚落呈团块状分布。经济以种植业为主，主要作物有小麦、玉米等。有公路经此。

夏庄 371122-B03-H01

［Xiàzhuāng］

夏庄镇人民政府驻地。在县驻地城阳街道南方向25.0千米。人口2 800。相传，夏庄原村建于岭下，岭上的村庄称其下庄。清雍正八年（1730），大水冲毁村庄，幸存者移居岭顶，时值盛夏七月，仍取原音，改名夏庄。聚落呈团块状分布。有文化广场1个、学校3所。经济以种植业和制造业为主，主要农作物有小麦、地瓜、玉米、茶叶、蔬菜等。有家具、沙发、机砖等厂。有日照市惠生饲料有限公司、日照市百信畜禽有限公司。206国道经此。

李家官庄 371122-B03-H02
[Lǐjiāguānzhuāng]

在县驻地城阳街道南方向19.0千米。夏庄镇辖自然村。人口1 100。据传，明末吴氏兄弟二人迁此居住，至清顺治初年，李氏从脉住墩迁入，垦种官田，取名李家官庄。聚落呈团块状分布。经济以种植业为主，主要作物有小麦、玉米、花生、大棚西红柿等。206国道经此。

荀家村 371122-B03-H03
[Xúnjiācūn]

在县驻地城阳街道南方向21.0千米。夏庄镇辖自然村。人口700。相传，明洪武初年，荀、邢等姓在此立村，因荀氏兴旺，取名荀家村。明末，荀氏徙出，邢氏兴旺，改名邢家村。清嘉庆年间，邢氏徙出，仍称邢家村。1929年划区时，复原名荀家村。聚落呈团块状分布。经济以种植业为主，主要作物有小麦、玉米、花生等。有公路经此。

李家抱虎 371122-B03-H04
[Lǐjiābàohǔ]

在县驻地城阳街道南方向21.0千米。夏庄镇辖自然村。人口1 300。村前有洞，名曰"抱虎洞"。明末崇祯年间，李氏为避兵祸，流落至此，取兵讳之义，借地理实体，取名李家抱虎。聚落呈团块状分布。

有小学1所。经济以种植业为主，主要作物有小麦、玉米、花生等。有公路经此。

薛家湖 371122-B03-H05
[Xuējiāhú]

在县驻地城阳街道南方向20.0千米。夏庄镇辖自然村。人口1 300。清康熙初年，薛氏建村于小平原之东，以姓氏命名为薛家湖。聚落呈团块状分布。有小学1所。经济以种植业为主，主要作物有小麦、玉米、花生等。206国道经此。

毛家堰 371122-B03-H06
[Máojiāyàn]

在县驻地城阳街道南方向23.0千米。夏庄镇辖自然村。人口1 500。明初毛氏建村，筑堰护田，取名毛家堰。聚落呈团块状分布。有小学1所。经济以种植业为主，主要作物有小麦、玉米、花生、油桃等。有公路经此。

尹家湖 371122-B03-H07
[Yǐnjiāhú]

在县驻地城阳街道南方向22.0千米。夏庄镇辖自然村。人口1 300。明末，尹氏迁此立村。因村居小平原之南，取名尹家湖。聚落呈团块状分布。经济以种植业为主，主要作物有小麦、玉米、花生等。有公路经此。

侯家宅子 371122-B03-H08
[Hóujiāzháizi]

在县驻地城阳街道南方向23.0千米。夏庄镇辖自然村。人口600。清康熙初年，侯氏在此建宅院一处，后繁衍成村，取名侯家宅子。聚落呈团块状分布。经济以种植业为主，主要作物有小麦、玉米、花生等。有公路经此。

前石屯 371122-B03-H09
[Qiánshítún]

在县驻地城阳街道南方向 16.0 千米。夏庄镇辖自然村。人口 700。明永乐年间，石氏于莒置十六屯，称石家屯。明成化年间，后石屯立村，此村改称前石屯。聚落呈团块状分布。有县级文物保护单位前石屯遗址。经济以种植业为主，主要作物有小麦、玉米、花生等。206 国道经此。

杨家官庄 371122-B03-H10
[Yángjiāguānzhuāng]

在县驻地城阳街道南方向 14.0 千米。夏庄镇辖自然村。人口 1 100。明洪武二年（1369），杨氏迁此立村，因开垦官田，取名杨家官庄。聚落呈团块状分布。经济以种植业为主，主要作物有小麦、玉米、花生等。206 国道经此。

丁家孟堰 371122-B03-H11
[Dīngjiāmèngyàn]

在县驻地城阳街道南方向 28.0 千米。夏庄镇辖自然村。人口 1 700。相传，明嘉靖年间，孟某在沭河南段倡导筑堰防洪，称孟堰。丁氏迁此堰边立村，取名丁家孟堰。聚落呈团块状分布。有县级文物保护单位丁家孟堰遗址。经济以种植业、养殖业为主，主要作物有小麦、玉米、花生等。有公路经此。

大苗蒋 371122-B03-H12
[Dàmiáojiǎng]

在县驻地城阳街道南方向 27.5 千米。夏庄镇辖自然村。人口 1 800。"苗蒋"来历无考。明天启年间，小苗蒋立村，此村改称大苗蒋。聚落呈团块状分布。有小学 1 所。经济以种植业、养殖业为主，主要作物有小麦、玉米、花生、草莓等。有公路经此。

刘家官庄 371122-B04-H01
[Liújiāguānzhuāng]

刘家官庄镇人民政府驻地。在县驻地城阳街道南方向 6.0 千米。人口 2 000。明嘉靖年间，张氏立村，名为增福官庄。清宣统二年（1910），刘氏改村名为刘家官庄。聚落呈团块状分布。有学校 2 所。经济以制造业为主，农作物有小麦、玉米、花生等。工业以塑料产业为主，有山东晨曦集团有限公司、日照明亮铝业有限公司。206 国道经此。

柳河 371122-B04-H02
[Liǔhé]

在县驻地城阳街道南方向 9.0 千米。刘家官庄镇辖自然村。人口 1 100。相传，明洪武二十年（1387）姜氏建村，名姜家庄。因和本县一村庄重名，又靠近柳青河，于 1981 年改名为柳河。聚落呈团块状分布。经济以塑料制品加工业为主，有莒县盛腾塑料制品厂，建有塑料工业园区。有公路经此。

五花营 371122-B04-H03
[Wǔhuāyíng]

在县驻地城阳街道南方向 9.5 千米。刘家官庄镇辖自然村。人口 1 700。据传，三国时曹操曾在此安五营，形若梅花，号称"五花营"。明洪武初，刘、张二姓从东海县迁此立村，取名五花营。聚落呈团块状分布。经济以种植业为主，主要作物有小麦、玉米、花生等。206 国道经此。

四角墩 371122-B04-H04
[Sìjiǎodūn]

在县驻地城阳街道南方向 8.0 千米。刘家官庄镇辖自然村。人口 700。据传，明初，张、王、李、马四姓立村于墩前，初名卸甲墩。

清雍正初年，以墩的形状，改村名为四角墩。聚落呈团块状分布。经济以加工业和种植业为主，主要作物有小麦、玉米、花生等，有莒县龙发塑料制品厂。206国道经此。

躲水店子 371122-B04-H05
[Duǒshuǐdiànzi]

在县驻地城阳街道南方向7.0千米。刘家官庄镇辖自然村。人口1 000。据传，清雍正八年（1730）发大水，邱、黄、冯三家到此躲水定居，开店营生，故取名躲水店子。聚落呈团块状分布。经济以种植业为主，主要作物有小麦、玉米等。206国道经此。

黄花沟 371122-B04-H06
[Huánghuāgōu]

在县驻地城阳街道南方向5.0千米。刘家官庄镇辖自然村。人口1 700。清初何氏建村，村中有沟，沟岸有金针菜，俗称黄花，故取名黄花沟。聚落呈团块状分布。经济以种植业为主，主要作物有小麦、玉米等。206国道经此。

马驹岭 371122-B04-H07
[Mǎjūlǐng]

在县驻地城阳街道南方向6.0千米。刘家官庄镇辖自然村。人口1 000。传说，三国时，曹操路过村南小岭，马生双驹，后称此岭为马驹岭。明末王氏到此立村，以岭名村。聚落呈团块状分布。经济以种植业为主，兼有塑料方便袋加工业，主要作物有小麦、玉米等，村西建有塑料工业园。206国道经此。

前于家庄 371122-B04-H08
[Qiányújiāzhuāng]

在县驻地城阳街道南方向5.0千米。刘家官庄镇辖自然村。人口3 000。原名附郭村。明初，于氏迁此，更名于家庄。有两村，

此村在前，取名前于家庄。聚落呈团块状分布。有小学1所。经济以种植业为主，主要作物有小麦、玉米、花生、大蒜等。206国道经此。

后于家庄 371122-B04-H09
[Hòuyújiāzhuāng]

在县驻地城阳街道南方向4.0千米。刘家官庄镇辖自然村。人口1 800。原名段家村，来历无考。明初，于氏迁段家庄。雍正八年（1730）发水灾，村更名为后于家庄。聚落呈团块状分布。经济以种植业为主，主要作物有小麦、玉米、花生、大蒜等，养殖狐狸、水貂等。206国道经此。

前云 371122-B04-H10
[Qiányún]

在县驻地城阳街道南方向7.6千米。刘家官庄镇辖自然村。人口2 700。据传，明隆庆三年（1569），此村惨遭水灾，灾后村民重建家园，改名云里。后人口繁衍，分族析居三村，此村居前，取名前云。聚落呈团块状分布。经济以种植业为主，主要作物有小麦、玉米、花生等。有公路经此。

齐家庄 371122-B04-H11
[Qíjiāzhuāng]

在县驻地城阳街道南方向11.0千米。刘家官庄镇辖自然村。人口1 600。明初齐氏立村，初名珠北村。明末，齐氏人丁兴旺，改名齐家庄。聚落呈团块状分布。有省级文物保护单位齐家庄汉墓群。经济以种植业为主，主要作物有小麦、玉米、花生等。有莒州水泥有限公司。有公路经此。

尹家店子 371122-B04-H12
[Yǐnjiādiànzi]

在县驻地城阳街道南方向8.5千米。刘家官庄镇辖自然村。人口700。据传，明

天启年间，尹氏在此开店，初名尹家店。1921年前后，又开杂货店，刻章"尹家店子福兴隆"，遂改名尹家店子。聚落呈团块状分布。经济以种植业为主，主要作物有小麦、玉米、花生等。有公路经此。

兰家官庄 371122-B04-H13
[Lánjiāguānzhuāng]

在县驻地城阳街道南方向15.0千米。刘家官庄镇辖自然村。人口1 200。清初兰氏立村，因傍石泉，初称石泉官庄。后因大店庄氏在此挖煤，泉被毁。清中叶，以姓氏改名兰家官庄。聚落呈团块状分布。有小学1所。经济以种植业、养殖业为主，主要作物有小麦、玉米等。有公路经此。

前竹园 371122-B04-H14
[Qiánzhúyuán]

在县驻地城阳街道南方向17.0千米。刘家官庄镇辖自然村。人口1 000。明万历年间，秦氏迁此立村。村北有一竹园，以竹园命名前后两村，此村在前，名前竹园。聚落呈团块状分布。经济以种植业为主，主要作物有小麦、玉米等。206国道经此。

后竹园 371122-B04-H15
[Hòuzhúyuán]

在县驻地城阳街道南方向16.0千米。刘家官庄镇辖自然村。人口1 300。村北有一竹园，以竹园命名前后两村。此村在后，故名后竹园。聚落呈团块状分布。经济以种植业为主，主要作物有小麦、玉米等。有公路经此。

高家庄 371122-B04-H16
[Gāojiāzhuāng]

在县驻地城阳街道南方向3.0千米。刘家官庄镇辖自然村。人口1 000。据传，清初建村，初名木原乡，来历无考。雍正八年（1730）村被水淹，嘉庆二十年（1815）高氏大公迁此重建村庄，改名高家庄。聚落呈团块状分布。有小学1所。经济以塑料加工制造业为主，主要作物有小麦、水稻等。有塑料加工企业。有莒县华伟塑胶有限公司、莒县城南塑料有限公司。206国道经此。

西车辋沟 371122-B04-H17
[Xīchēwǎnggōu]

在县驻地城阳街道南方向10.0千米。刘家官庄镇辖自然村。人口800。明弘治年间王氏建村，村东南靠凤凰山，山阴有三条沟呈弧形，像木轮车辋，名叫"车辋沟"，此村在西沟畔，取名西车辋沟。聚落呈团块状分布。有小学1所。经济以种植业为主，主要作物有小麦、玉米、花生等。206国道经此。

大砚疃 371122-B04-H18
[Dàyàntuǎn]

在县驻地城阳街道南方向16.0千米。刘家官庄镇辖自然村。人口1 200。明景泰二年（1451），严氏迁居于此，因山下产砚石，取名大砚疃。聚落呈团块状分布。有小学1所。经济以种植业为主，主要作物有小麦、玉米、花生等。有公路经此。

牛家庄 371122-B05-H01
[Niújiāzhuāng]

峤山镇人民政府驻地。在县驻地城阳街道东北方向13.9千米。人口1 800。元朝初年，宋将牛通后裔流落至此，立牛家庄。聚落呈团块状分布。有文化站1个、学校2所。有元至正十一年（1351）的残碑。经济以种植业和加工业为主，主产大姜、小麦、玉米、花生、蔬菜等。有大姜储藏、加工、销售等企业。有日照通达食品有限公司。有公路经此。

庙东头 371122-B05-H02
[Miàodōngtóu]

在县驻地城阳街道东方向 12.0 千米。峤山镇辖自然村。人口 600。元末，牛氏建村。1911 年属前集。1944 年后独立成村，因村西有多宝佛寺，故名庙东头。聚落呈团块状分布。经济以种植业、养殖业为主，主要作物有花生、小麦、玉米、大姜等。有公路经此。

朱家朱里 371122-B05-H03
[Zhūjiāzhūlǐ]

在县驻地城阳街道东方向 10.0 千米。峤山镇辖自然村。人口 1 400。据传，有一朱氏皇族在此屯田置里，初名朱里。明中叶，附近有王、房等姓分别立村，均在"朱里"上冠以姓氏。明末为区分于其他"朱里"，冠以朱字，改名朱家朱里。聚落呈团块状分布。有小学 1 所。经济以种植业为主，主要作物有花生、小麦、大姜等。有公路经此。

郝家洪沟 371122-B05-H04
[Hǎojiāhónggōu]

在县驻地城阳街道东方向 10.0 千米。峤山镇辖自然村。人口 1 400。郝氏迁此立村，因村居大沟之北，故名郝家洪沟。聚落呈团块状分布。经济以种植业为主，主要作物有花生、小麦、大姜等。有公路经此。

三户庄 371122-B05-H05
[Sānhùzhuāng]

在县驻地城阳街道东方向 14.0 千米。峤山镇辖自然村。人口 1 200。据传，明洪武初年，荆、冯、张三户迁此立村，初称三合庄，后改名三户庄。聚落呈团块状分布。有小学 1 所。经济以种植业为主，主要作物有花生、小麦、大姜等。胶新铁路经此。

杜家小沂水 371122-B05-H06
[Dùjiāxiǎoyíshuǐ]

在县驻地城阳街道东方向 13.5 千米。峤山镇辖自然村。人口 1 100。据传，明中叶杜氏迁至义水北岸立村，取名杜家义水。明末演变为杜家沂水。清初，为与沂水县有别，冠以"小"字，改名杜家小沂水。聚落呈团块状分布。经济以种植业为主，主要作物有大姜、花生、小麦、芦笋等。胶新铁路经此。

大刘家小沂水 371122-B05-H07
[Dàliújiāxiǎoyíshuǐ]

在县驻地城阳街道东方向 15.5 千米。峤山镇辖自然村。人口 1 200。刘氏迁居此地立村，因傍义水河，初名刘家义水。清初演变成刘家沂水。为与沂水县有别，冠以"小"字。因有小刘家沂水村，为加以区别，改名大刘家小沂水。聚落呈团块状分布。经济以种植业为主，主要作物有花生、大姜、芋头等。有公路经此。

陈家阿疃 371122-B05-H08
[Chénjiā'ātuǎn]

在县驻地城阳街道东方向 12.5 千米。峤山镇辖自然村。人口 1 400。明崇祯十五年（1642），陈氏为避乱，迁陈家阿疃。村名由来无考。聚落呈团块状分布。经济以种植业为主，主要作物有花生、大姜、玉米等。有公路经此。

前店 371122-B05-H09
[Qiándiàn]

在县驻地城阳街道东方向 14.5 千米。峤山镇辖自然村。人口 1 300。据传，明中叶徐氏一支从后店分出，立村于原村之南，取名前店。聚落呈团块状分布。有小学 1 所。经济以种植业、养殖业为主，主要作物有大姜、花生、小麦、玉米等。有公路经此。

念头 371122-B05-H10
[Niàntóu]

在县驻地城阳街道东方向 15.5 千米。峤山镇辖自然村。人口 900。明洪武二年（1369），李氏迁此立村，村西有一石碾，上刻"洪武二年李氏建村于碾头"，遂以碾头为村名。清初，官府在赋册中误写为念头，沿用至今。聚落呈团块状分布。经济以种植业、养殖业为主，主要作物有大姜、花生、小麦、玉米等。有公路经此。

老古阿 371122-B05-H11
[Lǎogǔ'ā]

在县驻地城阳街道东方向 14.0 千米。峤山镇辖自然村。人口 1 400。据传，明初李氏建村，因野槐成林，乌鸦（莒人称其为老鸹）成群，筑巢于树，取村名老鸹窝。1944 年，因此名不雅，改名老古阿。聚落呈团块状分布。有小学 1 所。经济以种植业为主，主要作物有大姜、花生、小麦等。有公路经此。

穆家沟 371122-B05-H12
[Mùjiāgōu]

在县驻地城阳街道东方向 13.0 千米。峤山镇辖自然村。人口 900。据传，明崇祯年间，穆氏为避兵祸，迁此山沟立村，取名穆家沟。聚落呈团块状分布。有万历年间穆氏残碑。经济以种植业、养殖业为主，主要作物有大姜、花生、小麦、玉米等。有公路经此。

大穆家村 371122-B05-H13
[Dàmùjiācūn]

在县驻地城阳街道东方向 18.5 千米。峤山镇辖自然村。人口 1 800。明洪武二年（1369），穆氏迁此立村，取名穆家村。明末小穆家村立村，此村改称大穆家村。聚落呈团块状分布。经济以种植业为主，主要作物有大姜、花生、小麦等。有公路经此。

朱家庙子 371122-B05-H14
[Zhūjiāmiàozi]

在县驻地城阳街道东方向 16.5 千米。峤山镇辖自然村。人口 1 100。相传，明洪武年间，刘氏迁此立村，河对岸有石山，形如卧猪，上建"青龙山祥云观"庙，俗称猪架庙。以庙名村，称猪庙。后演变为朱家庙子。聚落呈团块状分布。有县级文物保护单位朱家庙子遗址。经济以种植业为主，主要作物有大姜、花生、小麦等。有公路经此。

古乍石 371122-B05-H15
[Gǔzhàshí]

在县驻地城阳街道东方向 19.5 千米。峤山镇辖自然村。人口 900。明洪武二年（1369），林氏迁此定居。因村南山上有碎石，形如古乍（饺子），故取名古乍石。聚落呈团块状分布。经济以种植业为主，主要作物有大姜、花生、小麦等。有公路经此。

大石头河北 371122-B05-H16
[Dàshítóuhéběi]

在县驻地城阳街道东方向 20.5 千米。峤山镇辖自然村。人口 1 800。明洪武二年（1369），王氏迁此建村，因地处大石头河北岸，故名。聚落呈团块状分布。经济以种植业为主，主要作物有大姜、花生、小麦、玉米等。有公路经此。

小店 371122-B06-H01
[Xiǎodiàn]

小店镇人民政府驻地。在县驻地城阳街道南方向 21.0 千米。人口 1 400。元初建村，田、魏两家居此，其中一家在古道开设店铺，故名小店。聚落呈团块状分布。有幼儿园1所、学校1所。经济以种植业为主，主要作物有小麦、玉米、红薯、芦笋等。省道莒阿公路经此。

东心河 371122-B06-H02
[Dōngxīnhé]

在县驻地城阳街道南方向16.0千米。小店镇辖自然村。人口1 200。明洪武二年（1369），王氏因避兵燹，迁此定居。村东有泉，常年流水不竭，汇成小河，经村心西流，取名心河。隆庆年间，西心河立村，故此村称东心河。聚落呈团块状分布。有小学1所。经济以种植业为主，主要作物有小麦、花生、玉米、地瓜、芦笋、油桃、草莓等。有公路经此。

公家庄 371122-B06-H03
[Gōngjiāzhuāng]

在县驻地城阳街道南方向17.0千米。小店镇辖自然村。人口800。明成化年间，张氏迁小店，后分支在此落户，取名张家岭。清康熙年间，公氏应邀徙此，共议改村名为公家庄。聚落呈团块状分布。有县级文物保护单位公家庄遗址。经济以种植业和加工制造业为主，主要作物有小麦、花生、玉米、地瓜、芦笋、草莓、油桃等，养殖鸡、兔、奶牛及猪等。有石材、砖瓦建材、服装加工等企业。有莒县福星瓦厂。省道莒阿公路经此。

古迹崖 371122-B06-H04
[Gǔjìyá]

在县驻地城阳街道南方向16.4千米。小店镇辖自然村。人口1 300。明洪武二年（1369），张氏迁此定居，因村东南有蟠龙山，山东侧是悬崖峭壁，山上有古庙等古迹，取名古迹崖。聚落呈团块状分布。

有县级文物保护单位古迹崖遗址。经济以种植业为主，主要作物有小麦、花生、玉米、地瓜等，芦笋、草莓、油桃等为特色产品。有公路经此。

后葛杭 371122-B06-H05
[Hòugěháng]

在县驻地城阳街道南方向21.0千米。小店镇辖自然村。人口1 100。据传，明洪武初年，葛氏迁此立村，因柳林成行，取名葛行。后为避行（xíng）音，改名葛杭。明万历年间，前葛杭立村，此村改称后葛杭。聚落呈团块状分布。有小学1所。经济以种植业为主，主要作物有大棚草莓、小麦、花生、玉米、地瓜等。省道莒阿公路经此。

金墩一村 371122-B06-H06
[Jīndūnyīcūn]

在县驻地城阳街道南方向19.0千米。小店镇辖自然村。人口900。明洪武初年，来氏迁莒，二世分四支，析居此地。因村西有土墩，多长荆棘，故取村名荆墩，后改为金墩。1963年分为三村，该村为金墩一村。聚落呈团块状分布。有小学1所。经济以种植业为主，主产芦笋、草莓等，主要作物有小麦、花生、玉米等。有公路经此。

卢家孟堰 371122-B06-H07
[Lújiāmèngyàn]

在县驻地城阳街道南方向23.0千米。小店镇辖自然村。人口1 200。明嘉靖年间，孟某在沭河南段倡导筑堰防洪，称之孟堰。卢氏居此，以堰名村，取名卢家孟堰。聚落呈团块状分布。经济以种植业为主，主产芦笋、草莓、小麦、花生、玉米、地瓜等。有公路经此。

吕南 371122-B06-H08

[Lǚnán]

在县驻地城阳街道南方向 18.0 千米。小店镇辖自然村。人口 900。明洪武年间，吕氏迁此立村，因东山有崮，取名吕家崮西。1947 年分为吕东、吕西两村。1959 年，该村从吕东析出，因居南，名吕南。聚落呈团块状分布。经济以种植业为主，主要作物有小麦、花生、玉米、地瓜、油桃等。有石材、砖瓦建材等企业。有莒县增金石材厂、莒县增瑞石材厂。有公路经此。

牛家沟 371122-B06-H09

[Niújiāgōu]

在县驻地城阳街道南方向 19.0 千米。小店镇辖自然村。人口 800。明洪武年间，牛氏迁莒，三支住此。因村中间有沟，取名牛家沟。聚落呈团块状分布。经济以种植业、旅游业为主，主要种植大棚草莓、黄烟、油桃、小麦、花生、玉米、地瓜等。有横山天湖景区，集休闲、采摘为一体。有公路经此。

庞家垛庄 371122-B06-H10

[Pángjiāduòzhuāng]

在县驻地城阳街道南方向 20.0 千米。小店镇辖自然村。人口 1 200。据传，明初，庞氏迁此建村，因村后岭顶圆形如垛，冠以姓氏，故名庞家垛庄。聚落呈团块状分布。经济以种植业为主，主要作物有小麦、花生、玉米、芦笋等。有公路经此。

前横山 371122-B06-H11

[Qiánhéngshān]

在县驻地城阳街道南方向 22.0 千米。小店镇辖自然村。人口 2 700。据传，明洪武二年(1369)，张、王两姓迁横山之阳立村，取名前横山。聚落呈团块状分布。有小学 1 所。有抗战时期《大众日报》旧址、华兴铁工厂（华东第五兵工厂）旧址等。经济以养殖业、种植业为主，主要作物有花生、玉米、地瓜、苹果、油桃、山楂、杏、茶叶等，养殖鸡、兔及猪等。有公路经此。

前山头渊 371122-B06-H12

[Qiánshāntóuyuān]

在县驻地城阳街道南方向 13.4 千米。小店镇辖自然村。人口 1 400。明初，王氏因避难，由江苏省东海县当路村迁莒，为不忘祖籍，建当路村。后因村东北为焦原山，山下有深渊，遂改名为山头渊。因有两村，该村在前，故名前山头渊。聚落呈团块状分布。为县级历史文化名村，红色村落。经济以种植业为主，主要作物有小麦、花生、玉米、地瓜、芦笋等。有公路经此。

窝疃 371122-B06-H13

[Wōtuǎn]

在县驻地城阳街道南方向 18.5 千米。小店镇辖自然村。人口 700。因地处岭间，周高中平，取名窝疃。聚落呈团块状分布。经济以种植业、服务业为主，主要作物有小麦、花生、玉米、地瓜、芦笋、草莓、油桃等，养殖鸡、兔、奶牛及猪等。有公路经此。

杨家崮西 371122-B06-H14

[Yángjiāgùxī]

在县驻地城阳街道南方向 18.0 千米。小店镇辖自然村。人口 1 000。明崇祯年间，鲁氏五公童子为避乱迁此。据说五公童子纳妻杨氏，因妻族户众，村东有山崮，随妻姓取村名杨家崮西。聚落呈团块状分布。有小学 1 所。经济以种植业为主，主要作物有小麦、花生、玉米、地瓜等，有石材开发、服装加工等企业。有日照银易种植业发展有限公司。有公路经此。

岳家沟 371122-B06-H15

[Yuèjiāgōu]

在县驻地城阳街道南方向 21.0 千米。小店镇辖自然村。人口 200。据传，明初，岳氏从莒北春生迁此立村，因南、北、西三面临沟，取名岳家沟。聚落呈团块状分布。经济以种植业为主，主要作物有小麦、花生、玉米、地瓜、芦笋、草莓等。有公路经此。

张家崮西 371122-B06-H16

[Zhāngjiāgùxī]

在县驻地城阳街道南方向 14.0 千米。小店镇辖自然村。人口 1 400。明成化年间，张氏迁此建村，因村东有山崮，取名张家崮西。聚落呈团块状分布。经济以种植业为主，主要作物有小麦、花生、玉米、地瓜、大棚油桃等，有石材加工企业。有公路经此。

纪家店子 371122-B07-H01

[Jìjiādiànzi]

龙山镇人民政府驻地。在县驻地城阳街道东南方向 20.0 千米。人口 1 100。明初建村，初名官庄。清康熙四十九年（1710），纪氏从纪家坪迁此开店，九世人户兴旺，改名纪家店子。明末清初纪姓从县内纪家坪迁此定居，后纪姓人丁兴旺，改村名为纪家店子。聚落呈团块状分布。经济以种植业和制造业为主，主要农作物有小麦、花生、玉米等，产红薯、韭菜花、哈密瓜、青豆等。有木器、农机修造等厂。有莒县中粮花生食品有限公司、山东栎舒雅工贸股份有限公司。省道石兖公路经此。

徐家山子 371122-B07-H02

[Xújiāshānzi]

在县驻地城阳街道东南方向 22.0 千米。龙山镇辖自然村。人口 300。据传，明永乐年间，徐氏迁此立村，因靠山定居，取名徐家山子。聚落呈团块状分布。有小学 1 所。经济以种植业为主，主要作物有小麦、花生、黄烟等。省道石兖公路经此。

黄坡 371122-B07-H03

[Huángpō]

在县驻地城阳街道东南方向 16.0 千米。龙山镇辖自然村。人口 1 000。据传，明初商氏建村，此处原是一片黄色湖泊，凿西南岭放水，垦为可耕坡地，故取名黄坡。聚落呈团块状分布。经济以种植业为主，主要作物有小麦、花生、玉米等。日兰高速公路、省道石兖公路经此。

东涝坡 371122-B07-H04

[Dōnglàopō]

在县驻地城阳街道东南方向 18.0 千米。龙山镇辖自然村。人口 1 000。明万历年间，张氏迁此建村，此地原系一片水泊，至清初依然水多地涝，因处岭坡，故名涝坡。有两村，此村在东，取名东涝坡。聚落呈团块状分布。经济以种植业为主，主要作物有小麦、花生、玉米等。日兰高速公路、省道石兖公路经此。

东楼 371122-B07-H05

[Dōnglóu]

在县驻地城阳街道东南方向 22.0 千米。龙山镇辖自然村。人口 1 500。此地原系一片水泊，传说九天仙女常来此洗澡，故得名九女泊，后演变为九里坡。1956 年分三村，该村称东楼。聚落呈团块状分布。有东楼遗址。经济以种植业为主，主要作物有小麦、玉米、大姜、蔬菜等。日竹高速公路、省道石兖公路经此。

瓦楼 371122-B07-H06

[Wǎlóu]

在县驻地城阳街道东南方向 23.5 千米。

龙山镇辖自然村。人口 1 700。因龙山自北而南，至此地势转洼，初名卧龙村。清乾隆年间，演变为瓦龙村，简称瓦龙。1944年，改"龙"为"楼"，称瓦楼。聚落呈团块状分布。经济以种植业、养殖业为主，主要作物有小麦、玉米、花生、大姜等。日竹高速公路经此。

上芦峪河 371122-B07-H07
[Shànglúyùhé]

在县驻地城阳街道东南方向24.5千米。龙山镇辖自然村。人口 900。据传，明初冯、徐、唐三姓建村，因村坐落于形似葫芦的山峪河边（亦说昔日峪中多芦苇），故名芦峪河。有上下两村，此村居峪之上首，称上芦峪河。聚落呈团块状分布。经济以种植业为主，主要作物有花生、小麦、玉米等。日竹高速公路经此。

石龙口 371122-B07-H08
[Shílóngkǒu]

在县驻地城阳街道东南方向16.0千米。龙山镇辖自然村。人口 800。元末何氏建村，因村西南有群山似龙伏卧，头向该村，并有两悬崖似龙角，鹤水从龙口处流过，传说系大禹治水时开山而成，故取名石龙口。聚落呈团块状分布。有石龙口遗址。经济以种植业为主，主要作物有大姜、小麦、玉米、花生等。主要企业有砖厂等。有公路经此。

柏崖 371122-B07-H09
[Bǎi'ái]

在县驻地城阳街道东南方向23.0千米。龙山镇辖自然村。人口 1 400。据传，明初柏氏迁此立村，因处鹤河北岸岩崖处，故名柏家崖，后简称柏崖。聚落呈团块状分布。有小学 1 所。经济以种植业为主，主要作物有大姜、花生、玉米等。有公路经此。

薄板台 371122-B07-H10
[Bóbǎntái]

在县驻地城阳街道东南方向23.0千米。龙山镇辖自然村。人口 1 700。据传，明洪武五年（1372），赵氏迁此定居，传说村东曾有一棵大枣树，伐后根部冒红沫如血，上盖石板方止，遂屯土为台，故得名薄板台。聚落呈团块状分布。有小学 1 所。经济以种植业为主，主要作物有大姜、花生、小麦等。有公路经此。

东花崖头 371122-B07-H11
[Dōnghuā'áitóu]

在县驻地城阳街道东南方向24.5千米。龙山镇辖自然村。人口 1 000。明时，杜氏迁此立村，因山崖野花丛生，故名花崖头。又因处西花崖头村东，得名东花崖头。聚落呈团块状分布。经济以种植业为主，主要作物有大姜、小麦、花生等。有公路经此。

前寨 371122-B07-H12
[Qiánzhài]

在县驻地城阳街道东南方向23.0千米。龙山镇辖自然村。人口 400。明初，厉氏迁此定居，传说唐代有一将官曾在此安营扎寨，遂以寨为名。明末后寨立村，此村改称前寨。聚落呈团块状分布。经济以种植业为主，主要作物有玉米、小麦、花生等。有公路经此。

杨家沟 371122-B07-H13
[Yángjiāgōu]

在县驻地城阳街道东南方向33.0千米。龙山镇辖自然村。人口 300。据传，明洪武二年（1369），杨氏迁此，因处山沟，取名杨家沟。聚落呈团块状分布。经济以种植业为主，主要作物有樱桃、梨、大姜、花生等。有公路经此。

大塘坊 371122-B07-H14
[Dàtángfáng]

在县驻地城阳街道东南方向11.0千米。龙山镇辖自然村。人口300。明初，王氏兄弟二人迁此，据传，王氏祖以制麦芽糖为业，取名糖坊，后演变为塘坊。因兄长立此村，故名大塘坊。聚落呈团块状分布。经济以种植业、养殖业为主，主要作物有大姜、花生、小麦、玉米等。有公路经此。

东莞 371122-B08-H01
[Dōngguǎn]

东莞镇人民政府驻地。在县驻地城阳街道北方向55.0千米。人口2 700。隋为东莞县治所，故名。聚落呈团块状分布。有学校2所。经济以种植业和加工制造业为主，主产小麦、玉米、蔬菜等。有食品厂等工副业。有莒县兴达建筑安装工程有限公司。有公路经此。

大沈庄 371122-B08-H02
[Dàshěnzhuāng]

在县驻地城阳街道北方向60.5千米。东莞镇辖自然村。人口2 300。刘氏迁此立村，因淮水在五山北下沉伏行，初名沉流庄。"流"与"刘"同音，"沉"字不吉，因与"沈"形近，改称沈刘庄。后因村大，更名大沈庄。聚落呈团块状分布。有小学1所。经济以种植业、养殖业为主，主要作物有黄烟、小麦、玉米、花生等。有公路经此。

赵家石河 371122-B08-H03
[Zhàojiāshíhé]

在县驻地城阳街道北方向43.0千米。东莞镇辖自然村。人口1 400。明崇祯年间，赵氏迁此立村，因居石河岸边，系赵姓建村，取名赵家石河。聚落呈团块状分布。有天下第一碾、百年老油坊、村学堂旧址、乡村记忆馆、转秋千、潍河源民俗文化节等景点及习俗。经济以种植业为主，主要作物有地瓜、玉米、花生、小麦等。有公路经此。

河西 371122-B08-H04
[Héxī]

在县驻地城阳街道北方向55.0千米。东莞镇辖自然村。人口700。隋开皇年间，季氏迁此建村，因地处淮河西岸，与东莞隔河相望，故名河西。聚落呈团块状分布。名胜古迹有季家林。经济以种植业为主，主要作物有小麦、玉米、花生、棉花等。有公路经此。

前石崮后 371122-B08-H05
[Qiánshígùhòu]

在县驻地城阳街道北方向56.0千米。东莞镇辖自然村。人口800。明成化二年（1466），张氏迁此，因处石崮山后，故名石崮后。清中叶，后石崮后建村，该村改称前石崮后。聚落呈团块状分布。名胜古迹有庙山。经济以种植业、养殖业为主，主要作物有小麦、玉米、花生、棉花等。有矿山开采企业。有公路经此。

孟家洼 371122-B08-H06
[Mèngjiāwā]

在县驻地城阳街道北方向54.0千米。东莞镇辖自然村。人口900。明万历年间，孟氏迁居于此，以姓氏名村孟家庄，因重名，1981年更名为孟家洼。聚落呈团块状分布。有孟家洼遗址。经济以种植业为主，主要作物有玉米、小麦、花生等。日东高速公路经此。

大店子 371122-B08-H07
[Dàdiànzi]

在县驻地城阳街道北方向52.0千米。

东莞镇辖自然村。人口 900。刘宋时期即有此村，坐落于安邱通往莒都的大道旁，因靠长城岭，村民多开店，初名长城店子。元明之争村毁，明初邵、王二姓迁此继村。清初小店子立村后，改称大店子。聚落呈团块状分布。有国家级重点文物保护单位齐长城遗址莒县段。经济以种植业、养殖业为主，主要作物有花生、玉米、棉花等。有公路经此。

前发牛山 371122-B08-H08
[Qiánfāniúshān]

在县驻地城阳街道北方向 48.0 千米。东莞镇辖自然村。人口 800。明初，王氏迁于此，因居发牛山村前，取名前发牛山。聚落呈团块状分布。经济以种植业为主，主要作物有小麦、玉米、花生、棉花、黄烟、桑、药材等。有公路经此。

玄武庵 371122-B08-H09
[Xuánwǔ'ān]

在县驻地城阳街道北方向 45.0 千米。东莞镇辖自然村。人口 800。金明昌年间，季氏移居于此，因此地隋代所建玄武庵庙宇，以庵名村，称玄武庵。聚落呈团块状分布。有玄武庵遗址。经济以种植业、养殖业为主，主要作物有黄烟、玉米、小麦、棉花等。有公路经此。

朱留 371122-B08-H10
[Zhūliú]

在县驻地城阳街道北方向 61.0 千米。东莞镇辖自然村。人口 900。明洪武年间，王氏迁此，村北原有劈泉洞瀑布，带有朱砂沉淀于崖下，水去朱留，故村得名朱留。聚落呈团块状分布。经济以种植业、养殖业为主，主要作物有棉花、小麦、玉米等。有公路经此。

鞠家窑 371122-B08-H11
[Jūjiāyáo]

在县驻地城阳街道北方向 60.0 千米。东莞镇辖自然村。人口 1 500。因白氏居此烧石灰窑，初称窑上，亦称孟疃窑。清末，该村鞠氏中一秀才，更名鞠家窑。聚落呈团块状分布。有小学 1 所。经济以种植业为主，主要作物有花生、小麦、桑等。有公路经此。

龙王庙 371122-B08-H12
[Lóngwángmiào]

在县驻地城阳街道北方向 59.2 千米。东莞镇辖自然村。人口 600。明洪武年间，徐氏迁居于此，村前沟内有"龙王潭"，潭北有天然壁穴，俗称龙王庙，故村名龙王庙。聚落呈团块状分布。有小学 1 所。经济以种植业为主，主要作物有黄烟、花生、棉花、桑等。有公路经此。

大石河 371122-B08-H13
[Dàshíhé]

在县驻地城阳街道北方向 49.0 千米。东莞镇辖自然村。人口 1 500。村以河命名。小石河（今更名郝家石河）立村后，改名大石河。聚落呈团块状分布。经济以种植业为主，主要作物有黄烟、花生、小麦等。有莒县中联水泥熟料有限公司。有公路经此。

前花泉沟 371122-B08-H14
[Qiánhuāquángōu]

在县驻地城阳街道北方向 44.0 千米。东莞镇辖自然村。人口 400。因村后山沟有泉，名花泉，村处沟泉之畔，取名花泉沟。明初后花泉沟立村，改名前花泉沟。聚落呈团块状分布。有县级文物保护单位前花泉沟遗址。经济以种植业为主，主要作物有小麦、玉米、花生、地瓜等。有公路经此。

胡家街 371122-B09-H01

[Hújiājiē]

浮来山镇人民政府驻地。在县驻地城阳街道西方向 6.0 千米。人口 800。据传明嘉靖年间，系庄氏官员的庄子，有三村，统称庄疃。后庄氏获罪，佃户恐受株连，各以住地立村。此村多胡姓，取名胡家街。聚落呈团块状分布。有日照市农校、幼儿园 1 所。经济以种植业为主，主要农作物有小麦、花生、水稻、玉米、水果、蔬菜等。有印刷、电力电缆等企业。有莒县浮来山塑料有限公司。省道莒界公路经此。

严家二十里堡 371122-B09-H02

[Yánjiāèrshílǐpù]

在县驻地城阳街道西方向 8.0 千米。浮来山镇辖自然村。人口 500。据传，明永乐年间严氏从严家崮西迁此立村，因距县城二十里，古为铺舍，故名严家二十里铺，后演变为二十里堡。1962 年遭水灾，迁此另新村，仍用原名。聚落呈团块状分布。经济以种植业为主，主要作物有小麦、水稻等，发展大棚蔬菜。有木器加工企业。省道石兖公路经此。

栗林 371122-B09-H03

[Lìlín]

在县驻地城阳街道西方向 8.0 千米。浮来山镇辖自然村。人口 1 000。北宋时已有此村，因村前栗树成林，故名。聚落呈团块状分布。经济以种植业、养殖业为主，主要作物有小麦、水稻、玉米等，特色种植大棚草莓等。省道石兖公路经此。

西杨家庄子 371122-B09-H04

[Xīyángjiāzhuāngzi]

在县驻地城阳街道西方向 9.0 千米。浮来山镇辖自然村。人口 1 100。据传，村曾名石安官庄、羊角庄，村名来历无考。明洪武年间，杨氏从山西省洪洞县迁此立村，改称杨家庄子。因重名，1958 年更名为西杨家庄子。聚落呈团块状分布。经济以种植业为主，主要作物有小麦、水稻、玉米、花生等。省道石兖公路经此。

前栗园 371122-B09-H05

[Qiánlìyuán]

在县驻地城阳街道西方向 8.1 千米。浮来山镇辖自然村。明崇祯年间，赵氏迁此居住，因村后有栗子园，初名赵家栗园。清乾隆年间，后栗园建村，该村改称前栗园。聚落呈团块状分布。有小学 1 所。经济以种植业为主，主要种植蔬菜，有日照兴达食品蔬菜基地。有公路经此。

庞家泉 371122-B09-H06

[Pángjiāquán]

在县驻地城阳街道西方向 8.4 千米。浮来山镇辖自然村。人口 700。明崇祯末年，郭氏迁此，因村东有泉，原系庞姓建村，故名庞家泉。聚落呈团块状分布。经济以种植业为主，主要作物有小麦、玉米等。有公路经此。

响波头汪 371122-B09-H07

[Xiǎngbōtóuwāng]

在县驻地城阳街道西方向 6.0 千米。浮来山镇辖自然村。人口 1 300。原名魏家行，来历无考。因山溪横贯村中，山洪流至岩石下跌处，水波飞溅，响声震耳，注而为汪，清光绪年间改村名为响波头汪。聚落呈团块状分布。有小学 1 所。经济以种植业为主，主要作物有小麦、玉米等。有公路经此。

邢家庄 371122-B09-H08

[Xíngjiāzhuāng]

在县驻地城阳街道西方向 7.0 千米。浮来山镇辖自然村。人口 3 300。据传，明初邢氏由益都县邢家庄迁此立村，为不忘故里，仍名邢家庄。聚落呈团块状分布。有小学 1 所。有市级非物质文化遗产浮来山庙会。经济以种植业为主，主要作物有小麦、玉米等。省道莒界公路经此。

田家店子 371122-B09-H09
[Tiánjiādiànzi]

在县驻地城阳街道西方向 8.0 千米。浮来山镇辖自然村。人口 1 000。据传，明朝中期，田氏迁此开店为业，故名。聚落呈团块状分布。经济以种植业、养殖业为主，主要作物有小麦、玉米、水稻等。有公路经此。

任家庄 371122-B09-H10
[Rénjiāzhuāng]

在县驻地城阳街道西方向 7.0 千米。浮来山镇辖自然村。人口 2 100。以姓氏命名。聚落呈团块状分布。经济以种植业为主，主要作物有小麦、玉米、水稻、花生等。有莒县兴源果蔬食品有限公司等。省道莒界公路经此。

刘西街 371122-B09-H11
[Liúxījiē]

在县驻地城阳街道西方向 4.0 千米。浮来山镇辖自然村。人口 1 600。明末，此地系庄氏官员的庄子，有三村，统称庄疃。后庄氏获罪，佃户刘姓自立村庄，取名刘西街。聚落呈团块状分布。经济以种植业为主，主要作物有小麦、玉米、水稻等。有浩业铸造厂、鑫昊恒温库等企业。有公路经此。

戚家街 371122-B09-H12
[Qījiājiē]

在县驻地城阳街道西方向 3.0 千米。浮

来山镇辖自然村。人口 1 300。明末，此地系庄氏官员的庄子，有三村，统称庄疃。后庄氏获罪，佃户戚姓自立村庄，取名戚家街。聚落呈团块状分布。经济以种植业为主，主要作物有小麦、玉米、水稻等。省道莒界公路经此。

十里堡 371122-B09-H13
[Shílǐpù]

在县驻地城阳街道西方向 4.0 千米。浮来山镇辖自然村。人口 1 400。明初，官府派孙氏到此掌管驿站，落籍成村，因距县城十里，故名。聚落呈团块状分布。经济以种植业为主，主要作物有玉米、水稻等。省道莒界公路经此。

海子后 371122-B09-H14
[Hǎizihòu]

在县驻地城阳街道西方向 11.0 千米。浮来山镇辖自然村。人口 800。明初，朱、赵两姓立村，村后有湖泊，居民称海，取名前海子后。因后海子后属沂水县，改称海子后。聚落呈团块状分布。经济以种植业为主，主要作物有小麦、水稻等。有公路经此。

大河北 371122-B10-H01
[Dàhéběi]

陵阳镇人民政府驻地。在县驻地城阳街道东方向 5.0 千米。人口 800。明初建村，原名陵阳，后因处陵阳河北岸，且为与村西小河北区分，改名大河北。聚落呈团块状分布。有学校 2 所。村北有汉城阳王（刘章）墓。经济以种植业和加工制造业为主，主要农作物有玉米、小麦、蔬菜、水果等。有塑料、蔬菜加工等企业。有莒县新建服装刺绣有限公司。省道石兖公路经此。

陵阳街 371122-B10-H02
[Língyángjiē]

在县驻地城阳街道东方向 6.0 千米。陵阳镇辖自然村。人口 600。村东北 2 千米处有王坟，陵前为阳，故称陵阳。村有集市，故名陵阳街。聚落呈团块状分布。有幼儿园 1 所。经济以种植业、加工制造业为主，主要粮食作物有小麦、水稻、玉米等，经济作物有大棚蔬菜、芦笋等。企业有东莒集团。省道石兖公路经此。

西北场 371122-B10-H03
[Xīběicháng]

在县驻地城阳街道东方向 6.8 千米。陵阳镇辖自然村。人口 300。村址原系打谷场，在陵阳街的西北方向，取名西北场。聚落呈团块状分布。经济以种植业和运输业为主，主要作物有小麦、玉米等。省道石兖公路经此。

大埠堤 371122-B10-H04
[Dàbùdī]

在县驻地城阳街道东方向 7.0 千米。陵阳镇辖自然村。人口 1 200。李氏迁居于此，因村后有一埠堤山，取名埠堤。清康熙年间，村前又建小埠堤，此村较大，称大埠堤。聚落呈团块状分布。经济以种植业为主，主要作物有玉米、小麦等。有公路经此。

刘家址坊 371122-B10-H05
[Liújiāzhǐfáng]

在县驻地城阳街道东方向 3.0 千米。陵阳镇辖自然村。人口 1 500。明初，刘氏迁此建村，因曾开设造纸作坊，故名刘家纸坊，后演变为刘家址坊。聚落呈团块状分布。有小学 1 所。经济以种植业为主，产西红柿、西瓜、西葫芦等经济作物，有瓜菜批发市场 1 处。省道石兖公路经此。

古佛寺 371122-B10-H06
[Gǔfósì]

在县驻地城阳街道东方向 3.0 千米。陵阳镇辖自然村。人口 600。康熙二十二年（1683）建古佛寺，以寺名村。聚落呈团块状分布。寺遗迹尚存，大殿前有古槐 2 棵。经济以种植业为主，主要作物有西瓜、西葫芦、小麦等。有公路经此。

岳家庄科 371122-B10-H07
[Yuèjiāzhuāngkē]

在县驻地城阳街道东方向 4.0 千米。陵阳镇辖自然村。人口 1 200。元代有铁姓居此，后岳姓迁此，古收课税之处称课庄，故取名岳家庄科。聚落呈团块状分布。经济以种植业为主，主要作物有西瓜、西葫芦、白菜等。有公路经此。

官河口 371122-B10-H08
[Guānhékǒu]

在县驻地城阳街道东方向 4.9 千米。陵阳镇辖自然村。人口 1 700。村西紧靠沭河渡口，为南北交通要冲，旧置官船，摆渡过往行人，有官河口之称，因此村名官庄。清顺治年间，村前又建小官庄，此村改称大官庄。因重名，1981 年更名为官河口。聚落呈团块状分布。有小学 1 所。经济以种植业为主，主要作物有小麦、玉米、蔬菜等。省道石兖公路经此。

杭头 371122-B10-H09
[Hángtóu]

在县驻地城阳街道东方向 5.8 千米。陵阳镇辖自然村。人口 1 300。因靠近纸坊，当地销纸由"行头"经销，"行头"多出自此村，故村名行头，后演变为杭头。聚落呈团块状分布。有新石器时代大汶口文化发祥地之一、国家级文物保护单位杭头遗址。经济以种植业为主，主要作物有小麦、玉米、蔬菜等。省道石尢公路经此。

朱家葛湖 371122-B10-H10
[Zhūjiāgěhú]

在县驻地城阳街道东方向 8.7 千米。陵阳镇辖自然村。人口 1 100。今村西古为一片湖水，传说湖中有一种藻类植物，名曰葛仙米，故湖称葛湖。明洪武初年，朱氏迁此立村，取村名朱家葛湖。聚落呈团块状分布。经济以种植业为主，主要作物有小麦、玉米等。日东公路、莒中公路经此。

西上庄 371122-B10-H11
[Xīshàngzhuāng]

在县驻地城阳街道东方向 8.5 千米。陵阳镇辖自然村。人口 1 400。相传唐朝末年即系大村，村原名万户岭，又曾称朱家墙阔子，后因地势高于陵阳，得名上庄。明正统年间，村东又建东上庄，故此村改称西上庄。聚落呈团块状分布。经济以种植业为主，主要作物有小麦、玉米、地瓜等。省道石尢公路经此。

陈家河水 371122-B10-H12
[Chénjiāhéshuǐ]

在县驻地城阳街道东方向 11.7 千米。陵阳镇辖自然村。人口 700。因陈氏建村，靠鹤河，故初名陈家鹤水，后演变为陈家河水。聚落呈团块状分布。经济以种植业为主，主要作物有地瓜、玉米、小麦等。莒中公路经此。

大放鹤 371122-B10-H13
[Dàfànghè]

在县驻地城阳街道东方向 10.3 千米。陵阳镇辖自然村。人口 1 100。明天顺年间，韩氏建村，西南靠放鹤山，有两村，此村较大，称大放鹤。聚落呈团块状分布。经

济以种植业为主，主要作物有花生、地瓜、玉米等。莒中公路经此。

桲椤沟 371122-B10-H14
[Póluógōu]

在县驻地城阳街道东方向 10.6 千米。陵阳镇辖自然村。人口 500。李氏迁此，殷氏相继迁入，因村周山沟广植桲椤，故名。聚落呈团块状分布。经济以种植业为主，主要作物有花生、地瓜、玉米等。莒中公路经此。

店子集 371122-B11-H01
[Diànzijí]

店子集镇人民政府驻地。在县驻地城阳街道东方向 6.5 千米。人口 1 900。明初楚氏迁此立村，因此处有一土地庙，后冠以姓氏称楚家庙子。嘉庆年间楚氏在此开设客店，渐以店子称之。清道光初年，在此设集，称此集为店子集，遂成村名。聚落呈团块状分布。村内有店子集古牌坊和店子集北庙等古迹。经济以种植业、商业、建筑业为主，餐饮业、运输业、养殖业为辅。产油桃、樱桃、菠菜等水果蔬菜。有公路经此。

大朱家村 371122-B11-H02
[Dàzhūjiācūn]

在县驻地城阳街道东方向 6.5 千米。店子集镇辖自然村。人口 900。明永乐初年，朱氏以军功落籍于此，以姓氏命名为朱家村。清康熙年间，村东南又建小朱家村，此村改称大朱家村。聚落呈团块状分布。有大朱家村遗址。经济以种植业为主，主要作物有玉米、小麦、花生等。有公路经此。

西北崖 371122-B11-H03
[Xīběi'ái]

在县驻地城阳街道东方向 6.5 千米。店

子集镇辖自然村。人口 700。相传，明万历年间张氏迁此建村，因在店子集河西北崖畔，故名西北崖。聚落呈团块状分布。经济以种植业为主，主要作物有小麦、玉米、蔬菜等。有公路经此。

后西庄 371122-B11-H04
[Hòuxīzhuāng]

在县驻地城阳街道东方向 5.0 千米。店子集镇辖自然村。荆氏迁居于此，因居楚家庙子（今店子集）之西，取名西庄。清顺治年间，村前又立前西庄，此村改称后西庄。聚落呈团块状分布。有后西庄遗址。经济以种植业为主，主要作物有小麦、玉米、瓜菜等。省道石兖公路经此。

东穆家庄子 371122-B11-H05
[Dōngmùjiāzhuāngzi]

在县驻地城阳街道东方向 4.0 千米。店子集镇辖自然村。人口 700。明洪武初年，穆氏迁此立村，取名穆家庄子。清雍正八年（1730）大水毁村，后分立两村，此村居东，称东穆家庄子。聚落呈团块状分布。有东穆家庄子遗址。经济以种植业为主，主要作物有小麦、玉米等。有公路经此。

张家围子 371122-B11-H06
[Zhāngjiāwéizi]

在县驻地城阳街道东方向 6.0 千米。店子集镇辖自然村。人口 1 300。明天启年间，张氏迁居于此，因地处店子集河东南岸，取名东南崖。清咸丰二年（1852）捻军攻莒，张氏建围墙以防捻军，改称张家围子。聚落呈团块状分布。有学校 2 所、幼儿园 1 所。有张家围子遗址。经济以种植业、养殖业为主，餐饮业、运输业、建筑业为辅。主要作物有小麦、玉米等。有公路经此。

大宋家村 371122-B11-H07
[Dàsòngjiācūn]

在县驻地城阳街道东方向 6.5 千米。店子集镇辖自然村。人口 500。明崇祯年间，宋氏迁此立村，故名宋家村。清末，分出一支立小宋家村，此村改为大宋家村。聚落呈团块状分布。有大宋家村遗址。经济以种植业为主，主要作物有玉米、小麦、花生等。有汽车钢圈加工及销售企业。有公路经此。

姜庄 371122-B11-H08
[Jiāngzhuāng]

在县驻地城阳街道东方向 9.0 千米。店子集镇辖自然村。人口 2 000。以姓氏命名。聚落呈团块状分布。有小学 1 所。经济以种植业为主，主要作物有蔬菜、玉米、小麦、花生等。有公路经此。

马家石河 371122-B11-H09
[Mǎjiāshíhé]

在县驻地城阳街道东方向 4.0 千米。店子集镇辖自然村。人口 700。明朝末年，马、郑两姓在此建村，因在此开设店铺，取名马郑店子。后郑氏外迁，改称马家店子。因重名，随邻村石河，更名马家石河。聚落呈团块状分布。有小学 1 所。经济以种植业、养殖业为主，主要作物有花生、玉米、小麦等，主要养殖鸡、猪等。有公路经此。

神集 371122-B11-H10
[Shénjí]

在县驻地城阳街道东方向 11.0 千米。店子集镇辖自然村。人口 400。当地称屋楼山寺的盛会为神集，刘氏迁此后，以神集为村名。聚落呈团块状分布。经济以种植业为主，主要作物有大姜、花生、玉米、小麦等。有公路经此。

康家村 371122-B11-H11
[Kāngjiācūn]

在县驻地城阳街道东方向 9.0 千米。店子集镇辖自然村。人口 1 300。以姓氏命名。聚落呈团块状分布。有小学 1 所。经济以种植业为主，主要作物有玉米、小麦等。有公路经此。

徐家城子 371122-B11-H12
[Xújiāchéngzi]

在县驻地城阳街道东方向 5.0 千米。店子集镇辖自然村。人口 1 200。莒国初建城池时，一度奠基于此，后废弃。徐氏迁废城址畔建村，取名徐家城子。聚落呈团块状分布。经济以种植业、制造业为主，主要作物有小麦、玉米、瓜菜等。有公路经此。

马家石槽 371122-B11-H13
[Mǎjiāshícáo]

在县驻地城阳街道东方向 4.0 千米。店子集镇辖自然村。人口 900。明朝初年，石氏迁此建村，因村东有一大石槽，传系元军喂马之用，故名石家石槽。后马氏兴盛，改称马家石槽。聚落呈团块状分布。经济以种植业为主，主要作物有小麦、玉米、瓜菜等。省道石兖公路经此。

石井 371122-B12-H01
[Shíjǐng]

长岭镇人民政府驻地。在县驻地城阳街道南方向 12.0 千米。人口 2 200。因村东有古井，石井如盆，泉水涌流不断，且不溢不竭，故取名石井。聚落沿公路两侧呈带状分布。有小学 1 所、幼儿园 1 所。有踩高跷、耍狮包、推花车、跑旱船、扭秧歌等民俗文化。经济以砖瓦建材生产运销为主。主要农作物有小麦、玉米、花生、蔬菜、水果等。是县东南砖瓦建材生产基地，烧制红陶缸业历史悠久，大缸窑有 300 余年历史。有莒县长岭镇建材缸瓦厂、莒县新宏昌瓦厂、莒县华能建材有限公司。莒阿公路经此。

葛家横沟 371122-B12-H02
[Gějiāhénggōu]

在县驻地城阳街道南方向 9.0 千米。长岭镇辖自然村。人口 900。清雍正八年（1730），葛氏逃荒至此建村，地处黄鸡岭东坡，岭坡有东西三条沟横贯村中，故名葛家横沟。聚落呈团块状分布。经济以种植业为主，主要作物有小麦、玉米、花生等。有公路经此。

吴家洙流 371122-B12-H03
[Wújiāzhūliú]

在县驻地城阳街道南方向 10.0 千米。长岭镇辖自然村。人口 1 500。明永乐年间，吴氏迁此立村，随邻村葛家洙流取名吴家洙流。聚落呈团块状分布。有幼儿园 1 所。经济以种植业为主，主要作物有小麦、玉米、花生和蔬菜等。有公路经此。

长岭 371122-B12-H04
[Chánglǐng]

在县驻地城阳街道南方向 11.0 千米。长岭镇辖自然村。人口 200。据传宋将杨文广挂帅征马鬐王，在此山歇兵卸甲，后人取名亮甲山。清乾隆年间，前夏庄杨氏在此山饲养牲畜，遂改称杨家山子。1966 年改名长岭。因与公社重名，1981 年，恢复原名杨家山。现镇、村仍习惯称其为"长岭"。聚落呈团块状分布。经济以种植业为主，主要作物有小麦、玉米、花生、黄烟等。有公路经此。

后小河 371122–B12–H05

[Hòuxiǎohé]

在县驻地城阳街道南方向 7.9 千米。长岭镇辖自然村。人口 1 500。明万历年间，房氏太公来此建村。鹤河流经村后入沭，因鹤河小于沭河，故取名小河，有两村，此村在后，称后小河。聚落呈团块状分布。经济以种植业为主，主要作物有小麦、玉米、花生、黄烟、桑等。有公路经此。

白土沟 371122–B12–H06

[Báitǔgōu]

在县驻地城阳街道南方向 15.0 千米。长岭镇辖自然村。人口 1 700。明初，王、宋二姓迁此建村，因距莒县城三十五里，故取名三十五里铺。后因村西沟内发现白土，遂改名白土沟。聚落呈团块状分布。有小学 1 所。经济以种植业为主，主要作物有小麦、玉米、花生等。日东高速公路、省道莒阿公路经此。

荆家村 371122–B12–H07

[Jīngjiācūn]

在县驻地城阳街道南方向 12.8 千米。长岭镇辖自然村。人口 1 700。明万历年间，史氏迁此建村，因在祖村之南，取名南村。清嘉庆十五年（1810），荆氏迁入，人户兴旺，于道光十年（1830）改名荆家村。聚落呈团块状分布。经济以种植业为主，主要农作物有小麦、玉米、花生等。有公路经此。

葛家洙流 371122–B12–H08

[Gějiāzhūliú]

在县驻地城阳街道南方向 9.6 千米。长岭镇辖自然村。人口 1 000。明洪武年间，葛氏建村，村南是黄鸡岭，山洪冲出一条小河，名洙河，故取村名葛家洙流。聚落呈团块状分布。有小学 1 所、幼儿园 1 所。经济以种植业为主，主要作物有小麦、玉米、花生、蔬菜等。有公路经此。

小岭 371122–B12–H09

[Xiǎolǐng]

在县驻地城阳街道南方向 8.4 千米。长岭镇辖自然村。人口 1 200。明初，于氏迁此定居，因坐落在小岭之上，取名小岭。聚落呈团块状分布。经济以种植业、肉食品加工为主，另有冷库、蔬菜加工厂、木料加工厂等。主要作物有小麦、玉米、花生、地瓜等。有莒县丰源肉制品厂。省道莒阿公路经此。

朱家课庄 371122–B12–H10

[Zhūjiākèzhuāng]

在县驻地城阳街道南方向 12.0 千米。长岭镇辖自然村。人口 1 500。清顺治六年（1649），朱氏迁此建村，随邻村王家课庄取名朱家课庄。聚落呈团块状分布。有小学 1 所、幼儿园 1 所。有周墓群 1 处，是县级重点文物保护单位。经济以种植业为主，主要作物有小麦、玉米、花生、桑等。有公路经此。

腊行 371122–B12–H11

[Làháng]

在县驻地城阳街道南方向 12.0 千米。长岭镇辖自然村。人口 1 200。原名四户村，后因村东头有一檽条行子，改名檽行，后演变为腊行。聚落呈团块状分布。经济以种植业和加工制造业为主。主要作物有小麦、玉米、花生、地瓜等。有缸瓦、砖瓦机械、服装、木器等企业。有山东新辰食品有限公司。省道莒阿线经此。

前坡子 371122–B12–H12

[Qiánpōzi]

在县驻地城阳街道南方向 9.0 千米。长岭镇辖自然村。人口 800。曹氏迁居于此，因地处黄鸡岭西坡，取名坡子。后分两村，此村在前，称前坡子。聚落呈团块状分布。经济以种植业为主，主要作物有小麦、玉米、花生、各种蔬菜等。有缸瓦厂、日照博信塑料制品有限公司。省道莒阿公路经此。

安庄西村　371122-B13-H01
[Ānzhuāngxīcūn]

安庄镇人民政府驻地。在县驻地城阳街道北方向27.0千米。人口970。明初，因安氏在此立村，故名安庄。1961年分村，此村居西，名安庄西村。聚落呈团块状分布。有中学1所。经济以种植业和加工制造业为主，主要农作物有花生、玉米、红薯等。有食品加工、服装、纺织、家具制造等企业。有莒县聚晟制衣有限公司、莒县盛发纺织厂。有公路经此。

黑石沟　371122-B13-H02
[Hēishígōu]

在县驻地城阳街道北方向32.5千米。安庄镇辖自然村。人口1 500。明初，杜氏立村。明洪武三十一年（1398），赵氏迁此，因村前有沟，石呈黑色，取名黑石沟。聚落呈团块状分布。有小学1所。经济以种植业为主，主要作物有花生、黄烟等。有公路经此。

石龙官庄　371122-B13-H03
[Shílóngguānzhuāng]

在县驻地城阳街道北方向31.0千米。安庄镇辖自然村。人口600。清嘉庆年间，高姓迁此垦种官田，因村中有条长石线似龙，取名石龙官庄。聚落呈团块状分布。经济以种植业为主，主要作物有花生、地瓜、黄烟等。有公路经此。

张博士沟　371122-B13-H04
[Zhāngbóshìgōu]

在县驻地城阳街道北方向32.6千米。

安庄镇辖自然村。人口900。乾隆三十六年（1771），魏氏兄弟三人因村被水淹，迁张博士家的放牛沟定居，取名张博士沟。聚落呈团块状分布。经济以种植业为主，主要作物有花生、地瓜、黄烟等。有公路经此。

官家林　371122-B13-H05
[Guānjiālín]

在县驻地城阳街道北方向28.0千米。安庄镇辖自然村。人口1 700。相传，金末元初，近处有一富绅，其住宅仿宫廷建筑，后因犯上被诛，葬处周筑围墙，内盖屋数间。元中叶，张氏逃荒至此，住在林内屋中，又有卢氏徙入，两家合住一起，因是官家之林地，故取名官家林。聚落呈团块状分布。有小学1所。经济以种植业为主，主要作物有生姜、花生、地瓜、西瓜、黄烟等。成立文裕葡萄专业合作社，建设葡萄大棚900个，"莒安宝"葡萄品牌通过绿色认证。有公路经此。

大张官庄　371122-B13-H06
[Dàzhāngguānzhuāng]

在县驻地城阳街道北方向32.0千米。安庄镇辖自然村。人口1 700。明初，因疫病流行，张氏迁此定居，因土地瘠薄，多属新垦官田，外村多称大张官庄，遂成村名。聚落呈团块状分布。经济以种植业为主，主要作物有黄烟、花生、地瓜等。有公路经此。

大马家峪　371122-B13-H07
[Dàmǎjiāyù]

在县驻地城阳街道北方向30.0千米。安庄镇辖自然村。人口1 100。明永乐三年（1405），马、邵两姓立村，马氏为首，取名马家峪。清康熙五年（1666），小马家峪立村，此村改名为大马家峪。聚落呈团块状分布。有小学 1 所。经济以种植业为主，主要作物有桑、黄烟等。有公路经此。

北柳石头 371122-B13-H08
[Běiliǔshítou]

在县驻地城阳街道北方向 30.5 千米。安庄镇辖自然村。人口 700。元末，张氏迁此定居，因沟畔杨柳茂密，初名柳树头，象征人财两旺，后因村南高阜处，石伏地面，演变为柳石头。此村在北，故名北柳石头。聚落呈团块状分布。经济以种植业为主，主要作物有花生、黄烟、桑等。有公路经此。

中安庄 371122-B13-H09
[Zhōng'ānzhuāng]

在县驻地城阳街道北方向 26.0 千米。安庄镇辖自然村。人口 900。因安氏建村于安庄和西安庄之间，取名中安。聚落呈团块状分布。经济以种植业为主，主要作物有花生、地瓜、黄烟等。有公路经此。

南店 371122-B13-H10
[Nándiàn]

在县驻地城阳街道北方向 24.5 千米。安庄镇辖自然村。人口 1 400。明洪武年间，郭氏迁此立村，因处安庄之南，设有客店，取名南店。聚落呈团块状分布。经济以种植业为主，主要作物有小麦、玉米、黄烟、花生等。有公路经此。

谢家南湖 371122-B13-H11
[Xièjiānánhú]

在县驻地城阳街道北方向 23.0 千米。安庄镇辖自然村。人口 1 000。明永乐年间，谢氏迁安庄村南定居，取名谢家南户。于清末改名谢家南湖。聚落呈团块状分布。经济以种植业为主，主要作物有蔬菜、黄烟、花生、地瓜等。有公路经此。

洛河崖 371122-B14-H01
[Luòhé'ái]

洛河镇人民政府驻地。在县驻地城阳街道北方向 19.0 千米。人口 1 800。因坐落在洛山之阴，洛河流经村西村前，以地势取名为洛河崖。聚落呈团块状分布。有学校 2 所、幼儿园 1 所。经济以种植业、养殖业为主，主要农作物有小麦、玉米、花生等。有恒温库、石子厂、石灰窑等。有公路经此。

章庄 371122-B14-H02
[Zhāngzhuāng]

在县驻地城阳街道北方向 19.0 千米。洛河镇辖自然村。人口 2 200。据传，明万历三十年（1602），苏氏从江苏徐州迁此定居，因村北三里是北文店，以文章之义取名章庄。聚落呈团块状分布。有小学 1 所。经济以种植业、养殖业为主，主要作物是小麦、玉米、瓜菜等。以地处沭河岸边河滩地多的优势，发展速生杨丰产林 1 050 亩、大棚西瓜 1 000 亩。有公路经此。

郭家泥沟 371122-B14-H03
[Guōjiānígōu]

在县驻地城阳街道北方向 22.0 千米。洛河镇辖自然村。人口 1 100。清顺治元年（1644），虢氏迁此立村。因村傍红土沟，取名虢家泥沟。后郭氏迁入，人户多，于顺治八年（1651）改名郭家泥沟。聚落呈团块状分布。有小学 1 所。经济以种植业、养殖业为主，主要作物有小麦、玉米、花生等。有公路经此。

大张宋 371122-B14-H04
[Dàzhāngsòng]

在县驻地城阳街道北方向 14.0 千米。洛河镇辖自然村。人口 1 100。该村曾出土一块盖在灰瓦罐上面的宋朝方砖，刻有张宋镇，来历无考。明万历年间村北立小张宋，故更名为大张宋。聚落呈团块状分布。经济以种植业为主，主要作物有小麦、玉米、大棚蔬菜等。有公路经此。

北汶 371122-B14-H05
[Běiwèn]

在县驻地城阳街道北方向 22.0 千米。洛河镇辖自然村。人口 2 400。北汶村名由来无考，明嘉靖前称北文店，自清嘉庆始至今称北汶。聚落呈团块状分布。有小学 1 所。村内有一棵 1 000 余年树龄的银杏树。经济以种植业、养殖业为主，主要作物有小麦、玉米、花生、大豆、高粱等。有公路经此。

西地 371122-B14-H06
[Xīdì]

在县驻地城阳街道北方向 22.0 千米。洛河镇辖自然村。人口 1 400。清顺治二年（1645），冯氏迁此定居，因地处北汶之西，故名西地。聚落呈团块状分布。经济以种植业、养殖业为主，主要作物有水稻、小麦、玉米、花生等。有公路经此。

大汇泉 371122-B14-H07
[Dàhuìquán]

在县驻地城阳街道北方向 15.0 千米。洛河镇辖自然村。人口 900。明万历年间，唐氏迁此立村，以泉得名。聚落呈团块状分布。经济以种植业为主，主要作物有小麦、玉米、花生、大豆等。有公路经此。

前四墩坡 371122-B14-H08
[Qiánsìdūnpō]

在县驻地城阳街道北方向 16.0 千米。洛河镇辖自然村。人口 700。明嘉靖年间，陈氏迁此立村，因前后各有四个土墩，该村坐落于前四墩之岭坡，故名前四墩坡。

聚落呈团块状分布。经济以种植业为主，主要作物有小麦、玉米、花生、苹果、黄烟等。有公路经此。

罗米庄 371122-B14-H09
[Luómǐzhuāng]

在县驻地城阳街道北方向 15.0 千米。洛河镇辖自然村。人口 3 200。元赵氏原籍山西省密云县，明更朝之际，迁络山之下定居，因念其祖籍，故名络密庄，后演变为罗米庄。聚落呈团块状分布。有小学 1 所。经济以种植业、养殖业为主，主要作物有小麦、水稻、玉米等。有公路经此。

坊前 371122-B14-H10
[Fāngqián]

在县驻地城阳街道北方向 16.0 千米。洛河镇辖自然村。人口 500。明初，张氏迁此定居，因村后有古代残垣，称防岭，故取名防岭前，简称防前，后演变为坊前。聚落呈团块状分布。有小学 1 所。经济以种植业、养殖业为主，主要作物有小麦、水稻、玉米等。有公路经此。

大汪头 371122-B14-H11
[Dàwāngtóu]

在县驻地城阳街道北方向 23.0 千米。洛河镇辖自然村。人口 1 300。明崇祯年间，安氏迁此立村，张氏相继迁入，因村东头有汪，取名汪头。清初迁分两村，此村名大汪头。聚落呈团块状分布。经济以种植业、养殖业为主，主要作物有小麦、花生、西瓜、蔬菜等。有公路经此。

刘家南湖 371122-B14-H12
[Liújiānánhú]

在县驻地城阳街道北方向 22.0 千米。洛河镇辖自然村。人口 1 400。明正德年间，刘氏迁此定居，因村坐落在安庄以南的一片洼地上，故名刘家南湖。聚落呈团块状分布。经济以种植业、养殖业为主，主要作物有花生、小麦、玉米、西瓜、黄烟等。有公路经此。

大庄坡 371122-B15-H01
[Dàzhuāngpō]

碁山镇人民政府驻地。在县驻地城阳街道西北方向 36.0 千米。人口 3 600。据传，明洪武年间，邢、周、卜三姓由山西省洪洞县迁此立村，因多姓共处，取名大众坡。后孙、宋等姓相继迁入，人户渐多，成为附近最大的村庄，遂改村名为大庄坡。聚落呈团块状分布。有学校 2 所、幼儿园 1 所。经济以种植业和加工制造业为主，主产花生、小麦、蔬菜、水果等。有莒县碁山镇大庄坡砖厂、服装厂、灯具厂等。有公路经此。

天成寨 371122-B15-H02
[Tiānchéngzhài]

在县驻地城阳街道北方向 43.0 千米。碁山镇辖自然村。人口 500。元末，王、李、苑三姓居此，因九山环绕，村处其间，故取名寨子。清咸丰年间，为防捻军筑起围墙，因施工顺利，谓得天助，遂易名天成寨。聚落呈团块状分布。原寨围墙与西门遗迹犹存。经济以种植业为主，主要作物有花生、黄烟、桑、玉米等。有公路经此。

魏征川 371122-B15-H03
[Wèizhēngchuān]

在县驻地城阳街道北方向 39.0 千米。碁山镇辖自然村。人口 700。明洪武年间，马氏迁此定居，据传村前河畔是魏征的花园，故取名魏征川。聚落呈团块状分布。有魏征居所遗留上马石一块。经济以种植业为主，主要作物有花生、黄烟、桑、玉米等。有公路经此。

碁山寺 371122-B15-H04
[Qíshānsì]

在县驻地城阳街道北方向 39.0 千米。碁山镇辖自然村。人口 900。清末，崔氏在碁山寺西种地，渐成小村，沿用寺名。聚落呈团块状分布。经济以种植业为主，主要作物有花生、地瓜、玉米等。有公路经此。

青云庵 371122-B15-H05
[Qīngyún'ān]

在县驻地城阳街道北方向 38.2 千米。碁山镇辖自然村。人口 1 200。张氏迁青云庵西居住，以庵名村。聚落呈团块状分布。经济以种植业为主，主要作物有花生、小麦、大姜、玉米等。有公路经此。

庞庄 371122-B15-H06
[Pángzhuāng]

在县驻地城阳街道北方向 29.5 千米。碁山镇辖自然村。人口 1 400。以姓氏命名。聚落呈团块状分布。有 1 棵古银杏树，被莒县人民政府定为文物古迹挂牌保护。经济以种植业为主，主要作物有花生、地瓜、黄烟、小麦、玉米等。有公路经此。

天宝 371122-B15-H07
[Tiānbǎo]

在县驻地城阳街道北方向 46.0 千米。碁山镇辖自然村。人口 2 500。元明之交，申、孙两姓劫后流落至此，取"苍天保佑"之义，命名天保。1944 年，村民自感"天保"有迷信色彩，行文时改写成天宝。聚落呈团块状分布。有学校 2 所、幼儿园 1 所。经济以种植业为主，主要作物有花生、黄烟、玉米等。有公路经此。

谢家庄 371122-B15-H08
[Xièjiāzhuāng]

在县驻地城阳街道北方向 45.0 千米。

碁山镇辖自然村。人口 1 500。以姓氏命名。聚落呈团块状分布。有小学 1 所。有特色民俗活动谢家庄山会。经济以种植业为主,主要作物有花生、小麦、玉米等。有公路经此。

前杨南岭 371122–B15–H09
［Qiányángnánlǐng］

在县驻地城阳街道北方向 52.0 千米。碁山镇辖自然村。人口 800。明洪武年初,杨氏迁此立村,名杨家庄。1960 年修建青峰岭水库,迁出部分住户在原村南岭定居,取名前杨南岭。聚落呈团块状分布。经济以种植业为主,主要作物有花生、小麦、玉米等。有公路经此。

西王庄 371122–B15–H10
［Xīwángzhuāng］

在县驻地城阳街道北方向 48.5 千米。碁山镇辖自然村。人口 800。明崇祯年间,孙氏迁此建村,取名孙家王庄。因地处东王庄之西,简称西王庄。聚落呈团块状分布。经济以种植业为主,主要作物有花生、地瓜、玉米等。有公路经此。

西新城 371122–B15–H11
［Xīxīnchéng］

在县驻地城阳街道北方向 30.0 千米。碁山镇辖自然村。人口 500。元天顺元年（1328）,铁、万两姓建村,初名新兴。明崇祯二年（1629）,段氏迁入,共议村名为新成。崇祯八年（1635）,钱文里迁入,钱氏富裕,为防清兵入侵,倡议邻村共修围墙避乱抗敌,工成,遂改名为新城。1959 年建青峰岭水库,迁西岭,分为两村,以沟为界,此村在沟西,故名西新城。聚落呈团块状分布。经济以种植业为主,主要作物有花生、黄烟、玉米等。有公路经此。

茅埠 371122–B15–H12
［Máobù］

在县驻地城阳街道北方向 30.0 千米。碁山镇辖自然村。人口 2 300。明天顺年间,赵氏迁此定居,此地原为一傍河土阜,遍生茅草,呼为草阜,后演变为茅埠。聚落呈团块状分布。有小学 1 所、幼儿园 1 所。经济以种植业为主,主要作物有花生、地瓜、桑、黄烟、玉米等。有箱包厂、服装加工厂。有公路经此。

莫庄新村 371122–B15–H13
［Mòzhuāngxīncūn］

在县驻地城阳街道北方向 37.0 千米。碁山镇辖自然村。人口 1 200。宋朝末年,孟氏立村于沭河西岸,取名孟家庄。后因水灾,村移河东,改名挪庄。元末,更名沭河河东。清中叶,建水力磨于水磨岭,磨料制香,改村名为大磨庄,渐渐以谐音称莫庄。1959 年建青峰岭水库,库区移民迁分四村,李、陈、孙三姓迁东岭东南角立村,称莫庄新村。聚落呈团块状分布。经济以种植业为主,主要作物有花生、小麦、玉米等。有公路经此。

西山旺 371122–B15–H14
［Xīshānwàng］

在县驻地城阳街道北方向 43.0 千米。碁山镇辖自然村。人口 1 600。明初,缪氏迁此定居,以山多树旺之意取村名山旺,为与库山乡山旺有别,此村在西,故取名西山旺。聚落呈团块状分布。有省级非遗项目转秋千。经济以种植业为主,主要作物有花生、黄烟、桑、玉米等。有公路经此。

褚家坡 371122–B15–H15
［Chǔjiāpō］

在县驻地城阳街道北方向 46.0 千米。

碁山镇辖自然村。人口 500。褚氏立村，因在大崮山北坡而得名。明初村被洗，明洪武间孙、王氏迁此居住，沿用旧名。聚落呈团块状分布。经济以种植业为主，主要作物有花生、黄烟、桑、玉米等。有公路经此。

夜珠泽 371122-B15-H16
[Yèzhūzé]

在县驻地城阳街道北方向 31.0 千米。碁山镇辖自然村。人口 800。赵氏迁此定居，传说村中之汪夜间有明珠发光，誉名夜珠泽，遂为村名。聚落呈团块状分布。经济以种植业为主，主要作物有花生、地瓜、黄烟、桑等。有公路经此。

长宁 371122-B15-H17
[Chángníng]

在县驻地城阳街道北方向 46.0 千米。碁山镇辖自然村。人口 1 400。明洪武二年（1369），韩氏迁居于此，在一长岭的西坡立村，初名长长岭，亦称长岭子。明末清初，外姓相继徙入，明清之交后，人思安宁，嘉言易名"长宁子"，简称长宁。聚落呈团块状分布。经济以种植业为主，主要作物有花生、黄烟等。有公路经此。

十里沟 371122-B15-H18
[Shílǐgōu]

在县驻地城阳街道北方向 36.0 千米。碁山镇辖自然村。人口 800。明洪武初年，宋氏迁此立村，因村东岭上有一龙形石条，村处岭下，故取名石龙沟。又因东沟盛产山楂（当地人山楂也称石榴），渐称石榴沟。民国初年，因村南距于里沟、北距源河各十里，改名为十里沟。聚落呈团块状分布。经济以种植业为主，主要作物有花生、黄烟、桑、玉米等。有公路经此。

高崮崖 371122-B15-H19
[Gāogùyá]

在县驻地城阳街道北方向 34.0 千米。碁山镇辖自然村。人口 700。据传原来高姓居此，元末战乱，民多逃亡，后王氏迁此定居。因地处东、西两岭之间，西岭有黄土崮，悬崖陡峭，下临峡谷，取名高崮崖。聚落呈团块状分布。经济以种植业为主，主要作物有花生、黄烟、小麦、玉米等。有公路经此。

石泉官庄 371122-B15-H20
[Shíquánguānzhuāng]

在县驻地城阳街道北方向 30.0 千米。碁山镇辖自然村。人口 600。村旧有姑子庵，土地庙碑记有"东庵官庄"字样。民国初，因村有石泉两个，改称石泉官庄。聚落呈团块状分布。有幼儿园 1 所。经济以种植业为主，主要作物有花生、黄烟、桑、玉米等。有公路经此。

东毛家庄 371122-B15-H21
[Dōngmáojiāzhuāng]

在县驻地城阳街道北方向 41.0 千米。碁山镇辖自然村。人口 500。因毛姓立村，取名毛家庄。明洪武二年（1369），王氏徙此，沿用旧名。明末分成两村，此称东毛家庄。聚落呈团块状分布。经济以种植业为主，主要作物有花生、黄烟、桑、玉米等。有公路经此。

寨里河 371122-B16-H01
[Zhàilǐhé]

寨里河镇人民政府驻地。在县驻地城阳街道东南方向 15.0 千米。人口 1 800。明末立村，村因寨里河得名。聚落呈团块状分布。有文化站 1 个、学校 2 所、幼儿园 1 所。经济以种植业为主，主要作物有小麦、花生、大姜、玉米等，特产黄烟、苹果。瓦日铁路经此。

薛家车沟 371122-B16-H02
[Xuējiāchēgōu]

在县驻地城阳街道东南方向15.0千米。寨里河镇辖自然村。人口300。村北岭石上有车辙长存，传系柴王爷推车所压，后称此岭为车沟岭。相传，明末薛氏建村于车沟岭下，取名薛家车沟。聚落呈团块状分布。经济以种植业为主，主要作物有小麦、玉米、花生等。有公路经此。

向阳寨 371122-B16-H03
[Xiàngyángzhài]

在县驻地城阳街道东南方向13.0千米。寨里河镇辖自然村。人口800。清乾隆年间，凌、商两姓逃荒至此垦种官田，因三面环山，像葫芦一样，取名葫芦官庄。清朝末年，改名白家湖。因重名，1981年，更名向阳寨。聚落呈团块状分布。经济以种植业、养殖业为主，主要作物有蔬菜、小麦、玉米、花生等。有公路经此。

唐家河水 371122-B16-H04
[Tángjiāhéshuǐ]

在县驻地城阳街道东南方向14.0千米。寨里河镇辖自然村。人口1 700。明朝末年，唐氏迁此，取名唐家鹤水，后演变为唐家河水。聚落呈团块状分布。有小学1所。经济以种植业、养殖业为主，主要作物有蔬菜、小麦、玉米、花生等。日东高速公路经此。

双石头 371122-B16-H05
[Shuāngshítou]

在县驻地城阳街道东南方向13.0千米。寨里河镇辖自然村。人口1 300。明末，孙氏迁此定居，因村西北岭上有两块巨石，取名双石头。聚落呈团块状分布。经济以种植业为主，主要作物有小麦、玉米、花生等。有公路经此。

马连坡 371122-B16-H06
[Mǎliánpō]

在县驻地城阳街道东南方向16.0千米。寨里河镇辖自然村。人口900。明洪武二年（1369），马氏迁此，圈占垦田，与岭坡相连，取名马连坡。聚落呈团块状分布。经济以种植业、养殖业为主，主要作物有花生、桑、玉米等。有公路经此。

龙尾 371122-B16-H07
[Lóngwěi]

在县驻地城阳街道东南方向15.0千米。寨里河镇辖自然村。人口1 500。据传，明末清初李华立村，因村后岭似龙形，村居岭尾，名曰龙尾。又有故事传说，该村一村妇婚后数年不孕，有一次去村西南汪岸洗衣服后怀孕。12个月后生一条小龙。其父见所生为妖，便拿起菜刀想除一害。龙儿跃上房梁，后外逃。过门时龙尾与门槛相接，其父猛砍一刀，把龙尾砍掉，村遂名龙尾。聚落呈团块状分布。经济以种植业、养殖业为主，主要作物有小麦、玉米、花生等。有公路经此。

龙头沟 371122-B16-H08
[Lóngtóugōu]

在县驻地城阳街道东南方向18.0千米。寨里河镇辖自然村。人口200。相传，清雍正年间，王、李、于三姓逃荒至此立村，因村北有土墩状似龙头，南有沟，故取名龙头沟。聚落呈团块状分布。经济以种植业为主，主要作物有小麦、玉米、花生等。有公路经此。

莲花岭 371122-B16-H09

［Liánhuālǐng］

在县驻地城阳街道东南方向15.0千米。寨里河镇辖自然村。人口300。相传，清雍正八年（1730）大水，刘氏从小沂水迁此居住，曹、李两姓相继迁入，因岭石似莲花状，取村名为莲花岭。聚落呈团块状分布。经济以种植业、养殖业为主，主要作物有玉米、小麦、花生、地瓜、大豆等。有公路经此。

擂鼓台 371122-B16-H10

［Léigǔtái］

在县驻地城阳街道东南方向15.0千米。寨里河镇辖自然村。人口200。相传，南宋嘉定年间，红袄军李全的军队曾在此筑有擂鼓台。清光绪年间，李氏迁此居住，繁衍成村，以擂鼓台命名。聚落呈团块状分布。经济以种植业为主，主要作物有小麦、玉米、花生等。有公路经此。

后牛店 371122-B16-H11

［Hòuniúdiàn］

在县驻地城阳街道东南方向17.0千米。寨里河镇辖自然村。人口1 200。牛氏迁此建村，以在道旁开店为生，取名牛家店子。1947年分成前后两村。此村在后，故称后牛店。聚落呈团块状分布。有小学1所。经济以种植业为主，主要作物有小麦、玉米、花生等。莒中公路经此。

陡崖 371122-B16-H12

［Dǒu'ái］

在县驻地城阳街道东南方向20.0千米。寨里河镇辖自然村。人口900。明洪武年间，赵氏迁此定居，因此处山崖陡峭，取名陡崖。聚落呈团块状分布。经济以种植业、养殖业为主，主要作物有小麦、玉米、花生等。莒中公路经此。

大翟家沟 371122-B16-H13

［Dàzháijiāgōu］

在县驻地城阳街道东南方向16.0千米。寨里河镇辖自然村。人口1 400。明洪武二年（1369），翟氏迁此定居，因地处山沟，取名翟家沟。清初小翟家沟立村后，改称大翟家沟。聚落呈团块状分布。经济以种植业为主，主要作物有小麦、玉米、花生等。有公路经此。

桑园 371122-B17-H01

［Sāngyuán］

桑园镇人民政府驻地。在县驻地城阳街道东北方向30.0千米。人口2 200。史书记载，宋代就有桑园这个地方，因多桑树得名桑园。聚落呈带状分布。有学校2所。经济以种植业和加工制造业为主，主要农作物有小麦、玉米、红薯、大姜、黄烟等。有轴承仪、农机修造、化工、饲料加工等企业，有莒县义合车辆配件厂、日照福川机械制造有限公司。有公路经此。

柏庄 371122-B17-H02

［Bǎizhuāng］

在县驻地城阳街道东北方向33.0千米。桑园镇辖自然村。人口1 000。明初查氏立村于河北岸，取名北庄。后葛氏在小河南岸植柏树2棵，树长势挺拔，象征兴旺，改名柏庄。聚落呈团块状分布。有小学1所。有中共山东省鲁东南特委、八路军山东抗日纵队第二支队司令部等党政领导机关驻扎该村时建立的学校、医院、兵工厂和印钞厂的旧址遗址。现已建成江北面积最大的"红石部落"。经济以种植业为主，主要作物有花生、大姜等。有公路经此。

东苑庄　371122-B17-H03
［Dōngyuànzhuāng］

在县驻地城阳街道东北方向25.0千米。桑园镇辖自然村。人口1 600。明洪武二年（1369），陈氏在文苑庵东立村，故名。聚落呈团块状分布。经济以种植业为主，主要作物有小麦、玉米、花生、大姜、黄烟等。有公路经此。

卢家河　371122-B17-H04
［Lújiāhé］

在县驻地城阳街道东北方向25.0千米。桑园镇辖自然村。人口800。因潘氏长者为闹纠纷的过路人讲和，初名路讲和。后卢氏徙入，因村东傍河，称卢家河。后也称为芦家河。聚落呈团块状分布。有AA级旅游景区莲生湖游钓园。经济以种植业和旅游业为主，主要作物有黄烟、小麦、花生等。建有南山500亩休闲采摘园区、5千米山地自行车运动场地，有独具特色的"垂钓游""乡情文化游""新农村体验游"品牌。胶新铁路经此。

下疃　371122-B17-H05
［Xiàtuǎn］

在县驻地城阳街道东北方向23.0千米。桑园镇辖自然村。人口2 200。葛氏迁此定居，因村南傍袁公河，多沙滩地势较低，初名下滩。因不雅，改名下疃。聚落呈团块状分布。有小学1所。经济以种植业为主，主要作物有大姜、小麦、花生等。有公路经此。

梭庄　371122-B17-H06
［Suōzhuāng］

在县驻地城阳街道东北方向20.0千米。桑园镇辖自然村。人口800。明天启年间，解理迁此定居，村名来历有二：一说解氏祖以织布为业，世代永志祖业，以梭名村，曰梭庄；二说村前有一巨石，形状如梭，命名为梭庄。聚落呈团块状分布。经济以种植业为主，主要作物有大姜、花生、地瓜等。有公路经此。

板石河　371122-B17-H07
［Bǎnshíhé］

在县驻地城阳街道东北方向27.0千米。桑园镇辖自然村。人口1 700。明洪武年间，梁氏迁此立村，因村东河床是分层的红沙石板，故名板石河。聚落呈团块状分布。村南有丽青山风景区，是国家AA级风景区。经济以种植业为主，主要作物有花生、小麦、大姜等。有公路经此。

栗园　371122-B17-H08
［Lìyuán］

在县驻地城阳街道东北方向27.0千米。桑园镇辖自然村。人口400。清康熙十年（1671），郑氏迁此，为小石库马氏看管栗树园，后成村，取名栗园。聚落呈团块状分布。经济以种植业为主，主要作物有花生、小麦、大姜等。有公路经此。

楼西　371122-B17-H09
［Lóuxī］

在县驻地城阳街道东北方向26.0千米。桑园镇辖自然村。人口400。明初，范氏迁居照邑立范家楼，后迁居于此，因在范家楼之西，以示不忘祖籍，故名西楼。因重名，更名为楼西。聚落呈团块状分布。经济以种植业为主，主要作物有花生、大姜等。种植苹果、樱桃等果品，实现蔬菜、果品采摘和观光旅游一体化经营。有公路经此。

徐家官庄　371122-B17-H10
［Xújiāguānzhuāng］

在县驻地城阳街道东北方向19.0千米。

桑园镇辖自然村。人口1 400。清乾隆元年（1736），徐氏迁此立村，因盼子升官，取名徐家官庄。聚落呈团块状分布。经济以种植业为主，主要作物有大姜、小麦、花生等。有山林场5处，面积600余亩，以种植桃树、苹果等林果为主。有公路经此。

白湖 371122-B17-H11
[Báihú]

在县驻地城阳街道东北方向16.5千米。桑园镇辖自然村。人口1 100。清乾隆年间，梁氏迁此立村，因村周山峦环抱，早上晨雾炊烟漂浮山间，笼罩着村庄时隐时现，远眺宛如湖泊，故名白湖。聚落呈团块状分布。经济以种植业为主，主要作物有大姜、小麦、花生等。有公路经此。

西天井汪 371122-B17-H12
[Xītiānjǐngwāng]

在县驻地城阳街道东北方向28.0千米。桑园镇辖自然村。人口500。明朝末年，王氏迁此定居，因四面皆山，地形若井，村西南岭腹有渊，水从底部汩汩溢出，常年不竭，故取名天井汪。1959年建仕阳水库，部分住户迁东岭立东天井汪，原村改名为西天井汪。聚落呈团块状分布。经济以种植业为主，主要作物有大姜、小麦、花生等。有公路经此。

赵家潭子岗 371122-B17-H13
[Zhàojiātánzigǎng]

在县驻地城阳街道东北方向17.0千米。桑园镇辖自然村。人口1 000。元末孔氏居此，原村北有深渊名曰龙潭，东南有土岭称虎岗，综其义取名潭子岗。后赵族繁衍，改名赵家潭子岗。聚落呈团块状分布。有小学1所。经济以种植业为主，主要作物有大姜、小麦、花生等。有公路经此。

东宅科 371122-B17-H14
[Dōngzháikē]

在县驻地城阳街道东北方向25.0千米。桑园镇辖自然村。人口800。因村依山傍水，坐落在比沟开阔的地方，取名宅科。因与袁公河西岸的宅科隔河为邻，故名东宅科。1958年建仕阳水库迁今址，仍用原名。聚落呈团块状分布。经济以种植业为主，主要作物有大姜、小麦、花生等。有公路经此。

大土门 371122-B17-H15
[Dàtǔmén]

在县驻地城阳街道东北方向27.5千米。桑园镇辖自然村。人口1 100。元至正三年（1343），申氏立村，村址在石龙山下，初名卧龙岗。明洪武二年（1369），仕、彭、胡、田等姓徙此，西迁村址于凤凰山（黄山）下，改名凤凰村。明万历五年（1577），在村北土岭挖一隧道，更村名为大土门。聚落呈团块状分布。有小学1所。经济以种植业为主，主要作物有大姜、小麦、花生等。有公路经此。

前果庄 371122-B18-H01
[Qiánguǒzhuāng]

果庄镇人民政府驻地。在县驻地城阳街道西北方向22.5千米。人口1 400。元代建村名长留店，明名前各庄，清嘉庆年间更今名。《嘉庆莒州志文献志》载，刘琛，果庄人，品行高尚，父病，梦一老人曰"州西南上有神泉水可疗"，醒不待旦而往，取水回饮之果愈，邻村传称为果之报，自此称果庄。聚落呈团块状分布。有学校2所、幼儿园1所。经济以种植业为主，主要作物有花生、玉米、小麦、黄烟、油桃、西瓜。有莒县雅美服装有限公司、日照德客食品有限公司。有公路经此。

九层岭 371122-B18-H02
[Jiǔcénglǐng]

在县驻地城阳街道西北方向26.9千米。果庄镇辖自然村。人口1 700。清顺治年间，刘氏至此定居，因处安庄以西第九条岭上，故名九层岭。聚落呈团块状分布。有小学1所。经济以种植业为主，主要作物有地瓜、花生、黄烟等。有公路经此。

苇园 371122-B18-H03
[Wěiyuán]

在县驻地城阳街道西北方向25.8千米。果庄镇辖自然村。人口1 900。清康熙二十二年（1683），刘氏至此垦荒，因村四面山岭环抱，取名围园。后因村前栽植芦苇，演变为苇园。聚落呈团块状分布。有小学1所。在村西南1千米处，有县级重点文物保护区"钓鱼台"。经济以种植业为主，主要作物有黄烟、花生、地瓜等。有公路经此。

大崖头 371122-B18-H04
[Dà'áitóu]

在县驻地城阳街道西北方向20.0千米。果庄镇辖自然村。人口1 200。据传，元至正二十年（1360）朱氏建村，村前有一大崖头，故取名朱家崖头。后改为大崖头。聚落呈团块状分布。有小学1所。经济以种植业为主，主要作物有小麦、水稻等。有公路经此。

泉庄 371122-B18-H05
[Quánzhuāng]

在县驻地城阳街道西北方向18.2千米。果庄镇辖自然村。人口1 100。据传，明崇祯十三年（1640），高氏迁此开垦官田建村，村东、西相距一里之遥，各有一泉，以泉名村，取名双泉官庄。后因重名，更名为泉庄。聚落呈团块状分布。经济以种植业为主，主要作物有花生、瓜菜等。有农机具加工厂、花生筛选厂。有公路经此。

龙潭官庄 371122-B18-H06
[Lóngtánguānzhuāng]

在县驻地城阳街道西北方向23.5千米。果庄镇辖自然村。人口400。村西南古有龙王庙，庙前有"龙潭"。元朝残碑记载，元至元十六年（1279），鲍氏迁此垦种官田为生，以潭取名，为龙潭官庄。聚落呈团块状分布。经济以种植业、养殖业为主，主要作物有小麦、玉米、花生等，主要养殖猪、肉食鸭等。有公路经此。

前梭庄 371122-B18-H07
[Qiánsuōzhuāng]

在县驻地城阳街道西北方向20.7千米。果庄镇辖自然村。人口3 100。据传，马、崔二姓于元初迁此立村，因村前一片涝洼，多生长蓑草，取名蓑庄。明嘉靖年间，因村形如织布梭状，改为梭庄。后因后梭庄立村，此村改为前梭庄。聚落呈团块状分布。经济以种植业为主，主要作物有花生、小麦、玉米、大棚蔬菜、大棚油桃、西瓜等。有公路经此。

单家海坡 371122-B18-H08
[Shànjiāhǎipō]

在县驻地城阳街道西北方向23.0千米。果庄镇辖自然村。人口700。元初，单氏迁此定居，因村南有一片湖水，像大海一样，建村在水北偏西的土坡上，故名单家海坡。聚落呈团块状分布。经济以种植业为主，主要作物有花生、黄烟、瓜菜等。有公路经此。

下茶城 371122-B18-H09
[Xiàcháchéng]

在县驻地城阳街道西北方向25.0千米。

果庄镇辖自然村。人口 1 900。元至正十三年（1353），邴氏迁此，以古茶城而得名。有两个村，此村在西，地势较低，取名下茶城。聚落呈团块状分布。有春秋时期莒国蒲侯氏故城遗址——茶城遗址。经济以种植业为主，主要作物有花生、地瓜、黄烟、小麦、玉米、西瓜等。有公路经此。

小库山 371122-C01-H01

[Xiǎokùshān]

库山乡人民政府驻地。在县驻地城阳街道北方向 45.0 千米。人口 300。明洪武年间建村，因西临崮山，以山得名崮山，后因与大库山对称，改称小库山。聚落呈团块状分布。聚落沿潍河北岸呈团块状分布。有中学 1 所、幼儿园 1 所。经济以种植业为主，主产小麦、茄子、小包菜、芦笋、黄烟、中药等。有水泥厂、丹参茶厂等。有日照援康药业有限公司。有公路经此。

苑家沟 371122-C01-H02

[Yuànjiāgōu]

在县驻地城阳街道北方向 52.0 千米。库山乡辖自然村。人口 500。因苑氏建村于沟畔，故名苑家沟。聚落呈团块状分布。经济以种植业为主，主要作物有棉花、小麦、花生、甘薯、药材等。有公路经此。

宋家路西 371122-C01-H03

[Sòngjiālùxī]

在县驻地城阳街道北方向 37.5 千米。库山乡辖自然村。人口 1 100。明初，宋氏迁此定居，因建村于大路之西，初名大路西。清末改为宋家路西。聚落呈团块状分布。经济以种植业、养殖业和手工业为主，主要作物有药材、小麦、玉米、花生、棉花等。有公路经此。

双泉 371122-C01-H04

[Shuāngquán]

在县驻地城阳街道北方向 42.0 千米。库山乡辖自然村。人口 600。咸丰年间，李氏迁此定居，因村处母猪洼地，初名母猪洼。1936 年，因村名不雅，以村西有两泉，改名双泉官庄。因重名，1981 年更名为双泉。聚落呈团块状分布。经济以种植业为主，主要作物有小麦、花生等。有公路经此。

响场 371122-C01-H05

[Xiǎngcháng]

在县驻地城阳街道北方向 40.0 千米。库山乡辖自然村。人口 1 100。据传，元朝此处有一古村，名墙夼。村中有一富户，在打谷场上置锣鼓，设有器械，待骡马拉动碌碡时锣鼓随而轰鸣，故名打响场。元明之交，村落泯于兵燹。明洪武年初，徐氏继村于响场之畔，即以响场名之。聚落呈团块状分布。经济以种植业为主，主要作物有小麦、花生等。有公路经此。

茶沟 371122-C01-H06

[Chágōu]

在县驻地城阳街道北方向 46.0 千米。库山乡辖自然村。人口 500。建于元末，因村沟岸遍布茶树，故名茶沟。聚落呈团块状分布。有小学 1 所。经济以种植业为主，主要作物有小麦、花生等。有公路经此。

赵家庄 371122-C01-H07

[Zhàojiāzhuāng]

在县驻地城阳街道北 42.0 千米。库山乡辖自然村。人口 1 100。明万历二年（1574），赵氏从赵家辛庄迁此定居，称赵家庄。聚落呈团块状分布。经济以种植业为主，主要作物有黄烟、大姜、中药材等。有公路经此。

解家河 371122–C01–H08
[Xièjiāhé]

在县驻地城阳街道北方向 42.0 千米。库山乡辖自然村。人口 600。明洪武年间，解氏迁此居住，因居河畔，故称解家河。聚落呈团块状分布。经济以种植业为主，主要有药材、生姜、经济林等。有公路经此。

源河 371122–C01–H09
[Yuánhé]

在县驻地城阳街道北方向 47.0 千米。库山乡辖自然村。人口 2 200。明洪武二年（1369），刘氏迁此定居，因村在连五河与石河的交汇处，故名源河。聚落呈团块状分布。有小学 1 所。经济以种植业为主，主要经济作物有黄烟、中药材等。有公路经此。

朱刘官庄 371122–C01–H10
[Zhūliúguānzhuāng]

在县驻地城阳街道北方向 38.0 千米。库山乡辖自然村。人口 400。明洪武二年（1369），王氏迁此定居，初名官庄，1934 年，朱氏族旺，改称朱家官庄。后因重名，且此村多系朱刘两姓，1981 年更名为朱刘官庄。聚落呈团块状分布。经济以种植业为主，主要作物有小麦、玉米、花生、地瓜、丹参、黄芩等。有公路经此。

庄科 371122–C01–H11
[Zhuāngkē]

在县驻地城阳街道北方向 38.0 千米。库山乡辖自然村。人口 800。元朝时毛氏迁此定居，因村坐落在比沟更开阔的地方，故取名庄科。元明之交，村落泯于兵燹，刘氏迁此废墟定居，沿用原名。聚落呈团块状分布。有小学 1 所。经济以种植业为主，主要作物有小麦、玉米、花生、药材、棉花等。有公路经此。

彩山 371122–C01–H12
[Cǎishān]

在县驻地城阳街道北方向 38.0 千米。库山乡辖自然村。人口 300。明崇祯六年（1633），崔氏立村，因地处彩山北麓，遂以山命名，称彩山。聚落呈团块状分布。经济以种植业为主，主要作物有玉米、黄烟、药材等。有公路经此。

邱家沟 371122–C01–H13
[Qiūjiāgōu]

在县驻地城阳街道北方向 38.0 千米。库山乡辖自然村。人口 800。明初，刘氏迁此定居，因村处沟岸，故名邱家沟。聚落呈团块状分布。经济以种植业为主，主要作物有丹参、黄芩、花生、小麦、玉米等。有公路经此。

三 交通运输

日照市

城市道路

山海路 371100-K01
[Shānhǎi Lù]

　　在市境北部。西起东港莒县界，东至碧海路。沿线与日照北路、富阳路、兖州路、临沂路、北京路、烟台路、青岛路、北海路相交。长 55.7 千米，宽 75 米。沥青路面。2003 年开工，2004 年改造绿化，2012 年西延拓建。因接山连海而得名。两侧有龙门崮风景区、太阳山风景区、马陵水库、日照市技师学院、日照职业技术学院、市委党校等。通公交车。

山东西路 371100-K02
[Shāndōng Xīlù]

　　在市境西部。西起烟墩岭，东至日照路。沿线与旭阳路、合村路、丹阳路相交。长 5.5千米，宽 60 米。沥青路面。1983 年开工，同年建成。初取平安之意，命名为海安路，2006 年更今名。两侧有日照师范学校等。通公交车。

山东中路 371100-K03
[Shāndōng Zhōnglù]

　　在市境中部。西起日照路，东至昭阳路。沿线与正阳路、华阳路、东关北路、营子河路、荟阳路、艳阳路相交。长 2.6 千米，宽 60 米。沥青路面。1983 年开工，同年建成。初取平安之意，命名为海安路，2006 年更

今名。两侧有江豪大厦、东港区交通运输局、香河公园、日照市第二实验中学、日照市群众艺术馆等。通公交车。

山东东路 371100-K04
[Shāndōng Dōnglù]

　　在市境东部。西起昭阳路，东至青岛路。沿线与富阳路、景阳路、兖州路、临沂路、菏泽路、枣庄路、北京路、济宁路、烟台路、威海路、环翠路、文登路相交。长 5.9 千米，宽 60 米。沥青路面。1983 开动工，同年建成。初取平安之意，命名为海安路，2006 年更今名。两侧有石化大厦、日照市卫生学校、市气象局、日照市交通局等。通公交车。

海曲西路 371100-K05
[Hǎiqū Xīlù]

　　在市境西部。西起烟墩岭，东至日照路。沿线与旭阳路、衡阳路、合村路、丹阳路相交。长 4.4 千米，宽 42 米。沥青路面。1983 年开工，同年建成。以路南有西汉海曲县故城遗址得名，并以方位分称。两侧有日照市农产品批发市场、日照文化艺术博览中心、日照烈士陵园等。通公交车。

海曲中路 371100-K06
[Hǎiqū Zhōnglù]

　　在市境中部。西起日照路，东至昭阳路。沿线与正阳路、丽阳路、东关南路、公园路、艳阳路相交。长 2.7 千米，宽 42 米。沥青路面。1983 年动工，1987 年扩建。以

路南有西汉海曲县故城遗址得名，并以方位分称。两侧有华益大厦、日照百货大楼、东港区人民政府、信合广场、海曲公园等。通公交车。

海曲东路 371100–K07

［Hǎiqū Dōnglù］

在市境东部。西起昭阳路，东至万平口景区。沿线与兖州路、临沂路、北京路、烟台路、威海路、文登路、青岛路、绿舟南路相交。长 7.4 千米，宽 42 米。沥青路面。1983 年开工，1987 年扩建。以路南有西汉海曲县故城遗址得名，并以方位分称。两侧有东港区粮食局、日照市人民医院、清风湖、日照市城市规划展览馆等。通公交车。

迎宾路 371100–K08

［Yíngbīn Lù］

在市境中部。西起日东高速，东至北京路。沿线与丹阳路、艳阳路、昭阳路、兖州路、兰州路、临沂路、菏泽路相交。长 8.8 千米，宽 100 米。沥青路面。2004 年开工，2005 年建成。因接日东高速入口处，取迎接来宾之意，故名。两侧有日照创业物流园、日照第三实验小学、花卉市场等。通公交车。

上海路 371100–K10

［Shànghǎi Lù］

在市境南部。西起昆明路，东至海滨一路。沿线与南昌路、成都路、重庆路、兰州路、临沂南路、北京南路、海滨五路、海滨四路、海滨三路、海滨二路相交。长 12.3 千米，宽 38 米。沥青路面。2002 年开工，2003 年建成。两侧有中储粮油脂日照公司、日照港国际候船厅、日照港集团有限公司等单位。通公交车。

滨海路 371100–K09

［Bīnhǎi Lù］

在市境东南部。北起临沂南路，南至童海路。沿线与杭州路、广州路、成都路、临钢路、疏港大道相交。长 29 千米，宽 24 米。沥青路面。2005 年开工，2006 年建成。因濒临大海得名。两侧有东港区林业高科园、日照市阜鑫渔港、山东钢铁日照有限公司、日照钢铁、山东石大科技公司、岚桥港、日照港集团岚山港务有限公司等。通公共汽车。

重庆路 371100–K10

［Chóngqìng Lù］

在市境南部。北起迎宾路，南至海口路。沿线与大连路、天津西路、上海路、深圳路、广州路相交。长 9.2 千米，宽 24 米。沥青路面。2003 年开工，2005 年建成。两侧有开发区实验学校、韩国工业园、南岭村集贸市场等。通公交车。

临沂路 371100–K11

［Línyí Lù］

在市境中部。北起山海路，南至滨海路。沿线与潍坊路、滨州路、山东东路、济南路、海曲东路、迎宾路、上海路相交。长 14 千米，宽 120 米。沥青路面。2004 年开工，同年建成，2009 年扩建。两侧有日照市技师学院、开发区第三初级中学、北京路街道办事处、日照港保税物流中心等。通公交车。

碧海路 371100–K12

［Bìhǎi Lù］

在市境东部。北起鲁南国家森林公园，南至海曲东路。沿线与桃花岛三路、桃花岛二路、桃花岛一路、天阁山路、山海路、太公岛三路、太公岛二路、太公岛一路、东营路相交。长 16 千米，宽 20 米。沥青路面。2007年开工，同年建成。因日照"蓝天、碧海、金沙滩"特色得名。两侧有任家台度假村、岚桥锦江大酒店、董家滩度假村、日照游泳馆、万平口风景区。通公交车。

青岛路 371100-K13
[Qīngdǎo Lù]

在市境东部。北起山海路，南至海曲东路。沿线与聊城路、太公岛二路、太公岛一路、东营路、山东东路、五莲路、莒州路、济南路、淄博路、泰安路相交。长7千米，宽100米。沥青路面。1958年开工，1970年、1988年改扩建。两侧有山海天国际商品城、山海林生态园、山东水利职业学院、日照游泳馆、太阳广场、植物园等。通公交车。

公路

沈海高速 371103-30-B-a01
[Shěnhǎi Gāosù]

高速。起点沈阳市，终点海口市。途经辽宁、山东、江苏、上海、浙江、福建、广东、海南8个省市。全长3 710千米，山东省境内长360千米。2001年12月动工，2003年4月建成。沥青混凝土路面，路面宽23.5米。是唯——一条贯通中国东南沿海地区的高速公路。

204国道 371103-30-B-b01
[204 Guódào]

国道。起点烟台市，终点上海市。途经山东、江苏、上海3省市。全长1 031千米，山东省境内长438千米。20世纪20年代修为简易公路，1954—1955年修复涛雒—汾水段，1978年全线改造。一级公路。沥青路面，路面宽25.0米。沿途有大桥1座、涵洞12道。与222省道相连，是中国东部沿海地区南北走向的国家主要公路干线。

涛坪公路 371103-30-B-c01
[Tāopíng Gōnglù]

省道。起点日照市东港区涛雒镇，终点临沂市莒南县坪上镇。全长372千米，日照市境内长19千米。1978年1月动工，1978年9月建成。二级公路。沥青路面，路面宽9米。沿途有大桥1座、涵洞48处。与222省道相连，是贯穿岚山区东西的重要通道。

岚济公路 371103-30-B-c02
[Lánjǐ Gōnglù]

省道。起点日照市岚山头街道，终点济宁市。全长256千米，日照市境内长26千米。1956年动工，1978年改建。二级公路。沥青路面，路面宽24米。沿途有涵洞22道。与204国道连接，是重要的东西向交通干道。

东港区

城市道路

兖州南路 371102-K01
[Yǎnzhōu Nánlù]

在区境东部。北起迎宾路，南至深圳路。沿线与大连路、秦皇岛路、天津路、连云港路、上海路、疏港高速、澳门路、深圳路相交。长5.3千米，宽24.0米。沥青路面。2008年动工，同年建成。道路按照国内城市专名命名，依原则，此路为兖州南路。两侧有日照经济技术开发区检察院、日照经济技术开发区政务服务大厅、日照经济技术开发区管委会等。通公交车。

临沂南路 371102-K02
[Línyí Nánlù]

在区境东部。北起迎宾路，南至滨海路。沿线与大连路、秦皇岛路、天津路、连云港路、上海路、疏港高速、深圳路相交。长7.0千米，宽80.0米，沥青路面。2009年改建。道路按照国内城市专名命名，依原则，此路为临沂南路。两侧有凌海大酒店、日照市凌云海糖业集团、北京路街道办事处、日照综合保税区、臧家荒边防派出所等。通公交车。

大连路 371102-K03
[Dàlián Lù]

在区境东部。西起和阳南路（原南昌路），东至北京南路。沿线与和阳南路、厦门路、日照南路、重庆路、向阳南路、信阳路、昭阳南路、兖州南路、银川路、临沂南路、太原路、郑州路、北京南路相交。长6.6千米，宽20.0米。沥青路面。2003年开工，2004年建成。道路按照国内城市专名命名，依原则，此路为大连路。两侧有日照奎山体育中心、日照清真寺、日照立能能源有限公司、日照丰国电子有限公司、山东康力生药业有限公司、日照旭日电子有限公司、日照华洋白求恩医院、日照顺达驾校、日照献唐学校、荣安北李广场等。通公交车。

天津西路 371102-K04
[Tiānjīn Xīlù]

在区境东部。东起北京南路，西至长沙路。沿线与北京南路、郑州路、太原路、临沂南路、洛阳路、银川路、兖州南路、昭阳南路、重庆路、日照南路、厦门路、和阳南路、长沙路相交。长2.8千米，宽14.0米，沥青路面。1994年开工，1995年建成。道路按照国内城市专名命名，依原则，此路为天津西路。两侧有鲁南航贸中心、日照经济技术开发区中心公园、日照经济技术开发区人民检察院、日照经济技术开发区政务服务中心、金马集团、日照黄海高级中学高中、日照西综合客运站等。通公交车。

济南路 371102-K05
[Jìnán Lù]

在区境东部。东起青岛路，西至荟阳路。沿线与烟台路、北京路、临沂路、昭阳路相交。长7.7千米，宽60.0米。沥青路面。1995年开工，2001年建成，后多次改扩建。道路按照国内城市专名命名，依原则，此路为济南路。沿线多教育、文化单位。两侧有日照银河公园、日照实验高级高中、北京路中学、日照市图书馆等。通公交车。

滨州路 371102-K06
[Bīnzhōu Lù]

在区境东部。东起青岛路，西至昭阳路。沿线与烟台路、北京路、临沂路相交。长6.1千米，宽60.0米。沥青路面。2002年开工，2009年建成，道路按照国内城市专名命名，依原则，此路为滨州路。沿线多市场、教育单位。两侧有香河农贸市场、香山红叶工业园、曲阜师范大学日照校区等。通公交车。

东营路 371102-K07
[Dōngyíng Lù]

在区境东部。东起碧海路，西至临沂路。沿线与青岛路、烟台路、北京路相交。长6.5千米，宽30.0米。沥青路面。2002年开工，同年建成，后多次改扩建。道路按照国内城市专名命名，依原则，此线为东营路。沿路多学校、生活区。两侧有曲阜师范大学日照校区等。通公交车。

烟台路 371102-K08
[Yāntái Lù]

在区境东部。南起海曲路，北至德州路。沿线与滨州路、东营路、济南路相交。长6.9千米，宽40.0米。沥青路面。1994年开工，2001年建成。道路按照国内城市专名命名，依原则，此路为烟台路。沿线多学校、商业、教育、商业气息浓厚。两侧有济宁医学院日照校区、安泰国际广场、日照市政府等。通公交车。

昭阳路 371102-K09
[Zhāoyáng Lù]

在区境东部。南起迎宾路，北至山东路。沿线与莒州路、济南路、海曲路相交。长2.8千米，宽30.0米。沥青路面。1986年开工，1990年建成，1997年改扩建。1993年老城区按照南北路带"阳"字、东西带"海"字命名，此线为昭阳路。沿线多生活区、商场。两侧有日建集团、凌云大厦等。通公交车。

昭阳北路 371102-K10
[Zhāoyáng Běilù]

在区境东部。南起山东路，北至山海路。沿线与聊城路、潍坊路相交。长4.4千米，宽30.0米。沥青路面。1988年开工。1993年老城区按照南北路带"阳"字、东西带"海"字命名为昭阳路，分段命名为昭阳北路。沿线多企业、生活区。两侧有三志化学公司、日照市朝阳小学、香河农贸市场等。通公交车。

潍坊路 371102-K11
[Wéifāng Lù]

在区境东部。东起临沂北路，西至日照北路。沿线与兖州路、富阳路、昭阳北路、艳阳路、荟阳路相交。长3.6千米，宽40.0米。沥青路面。道路按照国内城市专名命名，依原则，此路为潍坊路。沿线多生活区。两侧有睡莲广场等。通公交车。

黄海一路 371102-K12
[Huánghǎi 1 Lù]

在区境东部。东起灯塔风景区，西至北京路。沿线与海滨一路、海滨二路、海滨三路、海滨四路、海滨五路相交。长3.7千米，宽80.0米。沥青路面。1982年开工，2004年建成，同年改扩建。因地处黄海之滨，路以海名，按序号自南向北排列，该路为第一条东西干路，故名。沿线多企事业单位。两侧有华兴创富中心、中煤写字楼、日照港集团、东港供销商场、日照港口医院、海纳商城等。通公交车。

黄海二路 371102-K13
[Huánghǎi 2 Lù]

在区境东部。东起海滨一路，西至北京路。沿线与海滨二路、海滨三路、海滨四路、海滨五路相交。长2.6千米，宽60.0米。沥青路面。1982年开工，1990、1993、2013、2014年改扩建。因地处黄海之滨，路以海名，按序号自南向北排列，该路为第二条东西干路，故名。沿线多企事业单位。两侧有鲁豫市场、军供大厦、日照市财政局、日照运总集团等。有日照汽车东站，通公交车。

车站

日照站 371102-R01
[Rìzhào Zhàn]

铁路客货两用一等站。在区境东南部。1985年动工，1986年1月1日投入使用。1994年4月更名为日照站，1998年11月升格为一等站，2004年6月17日开始改造，隶属济南铁路局。以地理位置命名。占地面积190 000平方米。日照站站房建筑面积6 900平方米，其中地上部分5 800平方米，地下部分1 100平方米。1站台为高站台，2站台为低站台，两站台间可通过地下通道连通，车站出站口采用地下出站设计。日旅客流量0.37万人次。在城市交通中起重要作用。

日照汽车总站 371102-S01
[Rìzhào Qìchē Zǒngzhàn]

长途汽车客货两用二等站。在区境西部。1974 年动工，1976 年投入使用，2004 年进行扩建使用至今。以地理位置得名。建筑总面积 21 000 平方米，站房面积 15 000 平方米，停车场面积 2 000 平方米。设计发送能力 60 000 人次 / 日，实际发送能力 30 000 人次 / 日，实际日均发送班次 1 060 班 / 日，运营方向覆盖全省 17 地市和全国省会城市。在城市交通中起重要作用。

港口

日照黄海中心渔港 371102-30-F-a01
[Rìzhào Huánghǎi Zhōngxīn Yúgǎng]

海港。在山东省日照市经济技术开发区东南部，黄海海域。2012 年建成使用。主要建有南防波堤 665.0 米、东防波堤 846.4 米、西防波堤 250.0 米；建设 400HP 主体码头兼防波堤 520.0 米；建设 185HP 主体码头兼防波堤 100.0 米；建设斜护坡岸 300.0 米；形成面积 10.01 万平方米；修建道路总面积 1.0 万平方米。主要配套设施有海产品交易大厅、制冰厂、加工车间、加油站、污水处理站、码头和道路污水管网等。东至裴家村码头，西至日照电厂灰坝，南至新建的护岸线，北至滨海路，总面积约 2 平方千米。中心渔港拥有大小泊位 18 个，水域面积 55 万平方米，可停靠渔船 1 500 多艘。有效解决了东港区、日照经济技术开发区及周边地区的渔船停港避风、卸鱼、补给、维修等需要。

桥梁

重庆路沙墩河桥 371102-N01
[Chóngqìnglù Shādūnhé Qiáo]

在区境西南部。桥长 67.6 米，桥面宽 30.1 米。2005 年动工，2006 年建成。因重庆路得名。为中型河道桥梁，上部结构型式为装配式预应力混凝土简支板梁，下部结构型式为多柱式桥墩埋置式桥台。担负开发区、东港区城区干道交通任务，最大载重量 15 吨。通公交车。

夹仓口大桥 371102-N02
[Jiācāngkǒu Dàqiáo]

在区境南部。桥长 550 米，桥面宽 9.1 米。2005 年动工，2006 年建成。以桥所在行政区和流经河流命名。为大型河道桥梁，上部结构型式为装配式预应力混凝土简支板梁。下部结构型式为双柱式桥墩埋置式桥台。担负开发区干道交通任务，最大载重量 20 吨。通公交车。

深圳路傅疃河桥 371102-N03
[Shēnzhènlù Fùtuǎnhé Qiáo]

在区境东部。桥长 486 米，桥面宽 31 米，最大跨度 24 米。2007 年动工，2008 年建成。因桥位于深圳路及跨傅疃河而得名。为大型河道桥梁，上部结构型式为装配式预应力混凝土简支板梁，下部结构型式为多柱式桥墩埋置式桥台。担负城区干道交通任务，最大载重量 20 吨。通公交车。

傅疃河大桥 371102-N04
[Fùtuǎnhé Dàqiáo]

在区境西南部。桥长 768 米，桥面宽 28.5 米，最大跨度 20 米，桥下净高 11 米。1994 年动工，1995 年建成，2006 年改建。因跨傅疃河而得名。为大型河道桥梁，下部结构为桩（柱）式墩台。担负城区干道交通任务，最大载重量 20 吨。通公交车。

将帅沟桥 371102-N05

[Jiàngshuàigōu Qiáo]

在区境东部。桥长 306.04 米，桥面宽 12 米，最大跨度 20 米，桥下净高 5 米。1987 年动工，1987 年建成。因位于将帅沟村内而得名。为大型河道桥梁，桥梁下部结构为桩（柱）式墩台。担负城区干道交通任务，最大载重量 20 吨。通公交车。

万平口大桥 371102-N06

[Wànpíngkǒu Dàqiáo]

在区境东部。桥长 280 米，桥面宽 28.6 米，最大跨度 65 米，桥下净高 8 米。2006 年动工，2007 年建成。以万平口景区得名。为大型河道桥梁，结构型式为上承式拱桥。担负干道交通任务。通公交车。

小海河大桥 371102-N07

[Xiǎohǎihé Dàqiáo]

在区境南部。桥长 506 米，桥面宽 28.5 米，最大跨度 20 米，桥下净高 8 米。1994 年动工，1994 年建成。因跨小海河，且为大桥，故名。为大型河道桥梁，桥梁下部结构为桩（柱）式墩台。担负干道交通任务，最大载重量 20 吨。通公交车。

沿海路傅疃河桥 371102-N08

[Yánhǎilù Fùtuǎnhé Qiáo]

在区境南部。桥长 771.8 米，桥面宽 28.3 米，最大跨度 20 米，桥下净高 6 米。2005 年动工，2006 年建成。因桥位于沿海路及跨傅疃河而得名。为大型河道桥梁，结构型式为空心板梁结构。担负干道交通任务，最大载重量 20 吨。通公交车。

营子河大桥 371102-N09

[Yíngzihé Dàqiáo]

在区境东部。桥长 206 米，桥面宽 28 米，最大跨度 20 米，桥下净高 4.5 米。2003 年动工，2003 年建成。因跨营子河，故名。为大型河道桥梁，桥梁下部结构为重力式墩台。担负城区干道交通任务，最大载重量 15 吨。通公交车。

栈子桥 371102-N10

[Zhànzi Qiáo]

在区境南部。桥长 202.1 米，桥面宽 12 米，最大跨度 13 米，桥下净高 7 米。1995 年动工，1995 年建成。因跨栈子河，故名。为大型河道桥梁，桥梁下部结构为桩（柱）式墩台。担负干道交通任务，最大载重量 20 吨。通公交车。

岚山区

城市道路

岚山路 371103-K01

[Lánshān Lù]

在区境中部。东起童海路，西至沈海高速岚山出口。沿线与安岚大道、万斛路、玉泉二路、204 国道、省道岚济公路相交。长 11.5 千米，宽 42.0 米。沥青路面。1994 年开工，1998 年建成，2003 年改扩建。以岚山区得名。沿线是区商业、行政与文化中心。两侧有政府行政大楼、明珠时代广场、银座购物中心、新玛特购物中心等。通公交车。

圣岚路 371103-K02

[Shènglán Lù]

在区境南部。东起童海路，西至 204 国道。沿线与绣针河一路、玉泉二路、明珠路、观海路、万斛路相交。长 10.2 千米，宽 30.0 米。沥青路面。1995 年开工，1996 年建成，2007 年改扩建。因历史政区名圣岚区得名。两侧有岚山港、岚山头街道、客满鲜大酒店、日照港建岚山分公司、创盛建材家居广场等。通公交车。

安岚大道 371103-K03
[Ānlán Dàdào]

在区境东部。南起岚山港，北至南沿海路。沿线与黄海路、阿掖山北路、岚山路、阿掖山南路相交。长 5.0 千米，宽 30.0 米。沥青路面。2008 年开工，同年建成。取"平安岚山"之意，以嘉言得名。沿线以居住区为主。两侧有日照港、岚山国际大厦、港区幼儿园、意豪德酒店等。通公交车。

童海路 371103-K04
[Tónghǎi Lù]

在区境东部。南起岚山港，北至滨海路。沿线与圣岚东路相交。长 4.9 千米，宽 25.0 米。沥青路面。2004 年开工，2005 年建成。因邻近童海路居委会得名。沿线商业和文化交融。两侧有童海路小学、童海集团、中粮黄海粮油工业（山东）有限公司、岚山港等。通公交车。

玉泉二路 371103-K05
[YùQuán 2 Lù]

在区境南部。南起岚山西路，北至轿顶山路。沿线与港城大道、化工大道、黄海路、轿顶山路、岚山中路、圣岚西路相交。长 11.0 千米，宽 15.0 米。沥青路面。2008 年开工，同年建成。泉子庙有一绿石雕凿的神泉，形似玉瓢，当地人称玉泉，该路在此泉附近，故名玉泉路。又以序数词命名为玉泉二路。沿线商业氛围较浓。两侧有岚山法院、三木集团、岚星化工集团等。通公交车。

鲁班大道 371103-K06
[Lǔbān Dàdào]

在区境西部。南起 342 省道，北至疏港大道。沿线与港城大道相交。长 2.6 千米，宽 11.0 米。沥青路面。2010 年开工，同年建成。鲁班是木业祖师爷，以其名字命名木材园区的主路，得名鲁班大道。沿线商业氛围较浓。两侧有大朱曹一村木材园等。通公交车。

疏港大道 371103-K07
[Shūgǎng Dàdào]

在区境北部。东起滨海路，西至 342 省道。沿线与厦门路、宝岚路、玉泉二路、汾水大道、莆田路相交。长 20.9 千米，宽 22.5 米。沥青路面。1998 年开工，同年建成。因主要为疏通进出岚山港大型车辆而建，故名疏港大道。沿线商业氛围较浓。两侧有虎山镇政府、后合庄水库等。通公交车。

钢城大道 371103-K08
[Gāngchéng Dàdào]

在区境北部。东起 204 国道，西至鲁班大道。沿线与厦门路、珠海路、玉泉二路、汾水大道、莆田路相交。长 7.2 千米，宽 15.0 米。沥青路面。2009 年开工，2010 建成。为与园区定位契合，体现大气简洁，得名钢城大道。沿线商业氛围较浓。两侧有日照钢铁控股集团有限公司等。通公交车。

凤凰山路 371103-K09
[Fènghuángshān Lù]

在区境中部。南起海州路，北至轿顶山路。沿线与厦门路、珠海路、玉泉二路、汾水大道、莆田路相交。长 7.1 千米，宽 15.0 米。沥青路面。2010 年开工，2011 年建成。以凤凰山为路名。沿线商业氛围较浓。两侧有凤凰山公园、育德公园、阳光海岸小区、岚山区实验小学等。通公交车。

大旺山路 371103-K10
[Dàwàngshān Lù]

在区境西部。东起 222 省道，西至莆田路。沿线与长冶河路、汾水大道相交。长 4.0 千米，宽 10.0 米。沥青路面。2009 年开工，2011 年建成。以大旺山为路名。沿途商业氛围较浓。两侧有日照焦电公司、安东卫中小企业园区等。通公交车。

轿顶山路 371103-K11
[JiàodǐngshānLù]

在区境中部。东起 204 国道，西至万斛路。沿线与万斛路、明珠路、玉泉二路相交。长 4.6 千米，宽 15.0 米。沥青路面。2005 年开工，同年建成。因坐落于轿顶山前而得名。沿线商业氛围较浓。两侧有岚山区政府、岚山区党校、鲁胜大厦等。是城区东西向交通干道之一。有岚山汽车新站。通公交车。

海州路 371103-K12
[Hǎizhōu Lù]

在区境南部。东起砚台山路，西至明珠路。沿线与凤凰山路、万斛路、观海路相交。长 6.5 千米，宽 8.0 米。沥青路面。2008 年开工，同年建成。因邻近海州路居委会得名海州路。文化氛围较浓。两侧有海州湾小学、岚山区文化服务中心、汤和广场等。通公交车。

岚山东路 371103-K13
[Lánshān Dōnglù]

在区境东部。东起童海路，西至砚台山一路。沿线与安岚大道、平岛路、金牛岭路相交。长 3.5 千米，宽 42.0 米，沥青路面。2000 年开工，同年建成。因岚山地名和为设区准备，而得名岚山东路。沿线商业氛围较浓。两侧有日照银行安岚支行、岚山国际大厦、信合大厦、东山饭店等。通公交车。

万斛路 371103-K14
[Wànhú Lù]

在区境中部。南起多岛海大道，北至阿掖山北路。沿线与轿顶山路、岚山中路、安东卫二路、安东卫三路、圣岚东路、海州路相交。长 5.2 千米，宽 40.0 米。沥青路面。2002 年开工，同年建成。取海上碑碑文"万斛明珠"，命名区政府东、西两条道路，此路为政府以东道路，得名万斛路。沿线商业和文化氛围交融。两侧有日照市岚山区第一中学、新华书店等。通公交车。

车站

岚山站 371103-R01
[Lánshān Zhàn]

铁路货运一级站。在日照市岚山区东南部。1986 年 10 月开工，1990 年 4 月建成。以所在地的政区名称岚山头镇，得名岚山火车站。有正线 1 股，到发线 3 股，货物线 1 股，货场设港湾线 3 股，是岚山区集疏运系统的重要组成部分。

汾水站 371103-R02
[Fénshuǐ Zhàn]

铁路货运二级站。在日照市岚山区南部。1998 年 7 月开工，2000 年 1 月建成。以所在地的政区名称汾水镇得名。有正线 1 股，到发线 4 股。

岚山长途汽车站 371103-S01
[Lánshān Chángtú Qìchē Zhàn]

长途汽车客货两用三等站。在日照市岚山区南部。2011年开工，2012年5月建成。占地面积13 700平方米，站房面积3 997平方米（包括候车室和售票厅），停车场面积10 000平方米。现有班线11条，日发班次192个，其中始发班次27个，分别发往临沂、济南、青岛、衡水等各大城市。

港口

岚山港 371103-30-F-a01
[Lánshān Gǎng]

海港。在山东省日照市岚山区，位于黄海海域海州湾。1954年，成立山东省交通厅航运管理局青岛分局岚山头航运站；1960年，更名为山东省交通厅海运局岚山头港；1971年，在岚山头港东侧2.5千米处开辟新港区，原岚山头港称岚山头老港区；1978年，新、老港区并称岚山港。有机械设备300余台（套），位于岚山头街道东南部，西邻岚山渔港，北连童海港。1万到20万吨级生产泊位10个。为国内重要的镍矿集散基地，鲁南地区钢铁原材料和产成品进出口基地之一，是我国南北海运主通道中间带的一座天然良港，也是京沪线以西新亚欧大陆桥沿线地带最近的出海口。

山东童海港 371103-30-F-a02
[Shāndōng Tónghǎi Gǎng]

海港。在山东省日照市岚山区，位于黄海海域海州湾。1999年动工，2006年扩建。港口位于中国海岸线中部，东临黄海，北与青岛港、南与连云港毗邻。建有泊位4个。港区湾阔水深，陆域宽广，气候温和，不冻不淤，港口集疏运方便快捷。

日照岚桥港 371103-30-F-a03
[Rìzhào Lánqiáo Gǎng]

海港。在山东省日照市岚山区，位于黄海海域海州湾。2004年动工，2009年6月正式对外运营。配备世界最先进的卸船机3台，配套全套皮带输送系统、堆、取料机等设备。规划陆域大体在龙王河口北3.7千米以南、滨海路以东的海侧陆域。已建成投产泊位9个。是全国第一批进境木材指定口岸、国家质检总局确定的全国第一批进境木材除害处理区示范单位，是长江以北最大的木材接卸港之一。

桥梁

汾水东桥 371103-N01
[Fénshuǐ Dōngqiáo]

在岚山城区西部。桥长66.6米，桥面宽42.5米，最大跨度13.0米，桥下净高4.3米。1956年动工，1957年建成，1978年改建，1995年、2009年改建加宽。因位于汾水村东而得名。为中型河道桥梁，结构型式为常规性板拱桥。担负岚山路的交通任务，最大载重量20吨。通公交车。

汾水西桥 371103-N02
[Fénshuǐ Xīqiáo]

在岚山城区西部。桥长49.0米，桥面宽26.0米，最大跨度13.0米，桥下净高4.0米。1956年动工，1957年建成，1978年改建，1995年、2009年改建加宽。因位于汾水村西而得名。为中型河道桥梁，结构型式为常规性板拱桥。担负岚山路的交通任务，最大载重量20吨。通公交车。

童家庄子桥 371103-N03
[Tóngjiāzhuāngzi Qiáo]

在岚山城区东部。桥长22.8米，桥面

宽 26.0 米，最大跨度 6.0 米，桥下净高 18.0 米。1978 年动工，同年建成。因邻近童家庄子村而得名。为小型河道桥梁。结构型式为常规性板拱桥。担负岚济公路的交通任务，最大载重量 20 吨。通公交车。

甜水河桥 371103-N04

[Tiánshuǐhé Qiáo]

在岚山城区东部。桥长 42.0 米，桥面宽 30.5 米，最大跨度 13.0 米，桥下净高 6.0 米。2008 年动工，2009 年建成。因邻近甜水河村而得名。为中型河道桥梁，结构型式为常规性板拱桥。担负安岚大道的交通任务，最大载重量 20 吨。通公交车。

后合庄水库大桥 371103-N05

[Hòuhézhuāng Shuǐkù Dàqiáo]

在岚山城区北部。桥长 201.2 米，桥面宽 24.5 米，最大跨度 20.0 米，桥下净高 9.0 米。2006 年动工，同年建成。因跨过安东卫街道后合庄水库而得名。为大型河道桥梁，结构型式为预应力混凝土桥。担负疏港大道的交通任务，最大载重量 20 吨。通公交车。

梁山口大桥 371103-N06

[Liángshānkǒu Dàqiáo]

在岚山城区西北部。桥长 112.8 米，桥面宽 9.0 米，最大跨度 10.0 米，桥下净高 3.5 米。1987 年动工，同年建成。因位于黄墩镇梁山村而得名。为大型河道桥梁，结构型式为预应力混凝土桥。担负日夏公路的交通任务，最大载重量 20 吨。通公交车路。

大朱洲大桥 371103-N07

[Dàzhūzhōu Dàqiáo]

在岚山城区西北部。桥长 178.1 米，桥面宽 12.0 米，最大跨度 15.0 米，桥下净高 10.0 米。2008 年动工，同年建成。因位于黄墩镇大朱洲村而得名。为大型河道桥梁，结构型式为预应力混凝土桥。担负日夏公路的交通任务，最大载重量 20 吨。通公交车。

龙王河大桥 371103-N08

[Lóngwánghé Dàqiáo]

在岚山城区西北部。桥长 128.0 米，桥面宽 28.5 米，最大跨度 20.0 米，桥下净高 5.0 米。2005 年动工，同年建成。因坐落于龙王河而得名。为大型河道桥梁，结构型式为空心板结构桥。担负城区道路干道交通任务，最大载重量 20 吨。通公交车。

五莲县

城市道路

滨河路 371121-K01

[Bīnhé Lù]

在县城西部。南起山东路与洪莒线交汇处，北至东营路。沿线与五莲山路、罗山路、利民路、文化路、北京路、青岛路、黄海路、日照路相交。长 13.7 千米，宽 27.0 米。沥青路面。1980 年开工，1980 年建成，1988 年扩建并铺设沥青路面，2005 年改建。1989 年 8 月地名标准化时命名为沿河路，2011 年 12 月更名为滨河路。因路段沿洪凝河河堤而得名。沿线多为商业单位等。道路两侧有县人民医院、中国银行五莲支行、农村商业银行、滨河公园、县供电公司等。通公交车。

黄海路 371121-K02

[Huánghǎi Lù]

在县城中部。东起山东路，西至滨河路。

沿线与富强路、人民路、解放路相交。长 2.4 千米，宽 24.0 米。沥青路面。1988 年开工，1989 年建成，1992 年进行改建。1989 年 8 月命名为黄海路。以位于黄海水泥厂北侧而得名。沿线多企业单位和居民区。两侧有和子沟居委会、民丰板纸有限公司、安旭机械等。通公交车。

北京路 371121-K03
[Běijīng Lù]

在县城中部。东起山东路，西至滨河路。沿线与富强路、人民路、解放路相交。长 2.2 千米，宽 24.0 米。沥青路面。1989 年开工，同年建成，2012 年改建。1989 年 8 月命名为向阳路，2011 年 12 月以城市名称更名为北京路。穿过人民公园，沿线多行政机关和学校等单位。两侧有县法院、县检察院、县实验中学、特殊教育学校、育才小学、纺织大厦等。通公交车。

文化路 371121-K04
[Wénhuà Lù]

在县城中部。东起山东路，西至滨河路。沿线与富强路、幸福路、人民路、解放路相交。长 2.6 千米，宽 12.0 米。沥青路面。1980 年开工，1982 年建成，2013 年改建。1989 年 8 月命名为文化路。因该路段学校多，以学好文化之意得名。部分教育文化单位沿该路段集中分布。两侧有日照市科技中等专业学校、县审计局、五莲二中、县委党校、县总工会、县教育局、县图书馆、县实验小学、集后居委会、建设银行等。通公交车。

罗山路 371121-K05
[Luóshān Lù]

在县城南部。东起山东路，西至山西路。沿线与富强路、幸福路、人民路、解放路、滨河路相交。长 2.7 千米，宽 24.0 米。

沥青路面。中华人民共和国成立初期修建，1965 年建成，1977 年洪凝河至农机局段铺筑沥青，20 世纪 90 年代、2013 年进行改扩建。1989 年 8 月地名标准化时命名为罗山路，以位于洪罗山南侧得名。沿线聚集了众多金融单位。两侧有五莲县农机公司、五莲县保险公司、五莲县农业银行、五莲县工商银行、五莲县人民银行、五莲县新华书店等。通公交车。

育才路 371121-K06
[Yùcái Lù]

在县城南部。东起山东路，西至解放路。沿线与富强路、幸福路相交。长 1.5 千米，宽 24.0 米。沥青路面。1982 年开工，1985 年建成，20 世纪 90 年代、2013 年改扩建。1989 年 8 月命名为育才路。因该路有学校，以为国培育人才之意得名。沿线有学校，文化氛围浓厚。两侧有弘丰大厦、洪凝街道中心小学、五莲一中等。通多路公交。

五莲山路 371121-K07
[Wǔliánshān Lù]

在县城南部。东起山东路，西至山西路。沿线与富强路、解放路、滨河路、长青路相交。长 2.4 千米，宽 30.0 米。沥青路面。1987 年开工，1987 年建成，1992 年进行路面硬化铺设沥青面层。1989 年命名为外贸路，1993 年 8 月更名为五莲山路，以境内五莲山命名。沿线有行政单位、学校、市场分布。两侧有却坡小学、县消防大队、县人民法院洪凝法庭、华慧食品、洪凝兽医站、集贸市场等。通公交车。

解放路 371121-K08
[Jiěfàng Lù]

在县城西部。南起五莲山路，北至泰安路。沿线与育才路、罗山路、光明路、利民路、文化路、金沙路、上海路、北京路、青岛路、黄海路、潍坊路、日照路、威海路、烟台路、迎宾路、枣庄路、昆山路、济宁路、聊城路相交。长 10.2 千米，宽 18.0 米。沥青路面。1943 年建县时已辟建，1978 年铺筑沥青，1980 年定名为解放路，20 世纪 90 年代对该路进行了数次罩面维修，1998 年底对路两侧人行道进行了改造铺装，2012 年 3 月对解放路进行改造。1989 年 8 月地名标准化时命名为解放路。因日照解放时，县城只此一条道路，故名。沿线聚集了商业、文化、娱乐网点等，以中段最为繁华。两侧有洪凝街道办事处、洪凝医院、新华书店、县粮食局、良友大酒店、五莲百货大楼、五莲宾馆、山狮钢球有限公司、日客隆购物中心、华龙纺织有限公司等。通公交车。

富强路 371121-K09
[Fùqiáng Lù]

在县城中部。南起五莲山路，北至迎宾路。沿线与罗山路、文化路、上海路、北京路、青岛路、黄海路、日照路、威海路、烟台路相交。长 7.6 千米，宽 35.0 米。沥青路面。1987 年开工，1989 年建成，1992 年、2011 年两次改造。以吉祥意命名。沿线多分布行政办公、商业金融单位。两侧有县税务局、县人力资源和社会保障局、芙蓉广场、县人民政府、日照银行五莲支行、银座商城等。通公交车。

人民路 371121-K10
[Rénmín Lù]

在县城中部。南起育才路，北至迎宾路。沿线与重庆路、成都路、罗山路、光明路、利民路、文化路、济南路、金沙路、上海路、北京路、青岛路、黄海路、潍坊路、日照路、威海路、烟台路相交。长 7.0 千米，宽 27.0 米。沥青路面。1975 年开工，1985 年建成，2013 年改建。1989 年 8 月命名为人民路。命名时因该道路位于县政府东侧，以为人

民服务之意得名。城内的主要国家机关单位沿路分布。两侧有洪凝社区居委会、罗山商场、县地震台、县公路局、县公安局等。通公交车。

日照路 371121-K11
[Rìzhào Lù]

在县城北部。东起江苏路，西至四川路。沿线与浙江路、山东路、富强路、人民路、解放路、滨河路、长青路、山西路相交。长 1.3 千米，宽 20.0 米。沥青路面。2002 年开工，2003 年建成。2003 年为高泽工业园区道路，命名为振兴路；2011 年 12 月以城市名称更名为日照路。沿线多机械制造、五金工具等企业单位，产业特点明显。两侧有中小企业园区、丹纳赫工具（山东）有限公司、艾沛克斯工具（山东）有限公司等。通公交车。

山东路 371121-K12
[Shāndōng Lù]

在县城东部。南起小古家沟路口，北至东营路。沿线与五莲山路、罗山路、上海路、北京路、青岛路、黄海路、迎宾路、泰安路相交。长 13.8 千米，宽 30.0 米。沥青路面。2003 年开工，2004 年建成，2013 年改建。原为 222 省道城区段，2011 年根据南北向道路以省份命名原则，更名为山东路。沿线分布重要公用设施及居民小区。两侧有却坡水库、日照烟草五莲分公司、日照市盐务局五莲分局、五莲汽车站等。通公交车。

车站

五莲站 371121-R01
[Wǔlián Zhàn]

铁路客货两用四级站。在五莲县城北

部。2001年12月开工，2003年12月建成。站舍为二层，办理旅客乘降、行李托运、包裹托运等客运服务。有7条运营线路经过，其中菏泽至烟台、青岛至扬州、烟台至广州、汉口至威海的四趟客运列车均在五莲站停靠。是五莲县重要交通枢纽。

五莲汽车站 371121-S01
[Wǔlián Qìchē Zhàn]

长途汽车客货两用二级站。在五莲县城东北部。1953年3月开工，原址在文化路西段北侧，1993年11月搬迁至金沙西路，2013年7月迁至现址。总建筑面积5万平方米。设计日旅客发送量10 000人次，有22个发车位，分为长途和县内两大发车区。主要以长途班线为主，现有始发班次140个，其中跨市班次64个，跨省班次5个，营运线路覆盖周边各大、中城市。是五莲县重要交通枢纽。

桥梁

北京路大桥 371121-N01
[Běijīnglù Dàqiáo]

在五莲县城中部。桥长70.0米，桥面宽30.0米，最大跨度30.0米，桥下净高4.0米。2012年动工，同年建成。因在北京路上而得名。为中型道路桥梁，结构型式为三跨上承式钢筋混凝土拱桥。担负城区干道交通任务，最大载重量为30吨。通公交车。

莒县

城市道路

银杏大道 371122-K01
[Yínxìng Dàdào]

在县城中部。西起浮来山旅游景区，东至屋楼大道。沿线与青岛路、莒州路、城阳路、青年路、信中路、山东路相交。长9.6千米，宽60.0米。沥青路面。2001年开工，2002年建成，2011年改扩建。因起点为"天下第一银杏树"所在地浮来山，且道路两边种植银杏树，故名。两侧有文心广场、文化广场、莒州博物馆、新玛特购物中心、蓝湾购物广场等。通公交车。

城阳路 371122-K02
[Chéngyáng Lù]

在县城中部。南起泰安路，北至长安中路。沿线与文心路、银杏大道、龙泉路、北坛路、岳石路、日照路相交。长4.0千米，宽32.0米。沥青路面。1992年开工，1993年建成，2011改扩建。因位于城阳街道境内而得名。沿线多商家，商业氛围浓厚。两侧有新世纪购物广场、莒县自来水公司、文心广场、莒县第三中学等。通公交车。

青岛路 371122-K03
[Qīngdǎo Lù]

在县城东部。南起文心东路，北至长安东路。沿线与文心路、银杏大道、北坛路、岳石路、日照路相交。长5.0千米，宽40.0米。沥青路面。2005年开工，2005年建成。因省内青岛市而得名。沿线多商家，商业氛围浓厚。两侧有蓝湾购物广场、莒国大饭店等。通公交车。

淄博路 371122-K04

[Zībó Lù]

在县城北部。东起沭河北路，西至山东北路。沿线与山东北路、城阳北路、莒州北路、沭河北路相交。长 4.5 千米，宽 60.0 米。沥青路面。2005 年开工，同年建成。因省内淄博市而得名。沿线多企业和商家，商业氛围浓厚。两侧有浩宇能源、日照文正制衣有限公司等。通公交车。

烟台路 371122-K05

[Yāntái Lù]

在县城北部。东起沭河北路，西至青年北路。沿线与青年北路、城阳北路、莒州北路、沭河北路相交。长 4.8 千米，宽 60.0 米。沥青路面。2005 年开工，同年建成。因省内烟台市而得名。沿线多企业和商家，商业氛围浓厚。两侧有日照金禾博源生化有限公司、莒县海通茧丝绸有限公司等。通公交车。

潍坊路 371122-K06

[Wéifāng Lù]

在县城北部。东起沭河北路，西至山东北路。沿线与山东北路、沭河北路相交。长 4.2 千米，宽 60.0 米。沥青路面。2005 年开工，同年建成。因本省内的潍坊市而得名。沿线多村庄和企业。两侧有日照泰森食品有限公司、山东恒宝食品集团有限公司等。通公交车。

沭河路 371122-K07

[Shùhé Lù]

在县城东部。南起浮来东路，北至站前路。沿线与文心路、银杏大道、北坛路、日照路相交。长 8.2 千米，宽 24.0 米。沥青路面。2005 年开工，同年建成。因在沭河岸边得名。两侧有沭河公园、莒人广场等。通公交车。

文心路 371122-K08

[Wénxīn Lù]

在县城中部。东起青岛路，西至山东中路。沿线与青岛路、莒州路、城阳路、青年路、信中路、山东路相交。长 4.9 千米，宽 30.0 米。沥青路面。2005 年开工，同年建成。取《文心雕龙》中的"文心"二字命名。沿线多学校，文化氛围浓厚。两侧有莒县第二中学、莒县第四实验小学、莒县第四中学、文心宾馆等。通公交车。

莒州路 371122-K09

[Jǔzhōu Lù]

在县城东部。南起临沂路，北至长安中路。沿线与文心路、银杏大道、北坛路、岳石路、日照路相交。长 11.2 千米，宽 60.0 米。沥青路面。1983 年开工，同年建成。因莒县古时的旧称"莒州"而得名。沿线多商家，商业氛围浓厚。两侧有莒县地震局、妇幼保健医院等。通公交车。

浮来路 371122-K10

[Fúlái Lù]

在县城中部。东起沭河南路，西至柳青河路。沿线与莒州路、城阳路、青年路、信中路、山东路相交。长 6.5 千米，宽 30.0 米。沥青路面。1983 年开工，同年建成，2005 年改建。因本县内的浮来山而得名。沿线多行政单位。两侧有莒县第一中学、莒县县委、莒县县政府等。通公交车。

故城路 371122-K11

[Gùchéng Lù]

在县城南部。东起莒州南路，西至柳青河路。沿线与莒州路、城阳路、青年路、信中路、山东路相交。长 3.5 千米，宽 30.0 米。沥青路面。1983 年开工，同年建成。2005 年改建。因城阳街道为古时莒国故城，该路在城阳街道境内，故名。沿线多商家，商业氛围浓厚。两侧有浮来春集团、莒县环境卫生管理处等。通公交车。

威海路 371122-K12

［Wēihǎi Lù］

在县城北部。东起沭河北路，西至山东北路。沿线与山东北路、沭河北路相交。长 4.9 千米，宽 20.0 米。沥青路面。2005 年开工，同年建成。由本省内的威海市而得名。沿线多村庄。两侧有莒县经济开发区等。通公交车。

信中路 371122-K13

［Xìnzhōng Lù］

在县城西部。南起故城西路，北至日照西路。沿线与文心路、银杏大道、北坛路、岳石路、日照路相交。长 2.3 千米，宽 30.0 米。沥青路面。2005 年开工，同年建成。因该路为日照信中集团出资修路，故名。沿线多商家，商业氛围浓厚。两侧有山东信中食品有限公司、山东中绿食品股份有限公司等。通公交车。

青年路 371122-K14

［Qīngnián Lù］

在县城中部。南起故城路，北至站前路。沿线与文心路、银杏大道、北坛路、岳石路、日照路相交。长 3.4 千米，宽 32.0 米。沥青路面。1983 年开工，同年建成。2005 年改建。因该路修建时动员了广大共青团员参加劳动建设，故名。沿线多商家，商业氛围浓厚。两侧有人民商场、莒县五金交电化工有限公司、新宇超市等。通公交车。

日照路 371122-K15

［Rìzhào Lù］

在县城北部。东起沭河北路，西至山东北路。沿线与山东北路、城阳北路、莒州北路、沭河北路相交。长 4.9 千米，宽 60.0 米。沥青路面。2005 年开工，同年建成。因本市日照市而得名。沿线多企业，商业氛围浓厚。两侧有莒州加油站、浩宇集团等。通公交车。

山东路 371122-K16

［Shāndōng Lù］

在县城西部。南起望海大道，北至站前路。沿线与文心路、银杏大道、北坛路、岳石路、日照路相交。长 13.8 千米，宽 60.0 米。沥青路面。2005 年开工，同年建成。因本省省名而得名。沿线多商家，商业氛围浓厚。两侧有莒县文心春盟学校、山东莒县大渔水产品有限公司等。通公交车。

特色街巷

西关巷 371122-A01-L01

［Xīguān Xiàng］

在城阳街道南部。长 1.0 千米，宽 6.0 米。沥青路面。因该街巷处于莒县城阳街道西关，故名西关巷。原系不规则土路小巷，1983 年规划建设。通公交车。

友谊巷 371122-A01-L02

［Yǒuyì Xiàng］

在城阳街道南部。长 0.2 千米，宽 12.0 米。沥青路面。因路两侧有文心宾馆、文化局宿舍、市政工程公司办公楼，以"文心宾馆"接待八方宾客而命名为友谊巷。1983 年规划建设。通公交车。

护城巷 371122-A01-L03

［Hùchéng Xiàng］

在城阳街道南部。长 0.6 千米，宽 6.0 米。沥青路面。因位于莒县城阳街道的护城官庄内，南北穿过护城官庄，故名。1983 年规划建设。通公交车。

车站

莒县火车站 371122-R01
[Jǔ Xiàn Zhàn]

铁路客货两用三级站。在莒县阎庄镇长安路。2000 年开工，2003 年建成。站前广场占地面积 17 800 平方米。每天接发列车大约 30 对。其中快车 3 对，管内快速旅客列车 3 对。发送年发送旅客 12 万人，到达 13 万人，旅客合计乘降 25 万人。年发送货物 1.4 万吨，到达货物 45 万吨。是莒县唯一火车经过站点，承担着全县的铁路旅客运输工作。

莒县汽车站 371122-S01
[Jǔ Xiàn Qìchē Zhàn]

长途汽车客货两用二级站。位于日照市莒县文心西路 3 号。1993 年 12 月建成，原位于潍徐路附近，于 1995 年 10 月迁至新址并投入使用。占地 19 980 平方米，建筑面积 4 394 平方米。日均发送班次 210 班，营运客车数量 261 台，营运线路 78 条，日发送旅客 2.13 万人次，全年客运量 920 万人。承担着全县的道路旅客运输工作。

四　自然地理实体

日照市

山

大耳山 371121-21-E01
[Dà'ěr Shān]

在省境东南部，五莲县与诸城市交界处。因峰顶形同人耳得名。一般海拔564米。最高海拔654米。主峰大耳峰。主要树种有松树、槐树等，森林覆盖率45%。野生动物主要是野兔。通公路。

磴山 371100-21-E02
[Dèng Shān]

在省境东南部。南北走向。因山阳陡坡有天然石阶，故名。一般海拔358米。最高海拔410米。主峰大旺山。著名景点有虎啸峰、龙潭、龙女庙、大王庙、磴山石刻等。地处海洋季风区，山体以片麻花岗岩为主。通公路。

桥子山 371100-21-E03
[Qiáozi Shān]

在省境东南部。东与龙门崮相连，西北与五莲县接壤，东侧是窝瞳村，山南是罗河庙村，西侧是东楼村。西北—东南走向。因山顶有两块巨石对伸，似接非接，形似拱桥，以其形状得名。最高海拔656.9米。山体主要由花岗岩组成，竖旗山为片麻岩。山上植被以松、柞树为主，森林覆盖率90%以上。通公路。

浮来山 371100-21-E04
[Fúlái Shān]

在省境东南部。南北走向。相传上古时，浮丘公驾鹤栖此，故名浮来山。海拔298.9米。有定林寺、刘勰纪念馆、三教堂、华人寻根馆、朝阳观、青云庵等。森林覆盖率达到90%，植物种类有银杏树、松树、槐树、果树等，主要矿产有钙质岩、酸性岩等，近年来多次发现三叶虫、虾蟹等化石。通公路。

尖垛山 371100-21-E05
[Jiānduò Shān]

在省境东南部。因主峰孤立呈尖垛状，故名。海拔618米。主要由片麻岩组成。森林覆盖率达80%，常见树种有松树、刺槐等薪炭林，野生动物常见有黄鼠狼、野兔等。通公路。

尖山子 371100-21-G01
[Jiānshānzi]

属沂山山系。在省境东南部。因山峰尖锐，故名尖山子。海拔293米。属北温带季风气候，年平均降水820毫米，无霜期186天，面积1平方千米，山上多杂树。通公路。

官山 371100-21-G02
[Guān Shān]

属沂山山脉。在省境东南部。因该山昔有观音殿，取名观山，后演变为官山。

海拔 461 米。系沉积岩，山顶树木甚少，山坡松槐成林，森林覆盖率 35%。属半干旱半温凉气候，年降水 750~800 毫米。平均气温 12.4~12.6 度。无霜期 189 天。通公路。

玉皇山 371100-21-G03
[Yùhuáng Shān]

属雪山山脉。在省境东南部。以山顶有玉皇庙而得名。海拔 250.6 米。系石灰岩。山上有刺槐等树，山坡有苹果园。据省地质局钻探，深层有断裂煤层。通公路。

河流

潮白河 371100-22-A-a01
[Cháobái Hé]

外流河。在日照市东北部。原名潮河，后因河水受黄海潮汐顶托，其势如潮，又以西源出自白龙潭，改名潮白河。西源出自九仙山西北麓的靴石、宣王沟、金牛岭一带；北源称老支河，出自凤凰山东南的石河峪、杨家峪一带。流经五莲县户部乡、叩官镇、松柏镇、潮河镇，东港区两城街道，青岛市黄岛区，经黄岛区至东港区两城街道注入黄海。全长 47 千米，境内长 24 千米，流域面积 333 平方千米，下游段一般流量 0.8 立方米 / 秒。多年平均径流深 350 毫米以上，一般水深 0.5 米，最大洪水量 1 800 立方米 / 秒，最大水深 2.5 米。河床平均宽度 200~300 米，河床沙砾盖层较厚，平均 0.5~3 米，地下径流较丰富。平均含沙量 1.5~2 千克 / 立方米，最大含沙量 50~70 千克 / 立方米。流域内有中型水库 2 座、小（1）型水库 4 座、小（2）型水库 53 座。通过潮白河综合治理工程，增加蓄水 300 多万立方米，治理河段防洪标准由 10 年一遇提高到 20 年一遇，改变了五莲山景区"有山无水"的现状。是排水、灌溉重要河道。主要支流有老支河、长林子河、焦戈庄河、京庄河、林泉河等。

潍河 371100-22-A-a02
[Wéi Hé]

外流河。在日照市境西北部。古因源出琅琊箕县之潍山而得名潍水，演变成潍河。又因旧时"潍""淮"两字并用，亦称淮河。发源于莒县箕屋山，上游流经莒县、沂水、五莲，从五莲北部进入潍坊市，在昌邑市下营镇入渤海莱州湾。干流全长 222 千米，莒县境内长 33.34 千米。流域面积 6 502 平方千米，莒县境内流域面积 220 千米。莒县段设计防洪标准为 20 年一遇，莒县库山镇李家路西村村东断面设计洪峰流量为 1 300.6 立方米 / 秒。潍河流域出土有 7 000 年前新石器时代的石磨盘，还在陵阳河遗址出土距今 5 000 年前刻画于陶土上的古文字。是排水、灌溉重要河道。主要支流有中至河、洪凝河、高泽河、燕河、坊城河等。

浔河 371100-22-A-a03
[Xún Hé]

在日照市西南部。因傍马亓山山下深水而得名，别称南大河。是沭河一级支流，发源于日照市岚山区黄墩镇垛山北麓，从莒县刘家峪村南入莒县县境，于莒南大店镇大公书村西汇入沭河。河道全长 64 千米，控制总流域面积 535 平方千米，其中日照境内干流长 42.5 千米，流域面积 325 平方千米。行洪流量 1 390 立方米 / 秒。属季节性河流，是排水、灌溉重要河道。保护着沿途 41 个村庄、企事业单位和日夏线公路等基础设施安全。有后崖河、滩井河、孔家沟河、粮山河、板石河、文疃河、马亓河等支流。

巨峰河 371100-22-A-a04
[Jùfēng Hé]

外流河。在日照市东南部。以河流源

头政区巨峰镇而得名。发源于巨峰镇境内的甲子山南麓，下游经东港区涛雒镇分两支入海，南支称竹子河，在栈子村入海；北支称南店河，在北南店村入黄海。全长34千米，河床平均宽度45~140米，流域面积262平方千米。多年平均径流深300毫米，多年平均径流量7 881万立方米。地势西高东低，上游多系低山丘陵，坡度较陡，地貌起伏不平，中下游为河相冲积平原，地势较平坦，多年平均输沙量为25.2万吨。是排水、灌溉重要河道。主要支流有土山河、六甲庄子河、青墩河、邱后河、栈子河。

袁公河 371100-22-A-a05
[Yuángōng Hé]

外流河。位于日照市西北部。据传，袁公河因纪念袁绍得名。南源出自五莲县芦山东麓和万宝山西麓；北源为主流，发源于五莲县大青山及脉垛顶西麓。流经五莲县石场乡、莒县东部。入莒县小仕阳水库，在店子乡徐家城子村西注入沭河。全长59千米，均宽14米，控制流域面积308平方千米。多年平均径流350毫米以上，下游聂家崖前段一般流量为0.3立方米/秒，一般水深0.5~1.5米，洪水量800~1 200立方米/秒，水深2~3米。河床平均宽度60~120米，含沙量30~40千克/立方米。建有石木子水库、小仕阳水库，主要水文站有莒县水文站、仕阳水库水文站。上游属季节河，下游属长流河。是排水、灌溉重要河道。主要支流有崖前河、龙头河、石场河、大石头河、道沟河、程家河。

海湾

海州湾 371100-23-B01
[Hǎizhōu Wān]

位于山东省最南段端的黄海之滨。因其靠近陆地海州，海岸带弯曲而得名。面积约2 400平方千米。平均水深10米，最大深度16米，最大潮差4.84米。夏季平均水温27摄氏度，冬季平均水温3.0摄氏度。最大浪高5.0米，宽度40 000米，长度60 000米；最窄宽度10米。海底底质覆盖深厚的第四纪沉积物和泥沙。海州湾具明显季风气候特点，年降水量近1 000毫米。潮汐性质属正规半日潮。海州湾资源丰富。有海水养殖企业111家，主要养殖品种为贻贝、扇贝、海参和贝类；还养殖海带、紫菜。境内的日照市岚山港为国家一类开放港口，海域宽阔水深，为连接坪岚铁路与海上运输的枢纽，是中国西北、中原地区最短线路的出海港口，是最具有发展前景的综合贸易港口，同时境内的岚山中心渔港也是国家重点扩建的海洋渔港之一。

东港区

山

驻龙山 371102-21-G01
[Zhùlóng Shān]

属康养休闲度假旅游风景区。在省境东南部。相传古代人间有三条龙，两条青龙，一条白龙。白龙生性凶恶，经常残害百姓。青龙决定帮助人间，便与白龙大战了几天几夜，终于战胜白龙。青龙担心白龙回来作恶，便在此居住，故称驻龙山。海拔247.2米。山上主要有松树、刺槐和柞树。通公路。

围子顶 371102-21-G02
[Wéizi Dǐng]

属鲁东隆起山地丘陵带。在省境东南部，东港区北部。山顶四周高、中间洼，好像人工修造的石围子，故名。海拔 426 米。主要植被有松树、刺槐等。通公路。

磨台顶 371102-21-G03

[Mòtái Dǐng]

属鲁东隆起山地丘陵带。在省境东南部，东港区北部。因顶部形状平如磨盘而得名。海拔 244 米。顶下峭壁林立，周边林区面积上千亩。植被以松树、板栗为主。通公路。

老崖头 371102-21-G04

[Lǎoyá Tóu]

属鲁东隆起山地丘陵带。在省境东南部，东港区北部。因山势陡峭，通往山顶只有一条悬崖小路，又窄又陡，故取名老崖头。海拔 394 米。主要树种有松树、栲椤和刺槐。通公路。

平垛 371102-21-G05

[Píng Duò]

属鲁东隆起山地丘陵带。在省境东南部，东港区北部。因山顶部平坦，故名平垛。海拔 625.6 米。植被以松树、槐树为主。通公路。

蔡庄东山 371102-21-G06

[Càizhuāngdōng Shān]

属鲁东隆起山地丘陵带。在省境东南部，东港区北部。因位于陈疃镇下蔡庄村东边而得名。海拔 204 米。植被以柏树、杂草为主。通公路。

黄尖顶 371102-21-G07

[Huángjiān Dǐng]

属鲁东隆起山地丘陵带。在省境东南部，东港区北部。因该顶形状怪异，颜色特殊，又处在悬崖峭壁之上而得名。海拔 246.5 米。植被以杂草和松树为主。通公路。

秋千山 371102-21-G08

[Qiūqiān Shān]

属鲁东隆起山地丘陵带。在省境东南部，东港区北部。相传王母娘娘在此山荡过秋千，故名。此山南坡有一块红色立石，形似门，故又称红门山。海拔 298.9 米。植被主要有松树、槐树等。通公路。

老牛头顶 371102-21-G09

[Lǎoniútóu Dǐng]

属鲁东隆起山地丘陵带。在省境东南部，东港区南部。以形状似牛头顶，根据历史记载得名。海拔 379 米。植被以刺槐、松树为主。通公路。

双山 371102-21-G10

[Shuāng Shān]

属鲁东隆起山地丘陵带。在省境东南部，东港区南部。根据历史记载而得名。海拔 176 米。植被以麻栎、松树为主。通公路。

桃花山 371102-21-G11

[Táohuā Shān]

属鲁东隆起山地丘陵带。在省境东南部，东港区西部。因呈半圆式环抱岚山区黄墩镇，形若盛开的桃花而得名。海拔 313.5 米。植被以麻栎、松树为主。通公路。

五洞府 371102-21-G12

[Wǔdòng Fǔ]

属鲁东隆起山地丘陵带。在省境东南部，东港区中部。据说，山上山石是仙人居住的房子，石缝是仙人出入的洞口，其中有五个洞口是仙人经常出入的，故名。海拔 115.7 米。植被以松树为主。通公路。

落鹤山 371102-21-G13

[Luòhè Shān]

属鲁东隆起山地丘陵带。在省境东南部，东港区北部。据传洪武年间，经常有鹤落于此山，故名。海拔96米。植被以板栗树、洋槐树为主。通公路。

筛罗顶 371102-21-G14

[Shāiluó Dǐng]

属鲁东隆起山地丘陵带。在省境东南部，东港区北部。因山顶像筛罗而得名。海拔178.2米。植被以松树、刺槐和柞树为主。通公路。

大山 371102-21-G15

[Dà Shān]

属鲁东隆起山地丘陵带。在省境东南部，东港区北部。原名七陇庙子八宝洪同山、八宝山等，后期因建灵樵寺而更名为灵樵山，民国时期改为大山。海拔206.4米。植被以松树为主。通公路。

石山子 371102-21-G16

[Shíshānzi]

属鲁东隆起山地丘陵带。在省境东南部，东港区北部。因此山满山遍野全是裸露的石头，故名。海拔214米。岩石裸露，植被稀少。植被以麻栎、松树为主。通公路。

横山 371102-21-G17

[Héng Shān]

属鲁东隆起山地丘陵带。在省境东南部，东港区中部。据传，明朝初年，该山即名横山。海拔176米。山顶被松树、槐树等覆盖，山腰以下是果园、茶园。通公路。

马陵山 371102-21-G18

[Mǎlíng Shān]

属鲁东隆起山地丘陵带。在省境东南部，东港区北部。因地形似马而得名。海拔364.1米。通公路。

磨盘山 371102-21-G19

[Mòpán Shān]

属鲁东隆起山地丘陵带。在省境东南部，东港区北部。因山顶有一块大石头像磨盘，故名。海拔218.2米。树木较少。通公路。

龙门岗 371102-21-G20

[Lóngmén Gù]

属鲁东隆起山地丘陵带。在省境东南部，东港区西北部。因主峰东侧酷似三面山门，号称龙门，又因山顶平坦，四周峭立，故名。海拔447.1米。植被以松树、麻栎为主。通公路。

竖旗山 371102-21-G21

[Shùqí Shān]

属鲁东隆起山地丘陵带。在省境东南部，东港区西北部。因地形与历史事件而得名。一说杨文广征北，在此山顶竖过旗；又说山形孤立，四周无连，山形陡峭，形如旗杆；还有一种说法，是村民建村时在此山上竖旗，以祈求上苍保佑，故名。海拔315米。通公路。

团团顶 371102-21-G22

[Tuántuán Dǐng]

属鲁东隆起山地丘陵带。在省境东南部，东港区西部。因山顶部分形状较圆得名。又名团团岭。海拔238.6米。植被以马尾松为主。通公路。

扬旗岭 371102-21-G23

[Yángqí Lǐng]

属鲁东隆起山地丘陵带。在省境东南部，东港区西北部。据传，当地群众为了抵抗敌人入侵，在此山上修建围子竖起旗子，和西边竖旗山上的大旗相呼应，以便统一行动应敌，就此命名为扬旗岭。海拔227.6米。山顶是茂密的松林，山腰是成片的水果园。通公路。

陈家山 371102-21-G24

[Chénjiā Shān]

属鲁东隆起山地丘陵带。在省境东南部，东港区西北部。原名晨鸡山。明洪武年间，有住户搬来居住，因陈姓人氏较多，于是改为陈家山。海拔247.2米。通公路。

大顶子 371102-21-G25

[Dàdǐngzi]

属鲁东隆起山地丘陵带。在省境东南部，东港区西北部。该山周围有若干小顶，此顶最大，因此得名大顶子。海拔234米。岩石裸露，土质瘠薄，树木稀少。植被以麻栎为主。通公路。

窑东沟山顶 371102-21-G26

[Yáodōnggōushān Dǐng]

属鲁东隆起山地丘陵带。在省境东南部，东港区西北部。因该山西麓沟边曾有木炭窑而得名。海拔549.7米。植被以松树、槐树和柞树为主。通公路。

围子山 371102-21-G27

[Wéizi Shān]

属鲁东隆起山地丘陵带。在省境东南部，东港区西部。因山顶形状而得名围子山。后村民在山上大量栽植桃树而更名为桃花山。多年后，桃树因老龄化被砍伐，再无桃花可看，故复名围子山。海拔256米。植被以松树为主。通公路。

天台山 371102-21-G28

[Tiāntái Shān]

属鲁东隆起山地丘陵带。在省境东南部，东港区南部。原名鸡鸣山，又名扶桑山。2009年，由于对太阳神文化的挖掘，依据《山海经》记载，更名为天台山。海拔260米。植被以松树为主，零星分布小叶朴。通公路。

栗山 371102-21-G29

[Lì Shān]

属鲁东隆起山地丘陵带。在省境东南部，东港区西部。因山上盛产板栗得名。海拔274.5米。植被以松树为主。通公路。

石山子 371102-21-G30

[Shíshānzi]

属鲁东隆起山地丘陵带。在省境东南部，东港区西部。山顶部岩石裸露，由地貌形态而得名。海拔282.9米。植被以松树为主。通公路。

道山子 371102-21-G31

[Dàoshānzi]

属鲁东隆起山地丘陵带。在省境东南部，东港区西部。因有一道由山顶到山下自然形成的1米左右宽的石线，故名。海拔287米。植被以松树为主。通公路。

猪头山 371102-21-G32

[Zhūtóu Shān]

属鲁东隆起山地丘陵带。在省境东南部，东港区西部。因山头形象似猪头而得名。海拔147.3米。植被以松树为主。通公路。

木头山 371102-21-G33
［Mùtou Shān］

属鲁东隆起山地丘陵带。在省境东南部，东港区西部。因与甲子山相连，故称"没头山"，后演化为木头山。海拔228米。植被以松树、刺槐为主。通公路。

平山 371102-21-G34
［Píng Shān］

属鲁东隆起山地丘陵带。在省境东南部，东港区西部。因山呈独峰，山顶较平坦，故名。海拔230.6米。植被以槐树等为主。通公路。

河流

后村河 371102-22-A-b01
［Hòucūn Hé］

内陆河，常年河，地上河。在省境东南部，东港区西南部。因流经后村而得名。发源于后村镇宅科三村卧虎山南麓。流经后村镇崖头村向东，于后村镇大曲河村东汇入傅疃河。河道全长24千米。宽20~100米。流域面积89.5平方千米。

南湖河 371102-22-A-b02
［Nánhú Hé］

内陆河，季节河，地上河。在省境东南部，东港区北部。因流经南湖村而得名。发源于五莲县汤家沟。流经五莲县的王世疃和东港区的空冲水、殷家坪、战家村、陈家村、大北湖、南湖、花峡峪、西沈马庄。在盛家代疃处与盛马河汇入傅疃河。东港区境内长18千米。平均宽160米，最大宽度240米。东港区境内流域面积288平方千米。支流主要有安家庄子河、宅科河、下湖河、马陵河。

岚山区

山

阿掖山 371103-21-E01
［Āyè Shān］

在省境东南部，岚山区东部。西起砚台山一路，东至平道路，北至黄海路，南邻岚山东路。呈南北走向。因临海，有雾气常昏如夜，得名阿掖山；在此山和南边的笔架山上均修有围墙和炮台，当地人按所处方位亦称北炮台。一般海拔50~300米，最高海拔314.8米。主峰老爷顶。有7大景观：笔架山、熬头山和飞来石、老爷顶观日出、陈僧洞、水帘洞、观云院、卧佛院。属暖温带湿润季风区大陆性气候，年平均温度在12.6℃以下，年平均降水量约868毫米。土壤砂性大，适耕性好，土层较薄，保水肥能力差，适宜发展防护林和经济林，是花生、茶叶、黄烟等作物的主要产地。山上植被主要有柏树、松树、竹林等。矿藏有麻花岗岩。有猫头鹰、黄金雀、苍鹰、白鹤等珍稀鸟类栖息。有阿掖山流域茶园，生产无公害绿茶。通公路。

小五楼山 371103-21-G01
［Xiǎowǔlóu Shān］

属长城岭。在省境东南部，岚山区西北部。因此山多田螺化石，莒人称田螺为乌娄，因此称此山为乌娄山。此山比大乌娄山小，故称小乌娄山。后为书写方便，演变成小五楼山。山上植被主要有马尾松、刺槐等。通公路。

老爷顶 371103-21-G02
［Lǎoyé Dǐng］

属阿掖山。在省境东南部，岚山区东

部。因是阿掖山主峰，且其石"巍峨峭拔，绞绕如椅望"，得名老爷顶。海拔 314 米。山上植被主要有柏树、松树等。通公路。

平山 371103-21-G03
[Píng Shān]

在省境东南部，岚山区西部。因山势平缓，得名平山。海拔 282 米。山上植被主要有柏树、松树等。通公路。

鸡冠山 371103-21-G04
[Jīguān Shān]

在省境东南部，岚山区西部。以山体形状，得名鸡冠山。海拔 269.9 米。山上植被主要有柏树、松树等。通公路。

黄豆山 371103-21-G05
[Huángdòu Shān]

在省境东南部，岚山区西部。以山体形状，得名黄豆山。海拔 142 米。山上植被主要有柏树、松树等。通公路。

韩家山 371103-21-G06
[Hánjiā Shān]

在省境东南部，岚山区西部。以姓氏得名韩家山。海拔 308.1 米。山上植被主要有柏树、松树等。通公路。

南北山 371103-21-G07
[Nánběi Shān]

在省境东南部，岚山区中部。相传，有人到了这座山，恍如来到不知有汉的世外桃源，于是叫这座如屏障的大山为得静山。后人因为这座山是罕见的南北走向，又称之为南北山。海拔 387.8 米。山上植被主要有柏树、松树等。通公路。

老牛头顶 371103-21-G08
[Lǎoniútóu Dǐng]

在省境东南部，岚山区中部。以地理实体形状，得名老牛头顶。海拔 379 米。山上植被主要有柏树、松树等。通公路。

浮棚山 371103-21-G09
[Fúpéng Shān]

在省境东南部，岚山区西北部。因山体形状像个浮着的草棚子，得名浮棚山。海拔 381 米。山上植被主要有柏树、松树等。通公路。

北垛山 371103-21-G10
[Běiduǒ Shān]

在省境东南部，岚山区西北部。因山体形状，按方位得名北垛山。海拔 515 米。山上植被主要有柏树、松树等。通公路。

白公山 371103-21-G11
[Báigōng Shān]

在省境东南部，岚山区西北部。南宋嘉定年间，红袄军首领李全占据马亓山时，有一位白姓军师驻此，自此得名白公山。海拔 338.7 米。山上植被主要有刺槐、棉槐等。通公路。

大五楼山 371103-21-G12
[Dàwǔlóu Shān]

属长城岭。在省境东南部，岚山区西北部。因此山多田螺化石，莒人称田螺为乌娄，因此称此山为乌娄山。因此山比小乌娄山大，故称大乌娄山；后因书写方便，演变成大五楼山。海拔 346.9 米。山上植被主要有刺槐、松树等。通公路。

东两山 371103-21-G13
[Dōngliǎng Shān]

属长城岭。在省境东南部，岚山区西

北部。今东西两座"两山"原系一座山。清康熙七年（1668），莒州大地震，经此震后分成两座山。此山在东，故称东两山。海拔 320.4 米。山上植被主要有马尾松、山花等。通公路。

狗山 371103-21-G14
[Gǒu Shān]

属长城岭。在省境东南部，岚山区西北部。南宋嘉定年间，李全率红袄军据马亓山时，曾在此山豢养、训练狗，李全败退后，他养的狗被弃变成野狗，故名狗山。海拔 118 米。山上植被主要有马尾松、刺槐等。通公路。

回龙山 371103-21-G15
[Huílóng Shān]

属长城岭。在省境东南部，岚山区西北部。因山形像一条回首而卧的巨龙，故得名回龙山。海拔 371 米。山上植被主要有尾松、刺槐等。通公路。

尖山子 371103-21-G16
[Jiānshānzi]

属长城岭。在省境东南部，岚山区西北部。因山峰很尖，故得名尖山子。海拔 293 米。山上植被主要有松树。通公路。

锯齿子山 371103-21-G17
[Jùchǐzi Shān]

属长城岭。在省境东南部，岚山区西北部。因峰峦陡峭，形而相连，远望如锯齿，故名锯齿子山。海拔 405 米。山上植被主要有野梨、马尾松等。通公路。

库山 371103-21-G18
[Kù Shān]

属长城岭。在省境东南部，岚山区西北部。南宋末年，红袄军占据马亓山时，

曾以此山为军备仓库，故得名库山。海拔 266.1 米。山上植被主要有马尾松、刺槐等。通公路。

狼窝山 371103-21-G19
[Lángwō Shān]

属长城岭。在省境东南部，岚山区西北部。因山上多沟涧与小型洞穴，自古多为狼类出没繁殖之地，故称狼窝山。海拔 307.7 米。山上植被主要有马尾松、刺槐等。通公路。

马亓山 371103-21-G20
[Mǎqí Shān]

属长城岭。在省境东南部，岚山区西北部。因该山远望像一匹马的头颈，而得名马鬐山；宋史称磨旗山，当地人称蟒旗山。中华人民共和国成立后习惯写成马亓山。海拔 662.2 米。山上植被主要有松树、果树、药材等。通公路。

劈子山 371103-21-G21
[Pīzi Shān]

属长城岭。在省境东南部，岚山区西北部。相传托塔天王追杀其子哪吒，在此猛劈一剑，其子逃跑，山被削去半壁，故得名劈子山。海拔 249 米。山上植被主要有尾松、刺槐等。通公路。

葡萄山 371103-21-G22
[Pútao Shān]

属长城岭。在省境东南部，岚山区西北部。因远望如包头的妇女，而得名扑头山，后谐音演变成葡萄山。海拔 321 米。山上植被主要有马尾松、刺槐等。通公路。

翟姑山 371103-21-G23
[Zháigū Shān]

属长城岭。在省境东南部，岚山区西

北部。相传南宋嘉定年间，红袄军驻马亓山时，此山为红袄军支系女首领翟姑所住，故得名翟姑山。海拔254米。山上植被主要有马尾松、刺槐等。通公路。

头山 371103-21-G24
[Tóu Shān]

属长城岭。在省境东南部，岚山区西北部。因此山地处群山南头，故得名头山。海拔441米。山上植被主要有马尾松、刺槐等。通公路。

围子山 371103-21-G25
[Wéizi Shān]

属长城岭。在省境东南部，岚山区西北部。清咸丰年间，地主武装为防捻军，曾在山上筑成围墙，自此称围子山。海拔292米。山上植被主要有杂树等。通公路。

西两山 371103-21-G26
[Xīliǎng Shān]

属长城岭。在省境东南部，岚山区西北部。清康熙七年（1668），莒州大地震，今东西"两山"原系一座山，经此震后分成两座山，此山在西，故称西两山。海拔320米。山上植被主要有马尾松、刺槐等。通公路。

洞穴

陈僧洞 371103-21-N01
[Chénsēng Dòng]

石灰岩洞。在省境东南部，岚山区南部。《安东卫志》记载："陈僧，不知何许人，元时炼丹于阿掖山之洞，后破壁飞去，今洞以陈僧为名。"可数十人同时坐卧，也可七八个人依壁小憩。近期无开发条件。有公路经此。

水帘洞 371103-21-N02
[Shuǐlián Dòng]

石灰岩洞。在省境东南部，岚山区南部。《安东卫志》记载："虽赤旱炎蒸，甘寒清冽，水自上而下，笼罩洞口如帘。"故得名水帘洞。洞口宽13米，高2.5米，纵深6米。内有一石坑，一缕山泉由此涌出，常年不断。近期无开发条件。有公路经此。

河流

绣针河 371103-22-A-a01
[Xiùzhēn Hé]

外流河。在日照市岚山区南部。因传说民间女子绣锦跳入河中救人，故名绣锦河，后演化为绣针河。绣针河位于黄海之滨的鲁南、苏北地区，发源于山东省莒南县朱芦镇刘家彩西北三皇山东坡，向东南流至李家彩村西北，至潘庄二村和西棘荡村之间沿苏鲁省界至荻水村南入黄海。干流全长47千米，平均河宽100~230米，总流域面积412平方千米，其中日照市境内干流长度23千米，流域面积157.3平方千米。多年平均径流深300毫米。整个流域西北多山，东南低洼，西高东低，地貌起伏不平，海拔高程在0~385米之间，属低山丘陵区。主要支流有鸭子河、湾沟河、长冶河。

龙王河 371103-22-A-a02
[Lóngwáng Hé]

外流河。在日照市岚山区中部。因流经龙王村，得名龙王河；因从韩家营子村附近入海，下游段亦称韩家营子河。发源于巨峰镇和虎山镇交界处的幽尔崮山。原河道流经桥南头村北，逐渐向北移至蔡家墩村南，在韩家营子村入黄海。全长16.7千米，宽20~75米，流域面积93.3平方千米。

沿线多村庄分布，是排水、灌溉的重要河道。支流有稍坡河。

黄墩河 371103-22-A-b01
[Huángdūn Hé]

内陆河，又名浔河。在日照市岚山区西北部。以河流源头政区黄墩镇得名；因为岩石河床，亦称板石河。发源于甲子山北麓。流经黄墩镇、中楼镇后，流入莒南县陡山水库。全长64千米，宽20~52米，流域面积535平方千米。丰水期最大洪峰流量2 600立方米/秒，枯水期干涸断流。沿线多居民点、农田，是排水、灌溉的重要河道。支流有文疃河、粮山河、板石河。

五莲县

山

马耳山 371121-21-G01
[Mǎ'ěr Shān]

属马耳山群。在省境东部，五莲县东部。因主峰二巨石并举，远望状如马耳，故名。海拔706米。由片麻岩、花岗岩构成。山坡有松树、刺槐、梓椤、山楂等树木，荆榛遍生，植被覆盖率60%。通公路。

九仙山 371121-21-G02
[Jiǔxiān Shān]

属九仙山群。在省境东部，五莲县东南部。清《山东通志》载有"汉明帝时，有九老人尝饮酒万寺峰下，一日同化去"而成仙的神话，故名。海拔697米。有松树、柞树、刺槐、板栗、苹果等近百种树木，森林覆盖率70%以上。有多种药材，是齐鲁最大的野生药库。蕴藏铜、铁等矿产。通公路。

芦山 371121-21-G03
[Lú Shān]

属芦山群。在省境东南部。传说此山曾经是太上老君立炉炼丹的地方，主峰称炉顶。在主峰的西坡有一崖叫炉崖，在炉崖下的土中能刨出蜂窝状的炉渣，以此传说命名为炉山，后简写为芦山。海拔674.4米。山上有松树、刺槐等树木，森林覆盖率95%以上。通公路。

七连山 371121-21-G04
[Qīlián Shān]

属七连山群。在省境东南部。因七峰相连得名。海拔625米。山上有松树、刺槐、板栗、柞树等树木，野生药材众多，森林覆盖率80%。通公路。

大青山 371121-21-G05
[Dàqīng Shān]

属青山群。在省境东南部。因山峰矗立，林木葱郁得名。海拔619.4米。山上生长松树、柏树、枫杨、槐树、柞树、板栗、苹果等。通公路。

垛子崖 371121-21-G06
[Duòzi Yá]

属芦山群。在省境东南部。因山顶有一半圆形悬崖似垒垛得名。海拔616.2米。有松树、梓椤等树木，森林覆盖率45%。通公路。

十八顶山 371121-21-G07
[Shíbādǐng Shān]

属芦山群。在省境东南部。以山上有十八盘得名。海拔614米。树种主要有松树、柞树，森林覆盖率35%。通公路。

古山 371121-21-G08

[Gǔ Shān]

属青山群。在省境东南部，五莲县西南部。因山前有一石崮得名石崮山，后演变为古山。海拔 595.5 米。以生长薪炭林为主，主要树种有松树、刺槐等，森林覆盖率 45%。通公路。

团山 371121-21-G09

[Tuán Shān]

属青山群。在省境东南部。因山呈圆形，状似馒头得名。海拔 582 米。主要树种有松树、刺槐等，森林覆盖率 32%。通公路。

大座石子 371121-21-G10

[Dàzuòshízi]

属青山群。在省境东南部，五莲县西南部。因山顶有两块巨大的石头摞在一起，故名大座石子。海拔 568 米。主要树种有松树，森林覆盖率 50%。通公路。

分流山 371121-21-G11

[Fēnliú Shān]

属分流山群。在省境东南部。因山上雨水东西分流得名，俗称分岭山。海拔 552 米。以生长松树、桲椤等薪炭林木为主，森林覆盖率 45%。通公路。

院山 371121-21-G12

[Yuàn Shān]

属芦山群。在省境东南部。因山前有一古寺院得名，又名观山。海拔 540.9 米。主要树种为松树，森林覆盖率 40%。通公路。

横山 371121-21-G13

[Héng Shān]

属横山群。在省境东南部，五莲县西南部。因山为东西走向，故名。海拔 519.1 米。主要树种有松树、柞树等，森林覆盖率 55%。通公路。

五莲山 371121-21-G14

[Wǔlián Shān]

在省境东部，五莲县东南部。原名五朵山，明神宗以巨峰五座"如青莲蕊起"，敕名五莲山。海拔 515 米。山上植被茂密，尤以杜鹃为盛。通公路。

过峡山 371121-21-G15

[Guòxiá Shān]

属七连山群。在省境东南部。因坐落在大青山与七连山之间南北通道的峡谷处而得名。海拔 513.9 米。有松树、刺槐、苹果等，森林覆盖率 40%。通公路。

脉垛顶 371121-21-G16

[Màiduǒdǐng]

属青山群。在省境东南部。因山顶耸立如垛而得名。海拔 505.4 米。主要生长有木材林和薪炭林，森林覆盖率 45%。通公路。

卧象山 371121-21-G17

[Wòxiàng Shān]

属九仙山群。在省境东南部。因张侗著《卧象山记》云："自九仙苍岭西下，万山中旋螺下沉，微露峰脊者，卧象也。"遂称卧象山。海拔 489.7 米。主要树种为松树，山花有野杜鹃等，森林覆盖率 50%。通公路。

灵公山 371121-21-G18

[Línggōng Shān]

属横山群。在省境东南部。又名龙骨山、龙姑山，因山上有龙神庙得名。早年逢干旱时，到此祈雨者众多。1944 年庙废，改今名。海拔 454.7 米。主要树种为松树，森林覆盖率 90%。通公路。

牌孤山 371121-21-G19
[Páigū Shān]

属九仙山群。在省境东南部。清光绪《日照县续志》作盘谷山，又称盘谷城。《山东通志》作牌孤山。海拔 405.2 米。山由花岗岩石构成，主要树种为松树，森林覆盖率 50%。通公路。

驼儿山 371121-21-G20
[Tuó'ér Shān]

在省境东南部。因此山后有一小山峰与主峰相连，状如老翁负子，故名。海拔 386 米。通公路。

七宝山 371121-21-G21
[Qībǎo Shān]

在省境东南部。《山东通志》载："因山有金、银、铜、铁、锡、铅、土，故名七宝山。"海拔 277.6 米。主要树种有松树、刺槐、苹果、山楂等，森林覆盖率 55%。通公路。

昆山 371121-21-G22
[Kūn Shān]

属分流山群。在省境东南部，五莲县东北部。以部分山石似玉得名。海拔 310 米。山上有松树等薪炭林。有锡、铜、磷、石棉、滑石等矿藏。通公路。

莒县

山

公婆山 371122-21-G01
[Gōngpó Shān]

属雪山山脉。在省境东南部，莒县西南部。相传张家念头有一少女，嫁后虽家贫而孝敬公婆，歉年逃荒，公婆饿死，女哀重，昼夜啼泣而死。乡人悯其人敬其孝，塑像建庙于山上祀之，故名公婆山。海拔 150.0 米。山上多刺槐、马尾松。通公路。

望夫山 371122-21-G02
[Wàngfū Shān]

属雪山山脉。在省境东南部，莒县西南部。相传元末太平镇一带，男丁多被抓掳，年轻的妻子登此山眺望盼夫归来，从此称望夫山。海拔 198.0 米。山上多马尾松、刺槐。通公路。

珍珠山 371122-21-G03
[Zhēnzhū Shān]

属雪山山脉。在省境东南部，莒县西南部。相传，南宋末年有一侠女名兰珍珠，在此山杀富济贫，故名。海拔 195.2 米。主要树种为马尾松。通公路。

峤山 371122-21-G04
[Qiáo Shān]

属长城岭脉。在省境东南部，莒县东北部。相传南坡涧壑有一天然石桥，故称桥山。清同治年间桥毁，演变为峤山。海拔 258.0 米。山上多马尾松、刺槐。通公路。

营山 371122-21-G05
[Yíng Shān]

属长城岭脉。在省境东南部，莒县东北部。相传，古时有一军将安营于此，故称营山。海拔 263.8 米。山上多马尾松、刺槐。通公路。

仙姑山 371122-21-G06
[Xiāngū Shān]

属长城岭脉。在省境东南部，莒县西南部。相传此山多狐仙，每当月夜常化为美女，在山巅歌舞，故名。海拔 123.7 米。山坡多为农田，宜种地瓜、花生。通公路。

塔楼山 371122-21-G07

[Tǎlóu Shān]

属长城岭脉。在省境东南部，莒县北部。传说清朝中期有一汪姓大户有财有势，在村西建窑烧砖瓦，站成几里路的人墙将砖瓦传到山上，昼夜不停地建一高楼。后汪姓迁走，年久楼倒塌，遗址还在，故取名塌楼山，后改称塔楼山。海拔217.4米。植物种类有红薯、林果等，中药材有野生黄芪、丹参等。通公路。

铁山 371122-21-G08

[Tiě Shān]

属长城岭脉。在省境东南部，莒县北部。山上的石头呈黑褐色、比重大，特别像铁石，故名。海拔205.5米。植物种类有红薯等。前坡多刺槐，北坡多梯田。通公路。

琵琶山 371122-21-G09

[Pípá Shān]

属长城岭脉。在省境东南部，莒县东南部。此山以产蝎子著称，蝎子体形似琵琶，捕蝎者辄以琵琶代称蝎子，故名。海拔279.0米。山上广植马尾松。通公路。

横山 371122-21-G10

[Héng Shān]

属长城岭脉。在省境东南部，莒县东南部。此山东西横卧，故名。海拔306.4米。满山马尾松、刺槐成林。通公路。

砚台山 371122-21-G11

[Yàntái Shān]

属长城岭脉。在省境东南部，莒县南部。因山上出产砚石，能生产砚台，故名。海拔268米。山上多马尾松、刺槐。通公路。

大靴山子 371122-21-G12

[Dàxuēshānzi]

属长城岭脉。在省境东南部，莒县南部。相传二郎神担山过此，将靴筒中泥沙清理弃此，泥沙化为两山，其形远望如靴，此山较大，故名大靴山子。海拔312米。山上多马尾松、刺槐。通公路。

凤凰山 371122-21-G13

[Fènghuáng Shān]

属长城岭脉。在省境东南部，莒县南部。相传，古有凤凰栖此，故名。海拔551.7米。山上多马尾松、刺槐。通公路。

龙山 371122-21-G14

[Lóng Shān]

属长城岭脉。在省境东南部，莒县南部。因该山远望如卧龙状，故名龙山。海拔337米。山上多马尾松、刺槐。通公路。

莲花山 371122-21-G15

[Liánhuā Shān]

属长城岭脉。在省境东南部，莒县北部。因九个山头形似莲花，故名，亦称九顶莲花山。海拔245.9米。山上多松树。通公路。

河套山 371122-21-G16

[Hétào Shān]

属长城岭脉。在省境东南部，莒县北部。因该山地处潍河河套中，故名。海拔188.0米。山上多松树、槐树。通公路。

长城岭 371122-21-G17

[Chángchéng Lǐng]

属长城岭脉。在省境东南部，莒县北部。因此岭有齐长城残址，故名。海拔207.7米。山上多野枣树、荆条。通公路。

洛山 371122-21-G18
[Luò Shān]

属雪山山脉。在省境东南部，莒县北部。该山自此西去，群山络绎，故名络山，后演变为洛山。海拔 281.0 米。山上多马尾松、刺槐。通公路。

南金华山 371122-21-G19
[Nánjīnhuá Shān]

属雪山山脉。在省境东南部，莒县北部。此山上有一种花草，遍地皆生，开春季金黄色的花，以此命名为金花山，后来此花已绝，演变成金华山。因与碁山镇的金华山重名，更名为南金华山。海拔 207.9 米。有落叶林、针叶林等。通公路。

峰山 371122-21-G20
[Fēng Shān]

属长城岭脉。在省境东南部，莒县北部。因山阳有峰山村，在建立峰山村时，居民原籍村前有一山，名枫山，为纪念祖籍，将此山命名为峰山。海拔 257.3 米。有黑松、赤松、刺槐等树。通公路。

珠山 371122-21-G21
[Zhū Shān]

属长城岭脉。在省境东南部，莒县北部。传说古时候山上有对金猪，故名猪山，后演变为珠山。海拔 252.4 米。有黑松、刺槐、赤松等树。通公路。

青峰岭 371122-21-G22
[Qīngfēng Lǐng]

属长城岭脉。在省境东南部，莒县北部。岭坡多崮崖，不长草木；岭顶较平坦，春夏草木茂盛，故名青峰岭。海拔 198.3 米。宜种地瓜、花生。通公路。

老营顶 371122-21-G23
[Lǎoyíng Dǐng]

属长城岭脉。在省境东南部，莒县南部。相传南宋嘉定年间，红袄军营帐驻此，故名。海拔 531.1 米。植被以松树为主，有绣带、连翘等山花。通公路。

大青山 371122-21-G24
[Dàqīng Shān]

属长城岭脉。在省境东南部，莒县南部。此山自古树木丰茂，石多青苔，远望青翠，此山较小青山大，故名大青山。海拔 366.0 米。主要植物有马尾松。通公路。

先行垛 371122-21-G25
[Xiānxíng Duò]

属长城岭脉。在省境东南部，莒县南部。名称来历有二：一是传说过去曾有大仙行经此山躲过难，故名仙行垛，后演变为先行垛；二是相传南宋嘉定年间，李全率红袄军驻马亓山时，大将王仙为先行官，首至此山安营筑垛，如今残址尚存，自此称先行垛。海拔 517.0 米。西坡有茶树、竹林等，山上长有马尾松、刺槐等。通公路。

宝珠山 371122-21-G26
[Bǎozhū Shān]

属长城岭脉。在省境东南部，莒县东部。因山的东北岩石上有猪蹄形的印迹，传说为宝猪所踏，故名宝猪山，后演变为宝珠山。海拔 504.0 米。山上松槐茂密，有板栗树。通公路。

歪头山 371122-21-G27
[Wāitóu Shān]

属长城岭脉。在省境东南部，莒县东部。因山形如歪头而卧的巨牛，故名歪头山，亦称卧牛山。海拔478.7米。山上多植马尾松。通公路。

南大山 371122-21-G28
[Nándà Shān]

属长城岭脉。在省境东南部，莒县东部。因此山孤峰独立，突出更显得高大，故名大山，因重名，此山在南，故改名为南大山。海拔386.5米。山上多马尾松和刺槐。通公路。

北大山 371122-21-G29
[Běidà Shān]

属长城岭脉。在省境东南部，莒县北部。因在群山中以此山为大，故名大山。因重名，更名为北大山。海拔268.4米。植物种类有大豆等。山坡有马尾松、刺槐等。通公路。

河流

柳青河 371122-22-A-b01
[Liǔqīng Hé]

内流河。在莒县中西部。古称吕清河。以倡修人吕清而命名，后演变为柳青河。发源于莒县阎庄镇玉皇山，流经阎庄、浮来山镇至刘家官庄镇徐家庄村东入沭河。长度32.8千米，流域面积296平方千米。河口行洪流量1 165立方米/秒。该河为平原河道，地势低洼。河流级别为中小型，汛期主要在6—10月份，主要水文站有莒县水文站。主要支流有坏河、黄花河等。

鹤河 371122-22-A-b02
[Hè Hé]

内流河。在莒县东南部。因放鹤山形似仙鹤，鹤嘴傍河如饮水状而得名。发源于莒县东境峤子山西麓，流经龙山镇新旺村至寨里河镇马家河村，继而向西流至陵阳镇于家村东，到长岭镇后小河村北流至后小河村西，注入沭河。长度32.5千米，流域面积226.9平方千米。入沭河口行洪流量1 381立方米/秒。流域内建有多座小型水库。河流级别为中小型，汛期主要在6—10月份，主要水文站有莒县水文站。主要支流有寨里河、接水河、五村河等。

洛河 371122-22-A-b03
[Luò Hé]

内流河。在莒县西北部。因此河傍洛山而得名。洛河发源于安庄镇油坊一带，流经洛河镇、阎庄镇郭家当门，注入沭河。长度31千米，流域面积160平方千米。行洪流量712立方米/秒。河流级别为中小型，汛期主要在6—9月份，河流方向为东南向。主要水文站有莒县水文站。主要支流有唐家河、海坡河等。

泉

龙泉沟 371122-22-I01
[Lóngquán Gōu]

冷泉。在省境东南部，莒县招贤镇西部。以村庄名称而得名。水深0.4米，日涌水量10立方米，水温14℃，一年四季出水量不断。近期无开发条件。通公路。

龙泉 371122-22-I02
[Lóng Quán]

冷泉。在省境东南部，莒县小店镇薛家孟晏村东部。因该泉东部有三座岭，远看像一条龙，故称龙泉。水深1米，日涌水量15立方米。水温15℃，是薛家孟宴村村民饮用水的主要水源。近期无开发条件。通公路。

林清泉 371122–22–I03
[Línqīng Quán]

　　冷泉。在省境东南部，莒县长岭镇东虢村西南部。该泉在村南岭，历史上南岭山清水秀、树木茂盛、环境优美，因此名林清泉。水深 0.1 米，日涌水量 6 立方米。水温 14℃。泉水清澈甜美，附近百姓经常来此挑水，受到当地百姓的爱护，自清朝年间一直到现在没有被破坏。近期无开发条件。通公路。

石泉子 371122–22–I04
[Shíquánzi]

　　冷泉。在省境东南部，碁山镇珠山村东北 1 千米处高岭东侧半山中。因泉水从石灰岩石的缝隙中流出，故名石泉子。水深 0.05 米，日涌水量 120 立方米，水温 2℃。该泉水的流量大，清且甘，久旱而泉涌不止。近期无开发条件。通公路。

五　名胜古迹、纪念地和旅游地

东港区

重点文物保护单位

小代疃遗址 371102-50-B-b01
[Xiǎodàituǎn Yízhǐ]

位于日照市东港区后村镇小代疃村西。以所在地命名。该遗址自西向东倾斜，分布面积约 12 万平方米。文化堆积厚约 1~2 米。采集的龙山文化陶片以夹砂黑陶为主，少量泥质红陶、磨光黑陶，个别白陶，纹饰有附加堆纹、乳钉纹、弦纹。可辨器形有鼎、鬶、匜、罐、盆、杯、豆、器盖，以及石矛。小代疃遗址是一处内涵丰富的龙山文化遗址，对于研究新石器时代聚落遗址、社会形态具有重要意义。1992 年 6 月被批准为省级文物保护单位。通公交车。

河山石亭 371102-50-B-b02
[Héshān Shítíng]

位于山东省日照市东港区后时家官庄西北 3 千米河山山脉一突出地面 5 米的巨石上。以所在地命名。该亭始建年代不详，根据亭上题刻及亭之形制，当为明代中晚期所建。河山石亭是一处珍贵的历史文物建筑，集聚历史、人文、艺术价值，同其他同类同期石亭相较，该石亭更加真实地再现了明代中晚期的山东地域石亭特征，典型勾勒了我省古人乡野自然情趣及人文情怀，其题刻内容丰富，书法艺术价值较高，

是山东地域明代石刻建筑的标杆性文物建筑。2013 年 10 月被批准为省级文物保护单位。通公交车。

琅墩坡汉墓群 371102-50-B-c01
[Lángdūnpō Hànmùqún]

位于日照市东港区奎山街道史家岭村东侧。因所在区域靠近琅墩坡村而得名。琅墩坡汉墓群有 2 000 多年的历史，2002 年被发掘，共清理墓葬 90 座，清出文物 1 200 余件。该墓群对研究汉代墓葬风俗有重要意义。2013 年被批准为市级文物保护单位。通公交车。

南庙革命纪念地 371102-50-B-c02
[Nánmiào Gémìng Jìniàndì]

在日照市东港区两城街道两城三村西部。因中共日照县委组织领导农民武装暴动并在天后宫（俗称南庙）整编，故名。天后宫建于明朝中期。为弘扬中华民族传统文化，丰富百姓文化生活，起到历史文物展示和革命纪念的作用，是爱国主义教育活动阵地。2009 年 12 月被批准为市级文物保护单位；2014 年日照市宗教局批准天后宫为道教宗教场所。通公交车。

西林子头遗址 371102-50-B-c03
[Xīlínzitóu Yízhǐ]

位于山东省日照市东港区涛雒镇西林字头村南 200 米。以所在地命名。北为农田，西部有一水塔，东部有机耕道。南北长 180

米，东西宽 170 米，面积约 30 000 平方米，为龙山文化遗存。文化堆积厚约 2 米左右。二普时采集的龙山文化陶片以夹砂和泥质黑陶为主，有少量的红陶、白陶，纹饰有弦纹、瓦纹、附加堆纹、乳钉纹，可辨器形有鼎、鬶、盆、罐；石器有斧、刀、铲、锛、镰、镞等。为研究龙山文化聚落遗址提供了重要资料。2009 年 12 月被批准为市级文物保护单位。通公交车。

冯家沟遗址 371102-50-B-c04
[Féngjiāgōu Yízhǐ]

位于山东省日照市东港区秦楼街道冯家沟村南 200 米。以所在地命名。地势自西向东倾斜，遗址中间有小塘坝，地面上种植了庄稼。遗址基本呈长方形，东西长 320 米，南北宽 120 米，面积约 40 000 平方米，为龙山文化、商周文化遗存。文化堆积厚约 0.5~1 米，二普时采集的龙山文化的陶片以夹砂黑陶为主，次为夹砂红陶、白陶、黄陶，多素面，可辨器形有罐、鼎、罐、鬶。石器有凿、镞、刀、镰。另采集有商周的夹砂灰陶绳纹鬲足等。该遗址为鲁东南沿海地区的历史研究提供了重要资料。2009 年 12 月被批准为市级文物保护单位。通公交车。

丁氏故居 371102-50-B-c05
[Dīngshì Gùjū]

位于山东省日照市东港区涛雒镇驻地东南部。始建于清光绪二十四年（1898）。故居原名为"五宅"，是丁肇中家族祖辈居住的四合院，现存丁氏家庭老屋 3 处（西学堂、东学堂、南房），面积约 200 平方米。属于典型的北方建筑群落，为研究清代古建筑提供了新的资料。2009 年 12 月被批准为市级文物保护单位。通公交车。

北鲍疃遗址 371102-50-B-c06
[Běibàotuǎn Yízhǐ]

位于山东省日照市东港区陈疃镇北鲍疃村东陈疃河东岸高台地。以所在地命名。高约 30 米，北、西、南为三级台地，东部形成缓坡，地表为休耕地。遗址基本呈椭圆形，为商、周文化遗存，南北长 140 米，东西宽 57 米，面积约 8 000 平方米。文化堆积厚约 1.5~2 米，地表采集有夹砂褐陶绳纹鬲足、绳纹罐口沿等。遗址为研究商、周时期聚落历史提供了重要资料。2013 年 1 月被批准为市级文物保护单位。通公交车。

回龙观遗址 371102-50-B-c07
[Huílóngguànyízhǐ]

位于山东省日照市东港区西湖镇爱国村北部"九顶山"下。以所在地命名。据《日照县志》记载，回龙观始建于明代，后经历代道士重修扩建。地势由西北向东南倾斜，两条深水沟纵横交错于东南部的一座小桥。遗址南北长 120 米，东西宽 100 米，面积约 12 万平方米。现残存房屋 12 座，有 7 座保存较好。东部有泉井 1 口、石碾 1 台、拱形石门 1 座和石碑 1 通。为研究鲁东南地区道教文化提供了新的资料。2013 年 1 月被批准为市级文物保护单位。通公交车。

小莲村牟氏祠堂 371102-50-B-c08
[Xiǎoliáncūn Móushì Cítáng]

位于山东省日照市东港区日照街道小莲村文化广场西部。祠堂为清代建筑，建于康熙四十六年（1707）。祠堂坐北朝南，现存房屋三间。现存约 300 年。东西长约 10 米，南北宽约 5.1 米，面积约 51 平方米。牟氏祠堂历经沧桑，为该地区宗教文化的研究提供新的资料。2013 年 1 月被批准为市级文物保护单位。通公交车。

涛雒丁氏建筑群 371102-50-B-c08
[Tāoluò Dīngshì Jànzhùqún]

位于涛雒镇涛雒三村、涛雒四村。因位置及姓氏得名。现存汇昌银号、五宅祠堂、利生钱庄、庆和运庄四处建筑。其中汇昌银号始建于1924年，为钢筋混凝土建筑，东西长约25米，宽约8米。五宅祠堂最早建成于乾隆年间，是供奉丁肇中先祖的一处祠堂。现存正房3间，东厢房3间，正房东西长约10米，南北宽约3米。利生钱庄始建于清同治年间，属晚清时期建筑，现存房屋3间，东西长约10米，南北宽约3米。庆和运庄创始于"民国"初年，现存一座二层楼，面阔四间。长约15米，宽约5米。这些历史建筑对研究日照银行业的发展史和民俗生活提供了重要的资料。2013年1月被批准为市级文物保护单位。通公交车。

海曲故城 371102-50-B-c10
[Hǎiqū Gùchéng]

位于山东省日照市东港区日照街道烟墩岭村南360米，坐落在岭地上。为西汉时期的遗址。遗址近似方形，东西长约320米，南北宽约350米，面积11.2万平方米。今已多数夷平，东、西两边残存极少的夯土城墙，高近1米。城内文化堆积距地表深约0.50米。曾出土有石磨、砖、瓦、铜印等，地表散布有冶炼铁渣等。为汉代聚落研究提供了重要资料。2009年12月被批准为市级文物保护单位。通县乡公路。

重要景点和一般名胜古迹

龙门崮风景区 371102-50-D-a01
[Lóngméngù Fēngjǐngqū]

位于日照市东港区三庄镇北部。是龙门崮田园综合体的重要组成部分。龙门崮的名字源自"凤凰落垛不落崮"的民间传说。景区内原生态资源十分丰富，历史传说众多，奇、秀、险、怪、幽、旷六大特色共存。山上植被茂盛，品种繁多，苍松叠翠，郁郁葱葱；芙蓉、国槐、柞树等生态林遍布于山峦沟壑，春华秋实，林茂果香；山下湖光潋滟，流水潺潺。已逐步发展成为集旅游休闲、商务会议、团队接待、研学旅行、汇报演出、教育培训等于一体的生态旅游度假区。景区拥有众多自然景观和人文景观，有日照市廉洁文化教育基地。2010年12月被评为国家AAAA旅游景区。通公交车。

刘家湾赶海园 371102-50-D-a02
[Liújiāwān Gǎnhǎiyuán]

位于日照市东港区涛雒镇东部沿海。以所在地刘家湾村得名。由赶海园景区和金沙岛景区两大板块组成，是以赶海拾贝为体验，集休闲度假、海上游艇、海水沐浴、沙滩运动、高尔夫练习于一体，具有沿海民俗风情特色的旅游风景区。景区设有儿童体验区、艺术海岸带、休闲渔港、星光营地、赶海牧场、赶海活动区，是集亲子休闲、滨海度假、渔业体验于一体的滨海旅游休闲带，涵盖"吃、住、行、游、购、娱"服务。2008年被评为国家AAAA旅游景区。通公交车。

竹洞天风景区 371102-50-D-a03
[Zhúdòngtiān Fēngjǐngqū]

位于日照市东港区日照街道将帅沟毛竹园内。以栽种的毛竹加取自道家"三十六洞天七十二福地"的"洞天"二字命名。是以江北最大的毛竹园为主要旅游资源建成的特色景区，包括竹文化园、民俗文化园、游乐园、少数民族歌舞剧院、水上娱乐区、农家乐生态园、原生毛竹林七大功能区，自2009年开始每年举办日照北方竹文化旅游节，是日照市重要旅游风景区。2008 年被评为国家 AAA 级旅游景区。通公交车。

岚山区

重点文物保护单位

尧王城遗址 371103-50-B-a01
[Yáowángchéng Yízhǐ]

在岚山区高兴镇南辛庄子和安家尧王村周围。民间传说此地古时候为窑场，因此称场主为"窑王"，后来演化成"尧王"，故称尧王城遗址。1934 年发现。1978 年秋至 1979 年春、1992 年秋至 1993 年春、1998 年、2004 年 9 月、2012 年 11 月均进行了勘探。在这里首次发现了土坯房、奠基石和龙山文化时期人工栽培水稻的实物证据，是一处由大汶口文化过渡到龙山文化时期的遗址，是一个较早发展起来的大型聚落，也是尧王城龙山古国的"都城"。尧王城遗址发掘发现的土台式、土坯式建筑形式和建设奠基，是中国龙山文化时期的首次发现，对研究中国建筑形式、技术的继承与发展，研究中国建筑史提供了资料，具有重要的意义。2006 年 5 月被批准为国家级文物保护单位。有公路经此。

海上碑 371103-50-B-b01
[Hǎishàng Bēi]

地处黄海，在岚山区岚山头街道的海滨旅游度假区内，东邻岚山港。因海边礁石上刻有碑文，得名海上碑刻，后渐称海上碑。清顺治二年（1645），苏京、王铎、阎毓秀三人在海边巨石上刻制"星河影动""撼雪喷云""万斛明珠""砥柱狂澜""难为水"等文字。涨潮时海岛周围被海水淹没，落潮时全部露出，徒步即可登临。碑身坐南面北，北为面，可减少海浪对碑文的冲击；

南为背，背面可抵御海潮以保护碑文。有"万里海疆第一碑"之美誉，是全国唯一海上摩崖石刻，对研究中国明、清两代楷书书法具有重要的意义。2009 年被批准为省级文物保护单位。有公路经此。

重要景点和一般名胜古迹

磴山寨旅游风景区 371103-50-D-a01
[Dèngshānzhài Lǚyóu Fēngjǐngqū]

在岚山区境中部，虎山镇北端。以所在地理实体名称及建筑物名称磴山及磴山寨而得名。主要景点有磴山寺、许瀚诗碑、磴山寨等。磴山山顶建有磴山寺、磴山寨，现存古寨城墙 30 多里；寺西南岭上有清代著名书法家许瀚诗碑。是日照沿海唯一一处集观光度假、科普考察、风情体验、修身养性于一体的海滨山岳型休闲度假胜地。2008 年 11 月被评为国家 AAA 级旅游景区。深海高速、央赣公路经此。

五莲县

重点文物保护单位

汪湖遗址 371121-50-B-c01
[Wānghú Yízhǐ]

在五莲县汪湖镇汪湖村北 1 千米处。以所在村命名。属商周时期文化遗址。地形为沿河高台地，中间隆起，形成龟盖形浅丘漫岗。断崖上可见文化堆积分布，地表采集有罐、缸、盆等陶器残片及汉代的砖瓦残块等，为研究夏、商、周、汉时期的聚落分布、区域类型提供了宝贵的历史资料。2009 年 12 月被批准为市级文物保护单位。有公路经此。

风景名胜区

九仙山风景区 371121-50-C-b01
[Jiǔxiānshān Fēngjǐngqū]

在五莲县东南部。东与五莲山接壤，南与叩街路毗邻，西与吕街路相连，北与334省道接界。总面积55平方千米。清《山东通志》载，汉明帝时，有九老人饮酒万寿峰下，一日同化去成仙，以此得名九仙山。1988年，九仙山风景区作为五莲山风景区的重要组成部分，被省政府列为省级风景名胜区。景区由21峰、303景组成，分为洗耳泉峡谷、情侣峰、老母阁、黑牛场杜鹃园、孙膑书院、靴石、龙潭大峡谷、丁公石祠八大旅游区。其中万亩野生杜鹃花园和龙潭大峡谷被称为"江北双绝"。龙潭大峡谷是华北罕见的"地中山、谷中景"，奇峰秀水，貌似武陵源。九仙山居仙卧龙，传神离奇，流传着八仙过海与山神治恶龙、孙膑书院读春秋、九仙老母定座等传说，在历史上还是著名的"文章之府"，丁惟宁、吕一奏、丁耀亢、张侗、李澄中等历史名人归隐于此，留下了大量别具风格的遗址遗迹，形成了众多具有深厚文化底蕴的人文景观。相传马陵大捷之后，孙膑辞去齐国军师，来此地隐居讲学，并写下了千古不朽的军事巨著《孙膑兵法》。宋熙宁九年苏轼曾登临九仙山，留下了"白鹤楼"题刻。明万历进士、户部督饷主事吕一奏归隐九仙山，在洗耳泉上方留下了"洗耳"二字，为九仙山摩崖石刻之最。清初著名文学家丁耀亢在九仙山东南麓丁公石祠中，完成了他的著名长篇世情小说《续金瓶梅》。九仙山风景区为国家AAAA级旅游区，集生态旅游、自然景观、宗教文化于一体。景区内交通方便，生态路连接东西两山门，各主要景点之间通交通车。

自然保护区

五莲山国家森林公园 371121-50-E-a01
[Wǔliánshān Guójiā Sēnlín Gōngyuán]

在省境东南部，五莲县东南部。由五莲山、九仙山组成，东与五莲山旅游度假区接壤，南与叩街路毗邻，西与吕街路相连，北与334省道接界。总面积6 800公顷。因五莲山及森林公园级别得名。公园内山系为东北—西南走向，由花岗岩组成，奇峰突兀，怪石遍布，潭泉洞池相间。北部、西部有小块平原，山地、丘陵、平原分别占总面积的50%、36%和14%。属季风性温带海洋气候，四季分明。年均降水量747毫米。潮白河西源出九仙山北麓的白龙潭。公园内野生动植物资源丰富，各类植物1000余种，其中木本植物51科、100属、173种，其中乔木102种、灌木59种、藤本12种。主要植物除常见的松树、银杏、楸树、榆树、刺槐、板栗、苹果等树种外，还有许多稀有树种，如杜仲、槭树、刺楸、胡桃、槲树、麻栎、厚朴、溲疏、青檀、流苏等。药材种类繁多，有中草药材200多种，可谓是一处天然的中草药库。2004年2月被批准为国家级森林公园。2012年8月3日，原中华人民共和国农业部正式批准对"五莲杜鹃花"实施农产品地理标志登记保护。是中国野生杜鹃花基地、中国生态旅游试验示范基地、中国最佳文化旅游目的地、国家AAAA级旅游景区。景区内交通方便，由服务中心至山门通景区交通车，景区内各景点之间有步游道相连。

大青山省级森林公园 371121-50-E-b01
[Dàqīngshān Shěngjí Sēnlín Gōngyuán]

在省境东南部，五莲县西南部。东接洪凝街道马家坪、杨家庵、长兰，南临街头镇上芦沟、下芦沟，西接石场乡崮山、上邸家沟、下邸家沟，北至石场乡林家沟和洪凝街道前汤家沟、后汤家沟。总面积3000公顷。因大青山及森林公园级别得名。为近海山地，地质结构属于元古界胶南群变质岩系、泰沂山脉与崂山山脉相交积而成，以花岗岩石为主；属花岗岩构成的嶂谷型地貌。属温带半湿润季风气候区。全年平均降雨835毫米。大青山森林公园分三个水系，东南端流入傅疃河再入黄海，西南端向西流入沭河，北端、东端流入洪凝河再入渤海。山中植被丰富，森林覆盖率高达90%以上，有林木62科，346种。野生植物资源除了常见的松类、刺槐、麻栎、枰柳、榆树、楸树、黄杨、银杏、桃、板栗之外，还有许多稀有树种，如杜仲、槭树、刺楸、胡桃、朴树、苦树、樟树、椿树、龟榆箭等。花卉有黄花鞭、紫薇、映山红、二月兰、萱草、锦带、连翘等。中药资源共105种，其中不乏太子参、灵芝、王不留行等名贵药材。2002年12月被批准设立省级森林公园。是以中国国粹文化为主题，以国际文化艺术交流、教育展览培训、旅游度假酒店、休闲娱乐设施为主要服务内容的生态保护基地森林公园，是国家AAAA级旅游景区。通公交车。

潮白河省级湿地公园 371121-50-E-b02

[Cháobáihé Shěngjí Shīdì Gōngyuán]

在省境东南部，五莲县东南部。东至孔家小岭北侧与黄岛区接壤，南与黄岛区毗邻，西与户部乡户部岭水库少山村桥相连，北与户部乡高阁庄村接界。总面积612公顷，湿地面积404.5公顷。因湿地公园核心区位于潮白河两侧得名。处鲁东块隆低山、丘陵区，属胶南穹状块隆山地构造地貌分区。潮白河河谷宽阔，为不对称河谷，右岸为剥蚀残丘，岩石出露，为凹岸，受河流侧向侵蚀作用，致使主河床偏向右岸；左岸为凸岸产生堆积现象，分布有漫滩、

阶地。属暖温带大陆性季风气候区，冬无严寒，夏无酷暑。以户部岭水库、老支河和潮白河为主体，公园内湿地主要由河流湿地、人工湿地、沼泽湿地等组成。多年平均降水量795毫米。主要有黑松、杨树、柳树、水杉、银杏、芦苇、结缕草等植物。2012年12月被批准为省级湿地公园。其中有国家Ⅰ级重点保护植物银杏，国家Ⅱ级重点保护植物中华结缕草、野大豆；国家Ⅱ级保护野生动物17种，山东省重点保护野生动物33种。公园内鸟类资源丰富，国家、省级保护的鸟类主要有鸳鸯、苍鹰、红隼、白鹭等。野生鸟类景观是湿地公园的特色景观之一。是兼有物种及其栖息地保护、生态旅游和生态教育功能的河流湿地景观区域，为野生动物提供了理想的生存境地。通公交车。

莒县

纪念地

莒县烈士陵园 371122-50-A-b01

[Jǔ Xiàn Lièshì Língyuán]

在莒县小店镇古迹崖村蟠龙山。以所在县命名，因革命烈士陵园建设在蟠龙山上，又称蟠龙山烈士陵园。1944年建成，原有429座革命烈士墓，2011年将散落全县的900座散葬烈士墓集中安葬。占地面积45亩，共有墓穴1 206座。对全县革命烈士安葬、烈士事迹展览，以及悼念革命烈士、进行爱国主义国防教育具有重要意义。2005年被列为省级爱国主义教育基地。有公路经此。

重点文物保护单位

齐长城莒县段 371122-50-B-a01
[Qíchángchéng Jǔ Xiàn Duàn]

位于莒县东莞镇东南约 2.5 千米。因是战国时期齐国所修，故名。1989 年发现。地层中保存了古代人类活动的遗迹和遗物，遗址系土石混合筑成，属于春秋战国时期的文化遗存，全长 14 600 米，占地面积 15 万平方米。齐长城遗址莒县段保存较好，对研究春秋战国时期的政治、经济、文化、军事及古代建筑有重要价值。2001 年被批准为国家级文物保护单位。有公路经此。

自然保护区

浮来山地质遗迹省级自然保护区
371122-50-E-b01
[Fúláishān Dìzhì Yíjì Shěngjí Zìránbǎohùqū]

位于莒县浮来山镇西 2.7 千米的浮来山断裂西侧。面积 490 公顷。以山命名。该遗迹是古生代寒武纪形成的，地处沂沭断裂带，是胶南隆起区和鲁西隆起区的地质分界线。该山大部分为石灰岩、黄绿色页岩及紫砂岩，并具有古生物三叶虫化石和典型的地层标志上寒武系长山组紫红色竹叶状灰岩（紫豆瓣大理岩）。2001 年被省政府批准为省级地质遗迹自然保护区。保护区内寒武、奥陶系出露完整而连续，古生物化石丰富，门类繁多，具有 15 个三叶虫化石带和 6 个头足类生物化石带，对研究该区岩相变化、古地质环境和古生物演化等具有较高的科研价值。土门群石旺庄组地层中普遍发育的"树枝状""蠕虫状"碳酸盐泥晶细脉，是震旦纪石旺庄期（距今 6 亿年左右）古地震事件的产物，这种地震振动液化现象是研究古地震事件十分难得的依据。浮来山是我省晚元古代青白口纪——震旦纪土门群组浮来山组建组的层型剖面所在地，其地层发育完整，出露连续，而且地层倾角大，便于观察研究，其他各组地层也均有发育，是研究土门群的理想剖面。浮来山地处分划性深大断裂——沂（河）沭（河）断裂带中部，两侧可观察到沉积盖层不整合接触和断层接触等地质现象，对研究沂沭断裂带构造发展历史以及鲁东、鲁西地质演化历史均具有重要的地质意义。通公交车。

六　农业和水利

东港区

渠道、堤防

马陵水库干渠 371102-60-G01
[Mǎlíng Shuǐkù Gànqú]

位于日照市东港区东部。起点为马陵水库放水洞出口，终点为石臼公社成家村。1965年开工，1969年建成。长54.0千米，设计引水流量3.5立方米/秒。主要用于农田灌溉。有公路经此。

刘家湾赶海园防潮堤 371102-60-G02
[Liújiāwān Gǎnhǎiyuán Fángcháodī]

位于日照市东港区涛雒镇刘家湾赶海园以东。起点为刘家湾赶海园北部边界，终点为刘家湾赶海园南门。2003年2月开工，2009年6月建成。长750米，顶宽8米，高6.3米。质地为混凝土。该防潮堤的建成使该区域的土地得到了明显的保护，有效地阻止了潮汐的侵蚀。通海堤公路。

东南营防潮堤 371102-60-G03
[Dōngnányíng Fángcháodī]

位于日照市东港区涛雒镇东南营村以东。起点为孙家河口，终点为东南营养殖路。2008年12月开工，2009年10月建成。长670米，顶宽7米，高6.1米。质地为混凝土。该防潮堤的建成使该区域的土地得到了保护，有效地阻止了潮汐的侵蚀。通海堤公路。

任家台防潮堤 371102-60-G04
[Rénjiātái Fángcháodī]

在日照市山海天旅游度假区卧龙山街道任家台村南。南起肥家庄船厂，北至国防教育基地。2004年开工，2004年建成。长618米，顶宽8米，高6.3米。质地为混凝土。任家台防潮堤的建成，使该区域的土地得到了保护，有效地阻止了潮汐的侵蚀。有公路经此。

东河南防潮堤 371102-60-G05
[Dōnghénán Fángcháodī]

在日照市山海天旅游度假区两城街道东南河村东。南起森林公园，北至东河南。2009年开工，同年建成。长445米，顶宽8米，高6.1米。质地为混凝土。东河南防潮堤的建成，使该区域的土地得到了保护，有效地阻止了潮汐的侵蚀。有公路经此。

岚山区

水库

巨峰水库 371103-60-F01
[Jùfēng Shuǐkù]

在岚山区巨峰镇西北部，巨峰河上游。以所在政区名称而得名。1958年开工，1960年建成。水库蓄水面积1.17平方千米，总库容1 085万立方米，兴利库容635万立方米。水库大坝为黏土心墙砂壳坝，全长680米，坝顶高程65.3米，坝顶净宽5米，放浪墙顶高程66.3米，最大坝高22米，控制流域面积21平方千米。是一座以防洪为主，兼有灌溉、水产养殖、城镇供水等综合利用的中型水库。瓦日铁路经此。

南陈家沟水库 371103-60-F02

[Nánchénjiāgōu Shuǐkù]

在岚山区黄墩镇陈家沟村南部。以所在政区名称而得名。1959年开工，1967年建成。控制流域面积7.5平方千米。总库容444万立方米，兴利库容287万立方米。水库大坝为黏土心墙坝，坝顶高程29.9米，最大坝高20米，坝顶长度285米。是一座集防洪、灌溉、养殖、供水于一体的小型水库。有公路经此。

五莲县

水库

墙夼水库 371121-60-F01

[Qiángkuǎng Shuǐkù]

位于五莲县和诸城市，库区在五莲县，灌区在诸城市境内。因水库大坝位于诸城市枳沟镇墙夼村得名。1959年开工，1960年建成。控制流域面积656平方千米，总库容3.28亿立方米。分东、西两库，库中间有连通沟相接。东坝为黏土心墙砂壳坝，坝长890米，坝顶宽10米，最大坝高27.7米；西坝为均质坝，坝长525米，坝顶宽10米，最大坝高27.7米。溢洪道在东坝西端，宽110米，最大泄洪量3690立方米/秒，有效灌溉面积2.07万公顷。主要灌溉诸城市农田，是一座以防洪、灌溉为主，结合养殖、发电等综合利用的大（2）型水库。有公路经此。

莒县

灌区

茶城灌区 371122-60-F01

[Cháchéng Guànqū]

位于莒县果庄镇。因该灌区渠首在果庄镇茶城水库，故名。1968年开工建设，同年建成。干渠总长5千米，渠首引水流量0.88立方米/秒，设计灌溉面积1万亩。保障了上茶城、下茶城等村范围内的农业灌溉。有公路经此。

小店万亩高效自压节水灌区 371122-60-F02

[Xiǎodiàn Wànmǔ Gāoxiào Zìyā Jiéshuǐ Guànqū]

位于莒县小店镇。以小店镇内窝疃水库、牛家沟水库、官路水库作为水源，自流灌溉下游1.6万亩耕地，故名。2010年始建，同年建成。铺设管道160千米，是小店镇最大的节水灌区。有公路经此。

小庄子灌区 371122-60-F03

[Xiǎozhuāngzi Guànqū]

位于莒县龙山镇。因渠首在小庄子水库，故名。1970年始建，1971年建成。是由龙山镇花崖头水库、小庄子水库所控制的灌区，干渠总长18千米，渠首引水流量1.9立方米/秒，设计灌溉面积1.2万亩。保障了岳家庄子、后寨、前寨、王家山等村的农业灌溉。有公路经此。

老营节水灌区 371122-60-F04

[Lǎoyíng Jiéshuǐ Guànqū]

位于莒县寨里河镇。因该灌区水源为寨里河镇老营水库，故名。2004年始建，2005年建成。灌区总面积2.3万亩，全部为管道送水、自压灌溉。保障了附近15个村庄的农业灌溉。有公路经此。

词目拼音音序索引

a

阿掖山 161
阿掖山花园 55

ai

爱国村 45
爱国村 104

an

安东卫街道 12
安家 37
安家代疃 49
安家岭 37
安岚大道 145
安泰水晶花园 30
安庄西村 125
安庄镇 26

bai

白公山 162
白湖 134
白石子 89
白土沟 124
白云 58
柏崖 115
柏崖乡（旧）................... 28
柏庄 132

ban

板石 50
板石河 133

bao

宝珠山 169

bei

碑廓 66
碑廓镇 14
北鲍疃 47
北鲍疃遗址 173
北陈家沟 51
北大村 30
北大山 170
北店 85
北垛山 162
北关街 99
北关社区 29
北回头 89
北京路 149
北京路大桥 151
北京路街道 6
北京路营子社区 10
北乐台 46
北柳石头 126
北娄 46
北苗家村 34
北山前社区 21
北山西头 53
北疃 47
北汶 127
北张家庄 66

bi

毕家 57

bao

碧海路 139

bin

滨海路 139
滨河路 148
滨州路 141

bo

梓椤沟 121
薄板台 115
薄家口 61

cai

彩山 137
蔡庄东山 158

cao

曹家村 43
曹家官庄 48
草涧 64
草坡 40

cha

茶城灌区 180
茶沟 136
槎河乡（旧）.................. 19

chang

长城岭 168
长兰 75
长林子 88
长岭 123

长岭镇 26
长宁 130

chao

潮白河 156
潮白河省级湿地公园 177
潮河 79
潮河镇 17

che

车沟 62
车疃 51

chen

陈家阿疃 110
陈家村 49
陈家河水 121
陈家山 160
陈僧洞 164
陈疃镇 7
陈峪 87

cheng

成家廒头 41
城建花园社区 10
城市花园社区 10
城阳街道 23
城阳路 151

chong

重庆路 139
重庆路沙墩河桥 143

chi

迟家庄 77

chu

褚家坡 129

chuan

川里 84
船坊 78

chun

春天花园社区 11

cui

崔家沟 62
崔家峪 71

da

大北林 104
大卜家庵子 34
大卜落 59
大埠堤 120
大草坡 43
大长安坡 105
大陈家军子 68
大城子 49
大店子 116
大顶子 160
大耳山 155
大芳沟 58
大放鹤 121
大古城 31
大古家沟 75
大官庄 60
大官庄乡（旧） 28
大郭村 73
大菓街 99
大韩家村 39
大河北 119
大河东 102
大后村 54
大湖 67
大湖社区 29
大花崖 45

大槐树 89
大槐树社区 20
大汇泉 127
大将沟 91
大连路 141
大莲村 31
大刘家槎河 98
大刘家沟 51
大刘家小沂水 110
大楼 73
大罗庄 103
大马家峪 125
大茅庄 81
大苗蒋 107
大穆家村 111
大炮楼 45
大坡 60
大坡乡 14
大铺 103
大阡里 57
大青山 165
大青山 169
大青山省级森林公园 176
大曲河 54
大泉沟 35
大沙沟 35
大山 159
大沈马庄 51
大沈庄 116
大石河 117
大石桥 32
大石头 45
大石头河北 111
大石头乡（旧） 28
大司官庄 66
大宋家村 122
大孙家村 39
大塘坊 116
大土门 134

大土山 60

大屯 58

大洼 43

大洼头 127

大王家沟 61

大旺山路 146

大五楼山 162

大夏家岭 51

大辛庄 62

大靴山子 168

大崖头 135

大砚疃 109

大尧 72

大尧王城 57

大榆林 90

大宅科 49

大翟家沟 132

大张官庄 125

大张宋 126

大朱曹一村 67

大朱家村 121

大朱洲 63

大朱洲大桥 148

大珠子 81

大庄坡 128

大座石子 166

dai

代吉子 78

戴家庄 76

dan

丹土 79

丹阳社区 8

dao

道山子 160

deng

磴山 155

磴山寨旅游风景区 175

dian

店子集 121

店子集镇 25

ding

丁家皋陆 53

丁家官庄 41

丁家楼子 90

丁家孟堰 107

丁家庄 67

丁氏故居 173

dong

东白庙 94

东陈疃 46

东城仙 77

东川子 43

东村街 100

东大街二街 100

东风 42

东港区 3

东关社区 28

东关一街 99

东海峪 39

东河南防潮堤 179

东洪河 77

东花崖头 115

东淮河 93

东黄埠 102

东黄山前 49

东涝坡 114

东两河 38

东两山 162

东龙头 78

东楼 114

东马陵前 48

东毛家庄 130

东明望社区 10

东明照现 49

东穆家庄子 122

东南营 43

东南营防潮堤 179

东山字河 55

东邵宅 97

东石河 80

东双庙 103

东屯 37

东莞 116

东莞镇 25

东王家 36

东小曲河 54

东心河 112

东辛兴 67

东营路 141

东玉皇庙 81

东苑庄 133

东云门 88

东宅科 134

董家楼 89

董家营 92

dou

陡峨 91

陡崖 132

窦家台子 95

du

杜家沟 78

杜家沟乡（旧） 19

杜家河 80

杜家小沂水 110

duo

躲水店子 108

垛子崖 165

er

二十里堡乡（旧） 28

fan

樊家岭 50

范家车村 83

范家庄 45

fang

坊城 87

坊前 127

坊子 76

房家官庄 68

fei

肥家庄 34

fen

分流山 166

汾水 56

汾水东桥 147

汾水社区 14

汾水西桥 147

汾水站 146

feng

丰台社区 20

风景水岸小区 30

峰山 169

冯家沟 33

冯家沟遗址 173

冯家坪 74

冯家庄 59

凤凰山 168

凤凰山路 145

凤凰庄 50

凤凰庄 103

fo

佛堂 82

fu

浮来路 152

浮来山 155

浮来山地质遗迹省级
　自然保护区 178

浮来山镇 25

浮棚山 162

福禄并 81

傅疃 38

傅疃河大桥 143

富强路 150

gang

钢城大道 145

gao

高阁庄 98

高崮崖 130

高家沟 40

高家岭 33

高家宅科 82

高家庄 109

高兴镇 13

高泽 92

高泽社区 21

高泽镇 18

ge

葛家横沟 123

葛家崖头 91

葛家洙流 124

葛疃 63

gong

公家庄 74

公家庄 112

公婆山 167

宫家园街 101

gou

沟洼 61

狗山 163

gu

古佛寺 120

古迹崖 112

古路官庄 102

古山 166

古山 96

古乍石 111

故城路 152

崮河崖 38

崮寺头 89

guan

官河口 120

官家林 125

官山 155

官庄 51

管家村 39

管帅 85

管帅镇（旧） 19

管西庄 85

guo

郭村店子 73

郭家湖子 39

郭家泥沟 126

郭家崖 75

果庄镇 27

过峡山 166

204国道 140

hai

海纳莒州家园 99
海曲东路 139
海曲故城 174
海曲西路 138
海曲中路 138
海上碑 175
海州路 146
海州湾 157
海子后 119

han

韩家官庄 104
韩家山 162
汉王 87
翰林沟 89

hang

杭头 120

hao

蒿岭 42
郝家洪沟 110

he

何家楼 105
河东 78
河南 85
河山店 39
河山石亭 172
河山镇 6
河套山 168
河西 72
河西 116
河峪 68
鹤河 170

hei

黑涧 68
黑石沟 125

heng

横山 159
横山 166
横山 168

hong

红泥崖 74
红旗 37
宏达社区 10
洪凝街道 16

hou

侯家村 41
侯家宅子 106
后长城岭 94
后村河 161
后村镇 7
后大坡 63
后大洼 34
后葛杭 112
后合庄水库大桥 148
后黄埠 61
后街头 75
后楼 32
后马庄二村 53
后泥牛子 86
后牛店 132
后稍坡 65
后时家官庄 30
后仕阳 103
后团岭埠 34
后西关街 101
后西庄 122
后小河 124

后绪密 102
后逊峰 85
后崖 62
后崖下 60
后姚家埠 68
后营街 101
后于家庄 108
后张仙 93
后竹园 109

hu

胡家街 118
胡家林 56
虎山铺 64
虎山镇 13
户部 97
户部乡 19
户家洼 93
护城巷 153

hua

花峡峪 50
华山 44

huai

怀古 57

huang

黄豆山 162
黄墩 62
黄墩河 165
黄墩镇 13
黄海二路 142
黄海路 148
黄海一路 142
黄花沟 108
黄家峪 65
黄尖顶 158
黄龙汪 93

黄泥沟 64
黄坡 114
黄桐 96
黄巷子 97
黄崖川 97

hui

回龙观遗址 173
回龙山 163

ji

鸡冠山 162
鸡山沟 69
吉洼 50
集后 69
集后 72
济南路 141
纪家店子 114
纪家沟 59

jia

夹仓口大桥 143
贾家湖 56
贾家桃园 60

jian

尖垛山 155
尖山子 155
尖山子 163

jiang

姜家村 33
姜庄 122
将帅沟桥 144

jiao

蕉阁庄 90
轿顶山路 146
轿顶山社区 15

jie

街头镇 16
解放路 149

jin

金墩乡（旧） 28
金墩一村 112
金翎店 92
金龙花园 71
金线头 93
金阳社区 8
锦泰新村 33
靳家园街 100

jing

京庄 80
荆家村 124
井家沟 98
井家庄子 98

jiu

九层岭 135
九凤村 82
九仙山 165
九仙山风景区 176
九仙山社区 21
久固庄 46

ju

鞠家窑 117
莒县 21
莒县火车站 154
莒县经济开发区 22
莒县烈士陵园 177
莒县汽车站 154
莒州路 152
巨峰 59
巨峰河 156

巨峰水库 179
巨峰镇 13
锯齿子山 163

kang

康家村 123

kong

孔家街 100

kou

叩官 88
叩官镇 17

ku

库山 163
库山乡 27
库山子 69

kui

奎楼 56
奎山街道 5

kun

昆山 167

la

腊行 124

lan

兰家官庄 109
兰陵社区 21
岚济公路 140
岚山长途汽车站 147
岚山东路 146
岚山港 147
岚山经济开发区 12
岚山路 144

岚山区 11
岚山头街道 12
岚山站 146

lang

狼窝山 163
琅墩坡 38
琅墩坡汉墓群 172

lao

老古阿 111
老龙窝 60
老牛头顶 158
老牛头顶 162
老崖头 158
老爷顶 161
老营顶 169
老营节水灌区 180

lei

擂鼓台 132

li

李古庄 82
李崮寨 78
李家抱虎 106
李家官庄 106
李家潭崖 41
李家洼 53
里庄乡（旧） 28
厉家屯 75
丽城花园 30
利民社区 9
栗林 118
栗山 160
栗园 133

lian

莲峰庄 90

莲花岭 132
莲花山 168
莲花峪 59

liang

梁家春生 102
梁山口大桥 148
粮山二村 63
两城 36
两城街道 5

lin

林海社区 9
林前 40
林清泉 171
林泉 79
林泉社区 20
临沂路 139
临沂南路 140

ling

灵公山 166
陵阳街 120
陵阳镇 25

liu

刘官社区 20
刘官庄 79
刘家菜园街 100
刘家沟 61
刘家官庄 107
刘家官庄镇 24
刘家南湖 127
刘家南山 95
刘家坪 80
刘家湾 44
刘家湾赶海园 174
刘家湾赶海园防潮堤 179
刘家址坊 120

刘家庄子 52
刘西街 119
留村 91
柳古庄 60
柳河 107
柳青河 170
六合 58
六甲 60

long

龙门崮 159
龙门崮风景区 174
龙泉 170
龙泉沟 170
龙山 168
龙山镇 24
龙潭官庄 135
龙头沟 131
龙王河 164
龙王河大桥 148
龙王庙 117
龙王庙乡（旧） 28
龙尾 131
隆华社区 10

lou

娄古庄 82
娄古庄社区 20
娄家湖 69
楼西 133

lu

卢家河 133
卢家军子 69
卢家孟堰 112
卢家西楼 69
芦山 165
鲁班大道 145
陆家庄子 73

lü

吕公堂 73
吕南 113

luo

罗家丰台 76
罗米庄 127
罗圈 72
罗圈社区 20
罗圈乡（旧） 19
罗山路 149
萝花前二村 40
洛河 170
洛河崖 126
洛河镇 26
洛山 169
落鹤山 159

ma

马耳山 165
马家村 44
马家店 53
马家山庄 96
马家石槽 123
马家石河 122
马家峪 69
马驹岭 108
马连坡 131
马陵山 159
马陵水库干渠 179
马亓河东村 70
马亓山 163
马瞳 59

mai

脉垛顶 166

mao

毛家堰 106
茅埠 129
茅埠乡（旧） 28

men

门楼 91

meng

孟家洼 116
孟家庄 104

miao

苗家村 43
苗家沟 81
苗王庄 36
庙东头 110

mo

磨盘山 159
磨台顶 158
莫家崖头 86
莫家庄子 72
莫庄新村 129

mu

牟家小庄 38
木头山 161
穆家沟 111

nan

南鲍疃 47
南北山 162
南陈家沟 63
南陈家沟水库 180
南大山 170
南店 126
南范家 57

南关社区 29
南关一街 100
南湖河 161
南湖四村 48
南湖镇 7
南回头 88
南金华山 169
南庙革命纪念地 172
南寺 84
南王家村 34
南西峪 76
南辛庄子 57
南营 84
南袁家庄 68
南仲家 96
南庄 63

ni

泥沟头 88
泥田沟 66

nian

念头 111

niu

牛家沟 113
牛家官庄 83
牛家院西 83
牛家庄 109

pai

牌孤山 167

pan

潘家洼 58
潘庄一村 56

pang

庞家垛庄 113

庞家泉 118
庞庄 128

peng

彭家峪 70
蓬庄 91

pi

劈子山 163
琵琶山 168

ping

平岛 71
平垛 158
平家 59
平山 161
平山 162

pu

葡萄山 163

qi

七宝山 167
七宝山镇（旧） 19
七连山 165
戚家街 119
亓河 70
齐长城莒县段 178
齐家沟 52
齐家庄 108
碁山寺 128
碁山镇 26

qian

前长城岭 94
前城子后 100
前店 110
前发牛山 117
前崮子 39

前官庄 33
前果庄 134
前合庄 56
前横山 113
前花泉沟 117
前将帅沟 31
前街头 75
前栗园 118
前莲池寺 84
前裴家峪 85
前坡子 87
前坡子 124
前三岛乡 14
前山头渊 113
前稍坡 65
前十里铺 32
前石崮后 116
前石屯 107
前水车沟 64
前四墩坡 127
前梭头 80
前梭庄 135
前苇场 95
前魏家 80
前西关街 100
前旋子 73
前杨南岭 129
前姚家埠 70
前于家庄 108
前苑头 86
前云 108
前寨 115
前仲金 79
前竹园 109
钱家庄子 94

qiang

墙夼水库 180

qiao

乔家墩子 35
桥东头 44
桥子山 155
樵业子 49
峤山 167
峤山镇 24

qin

秦官庄 71
秦家结庄 66
秦家滩井 64
秦家庄 36
秦楼街道 5

qing

青岛路 140
青岛路 151
青峰岭 169
青年路 153
青云庵 128

qiu

邱后 61
邱家店子 97
邱家沟 137
邱前 52
秋千山 158

quan

圈村 46
泉庄 135
泉子庙社区 15
泉子崖 87

que

却坡 72

ren

人民路 150
仁里 81
仁旺 87
任家董旺庄 64
任家台 34
任家台防潮堤 179
任家庄 119

ri

日升社区 8
日照 2
日照高新技术产业开发区 .4
日照黄海中心渔港 143
日照街道 4
日照经济技术开发区 3
日照岚桥港 147
日照路 150
日照路 153
日照汽车总站 143
日照山海天旅游度假区 3
日照市 1
日照市北经济开发区 ... 16
日照站 142

run

润生佳苑社区 11

san

三关 94
三户庄 110
三教堂 92
三庄二村 50
三庄镇 7

sang

桑园 132
桑园镇 27

sha

沙墩 32
沙岭子 44

shai

筛罗顶 159

shan

山东东路 138
山东路 150
山东路 153
山东童海港 147
山东西路 138
山东中路 138
山海路 138
山西头 67
山阳乡（旧） 19
山峪 61
山庄乡（旧） 19
单家海坡 135

shang

商家沟 70
上卜落崮 50
上蔡庄 47
上官家沟 76
上海路 139
上涧 70
上李家庄子 31
上芦沟 78
上芦峪河 115
上双疃 63
上水峪 74
上万家沟 96
上五台 98
上夏家岭 51
上圆楼 90

shen

申家坡 40
深圳路傅疃河桥 143
神集 122
沈海高速 140
沈疃一村 47

sheng

圣岚路 144
圣旨崖 91
圣旨崖社区 21

shi

十八顶山 165
十里堡 119
十里沟 130
石场 95
石场乡 18
石家高化 87
石井 123
石臼街道 4
石龙官庄 125
石龙口 115
石桥官庄 53
石泉官庄 130
石泉子 171
石山子 159
石山子 160
时家村 31
柿树园 61

shu

疏港大道 145
沭河路 152
竖旗山 159
竖旗山乡（旧） 8

shuang

双合村街 101

双庙 35

双泉 136

双山 158

双石头 131

shui

水帘洞 164

si

四角墩 107

四门口 64

song

松柏 94

松柏镇 18

宋家村 97

宋家村社区 21

宋家路西 136

宋家桥 105

宋家坨 42

宋家庄子 82

su

苏家 36

sun

孙家山沟 105

孙由 70

suo

梭罗树 65

梭庄 133

ta

塔楼山 168

tai

台庄 52

tang

唐家河水 131

tao

涛雒丁氏建筑群 174

涛雒五村 41

涛雒镇 6

涛坪公路 140

桃花山 158

桃园南区 99

桃园社区 29

teng

滕家村 33

tian

天宝 128

天宝乡（旧） 28

天成寨 128

天津西路 141

天台山 160

田家村 33

田家店子 119

田家沟 63

田家窑 32

田家寨一村 66

甜水河桥 148

甜园社区 15

甜园小区 55

tiao

挑沟 77

tie

铁山 168

ting

汀沟店 104

tong

同俗 72

童海路 145

童家庄子桥 147

tou

头山 164

tu

土门首街 101

tuan

团林 84

团山 166

团团顶 159

tun

屯沟 32

屯岭 40

tuo

驼儿山 167

驼石沟 94

wa

瓦楼 114

wai

歪头山 169

wan

万斛路 146

万平口大桥 144

万平社区 9

wang

汪湖	86
汪湖社区	20
汪湖遗址	175
汪湖镇	17
王家埠	79
王家大村	97
王家店子街	101
王家墩头乡（旧）	28
王家口子	95
王家楼子	58
王家滩	37
王家庄	67
王家庄子	86
王世瞳	77
王世瞳乡（旧）	20
望夫山	167
望海社区	9
望海小区	30

wei

威海路	153
围子顶	157
围子山	160
围子山	164
潍坊路	142
潍坊路	152
潍河	156
苇园	135
魏家乡（旧）	20
魏征川	128

wen

文登路社区	11
文化路	149
文化社区	9
文荟社区	8
文心路	152

wo

窝落子	36
窝疃	93
窝疃	113
卧龙	35
卧龙山街道	5
卧象山	166

wu

吴家台	35
吴家洙流	123
五洞府	158
五花营	107
五莲汽车站	151
五莲山	166
五莲山国家森林公园	176
五莲山路	149
五莲县	15
五莲站	150
五楼官庄	71
五楼山前	71
武家曲坊	103

xi

西北场	120
西北崖	121
西蔡家	79
西车辋沟	109
西陈家沟	54
西陈疃三村	47
西城仙	77
西程戈庄	92
西大街	101
西地	127
西关社区	28
西关巷	153
西郭村	73
西河	38

西湖	45
西湖镇	6
西集后	66
西两山	164
西林子头	41
西林子头遗址	172
西楼	92
西楼子	83
西明望社区	10
西明照现	49
西牟家	58
西全寨	102
西山旺	129
西山字河	55
西上庄	121
西尚沟	47
西邵疃	53
西沈马庄	48
西天井汪	134
西屯	38
西王庄	129
西小曲河	54
西新城	129
西杨家庄子	118

xia

霞克院	96
下卜落崮	52
下茶城	135
下疃	133
下元一村	41
下院	90
夏陆沟	57
夏庄	105
夏庄镇	23

xian

仙姑山	167
先行垛	169

xiang

相家结庄 65
相家楼 59
祥园社区 10
响波头汪 118
响场 136
向阳寨 131

xiao

小长汪崖 48
小代疃 54
小代疃遗址 172
小店 111
小店万亩高效自压节水
　灌区 180
小店镇 24
小古城 31
小海河大桥 144
小后村 52
小湖 67
小花崖 45
小库山 136
小莲村 31
小莲村牟氏祠堂 173
小岭 124
小岭南头 32
小柳行 86
小邵家沟 62
小邵疃 52
小五楼山 161
小窑 84
小窑社区 20
小庄 52
小庄子灌区 180

xie

卸甲庄 34
谢家南湖 126
谢家庄 128
解家河 137

xin

辛留 62
新合村 33
新庄子街 101
信中路 153

xing

兴安社区 9
兴海社区 9
兴合社区 9
邢家庄 118

xiu

绣针河 164

xu

徐家城子 123
徐家当门 105
徐家官庄 133
徐家山庄 96
徐家山子 114
许家官庄 40
许家楼 32
许孟 81
许孟镇 17

xuan

宣王沟 95
玄武庵 117

xue

靴石 95
薛村 83
薛家车沟 131
薛家湖 106

xun

浔河 156
荀家村 106

ya

崖前社区 21
崖头 54
亚月 42

yan

烟台路 141
烟台路 152
严家二十里堡 118
沿海路傅疃河桥 144
阎马庄 76
阎庄 104
阎庄镇 23
兖州南路 140
砚台山 168
堰村 48
燕河 86

yang

扬旗岭 160
杨家沟 115
杨家崮西 113
杨家官庄 107
杨家峪 98
杨家庄子 56
杨庄 74

yao

尧王城遗址 175
窑东沟山顶 160
窑头 93

ye

夜珠泽 130

yi

义和 56

yin

银河社区 10
银杏大道 151
尹家店子 108
尹家河乡（旧）............ 8
尹家湖 106
尹家营 105

ying

迎宾路 139
营山 167
营子河大桥 144

you

友谊巷 153
右所 42

yu

于家 37
于家丰台 76
于家沟 71
于家园街 102
于里 83
于里沟 84
于里镇 17
玉皇山 156
玉泉二路 145
育才路 149
郁家 67

yuan

袁公河 157
源河 137
苑家沟 136
院山 166

院上 92
院西乡（旧）.............. 19

yue

月庄 71
岳家春生 103
岳家村 99
岳家村社区 29
岳家沟 114
岳家庄 88
岳家庄科 120
岳疃 96

zang

臧家槎河 98
臧家窑 37

zao

皂官庄 79

zhai

宅科 43
翟姑山 163
寨里河 130
寨里河镇 27

zhan

瞻埠潭 46
栈子二村 44
栈子桥 144
栈子三村 44
栈子一村 44

zhang

张榜沟 94
张博士沟 125
张古庄三村 46
张家廒头 42
张家崮西 114

张家结庄 65
张家岭 68
张家坪 89
张家台 35
张家围子 122
张家仲崮 88
章庄 126

zhao

招贤 102
招贤镇 23
昭阳北路 142
昭阳路 142
昭阳社区 8
赵家 62
赵家石河 116
赵家潭子岗 134
赵家辛庄 84
赵家窑 85
赵家庄 136
朝阳花园 99

zhen

珍珠山 167
甄家庄 40
镇头 77

zheng

郑州路社区 11

zhong

中安庄 126
中楼 68
中楼镇 14
中山字河 55
中盛社区 9
中石墩 48
中疃 74
中至 90

中至镇 18
仲因 74

zhou

周马庄 104

zhu

朱家村 39
朱家葛湖 121
朱家官庄 65
朱家课庄 124

朱家老庄 82
朱家庙子 111
朱家朱里 110
朱刘官庄 137
朱留 117
珠山 169
猪头山 160
竹洞天风景区 174
竹园 75
竹云山庄小区 55
竹子河崖 42

渚汀 105
驻龙山 157

zhuang

庄家村 42
庄科 137
状元社区 29

zi

淄博路 152